应用型本科财务管理、会计学专业精品系列教材

纳 税 筹 划

主　编　杨孝海　严晓云
副主编　韩圆圆　黄　燕
编　委　纪琳娜　马毓婧　马　燕
　　　　杨　莉　赵　森　王　莹
　　　　丁纯楷　胡　彤　马颖莉

北京理工大学出版社
BEIJING INSTITUTE OF TECHNOLOGY PRESS

内 容 简 介

本教材内容包括三部分：第一部分是纳税筹划的认知、纳税筹划方法及其技术，包括第1章纳税筹划的原理和第2章纳税筹划的认定及风险防范；第二部分是大税种或主题税种的纳税筹划，分别在第3章至第5章中讲解；第三部分个人所得税以及其他小税种的纳税筹划，分别在第6章和第7章中讲授。为便于学生掌握税收筹划的基本理论和提高学生税收筹划的应用能力，本教材在每章开头设置"知识目标""能力目标"和"素质目标"，让学生懂得本章学习的基本目标；在每章学习之前设置"引例"，以激发学生的学习兴趣；在每章"引例"之前绘"知识框架图"，方便学生梳理本章重点内容；在每章正文部分，从理论概述、案例引入、本章总结、思考题、课后练习题、知识链接、案例分析题7个方面对章节内容进行分析，通过案例引入加深学生对实务的认知和理解，便于学生对纳税筹划理论的掌握。

本教材适合财务管理、会计、工商管理、审计、项目管理、财政、金融工程、税务等专业，对于从事工商管理、税务咨询、纳税筹划和企业财务管理的工作者也有参考价值。

版权专有　侵权必究

图书在版编目（CIP）数据

纳税筹划 / 杨孝海，严晓云主编. --北京：北京理工大学出版社，2022.4（2024.8 重印）
　ISBN 978-7-5763-1216-4

Ⅰ. ①纳… Ⅱ. ①杨… ②严… Ⅲ. ①税收筹划 Ⅳ. ①F810.423

中国版本图书馆 CIP 数据核字（2022）第 053094 号

责任编辑： 王晓莉	**文案编辑：** 王晓莉
责任校对： 刘亚男	**责任印制：** 李志强

出版发行 /	北京理工大学出版社有限责任公司
社　　址 /	北京市丰台区四合庄路6号
邮　　编 /	100070
电　　话 /	（010）68914026（教材售后服务热线）
	（010）68944437（课件资源服务热线）
网　　址 /	http://www.bitpress.com.cn
版 印 次 /	2024年8月第1版第4次印刷
印　　刷 /	北京广达印刷有限公司
开　　本 /	787 mm×1092 mm　1/16
印　　张 /	16.5
字　　数 /	388 千字
定　　价 /	46.00 元

图书出现印装质量问题，请拨打售后服务热线，负责调换

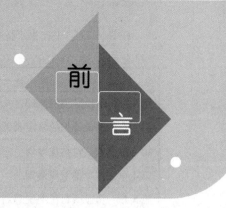

前言

随着我国市场经济的不断发展和改革开放的不断深入，国家财税政策和税收制度随之不断变革，我国纳税体系也在不断完善之中，对企业、单位和个人纳税的适应性也有了更高的要求。为了满足教学的需要，为了使教学内容能与我国现行最新的纳税制度相匹配，我们组织编写了这本《纳税筹划》教材。

纳税筹划（Tax Planning）是指通过对涉税业务进行策划，制作一整套完整的纳税操作方案，从而达到节税的目的。纳税筹划是企业的一种理财活动，并不是自古以来就有的，它是市场经济发展到一定阶段的产物。纳税人在国家法律允许的范围内，在对税收制度和税收政策充分研究的基础上，通过对具体情况的分析，对纳税事项进行系统安排，以规避税务风险、合理减轻税收负担，以便达到最好的经济效果。

"纳税筹划"作为一门课程，是应用型高等院校财经类专业实践性很强的专业课，旨在培养具有税收筹划知识的应用型财经类专门人才。本课程坚持理论与实务相结合的原则，以税收筹划能力的培养为主线，直接为培养学生从事税收筹划工作应具备的基本知识、基本技能和操作能力服务。

本教材具有以下几方面特色。

（1）应用性高，实用性强。本教材在介绍纳税筹划理论的基础上，更加注重纳税筹划的实用性、针对性、应用性。本教材案例涉及面很广，且多为经典案例，内容丰富，便于学生学习。

（2）架构清晰，逻辑性强。本教材以理论阐述为基础，以实务讲解为主，适合复合型财经专业人才的培养。就整体内容架构而言，先阐述纳税筹划的原理与风险防范，再按税种讲解纳税筹划的实务；就叙述逻辑而言，先理论后实务，先基础后提高，先总体后细分，先主体税种的筹划后小税种的筹划，先流转税的筹划后所得税的筹划；就具体每种纳税筹划技术，先介绍相关的税法规定，然后通过实例讲解如何筹划。在纳税筹划案例中，有筹划方案、筹划总结等详细内容，并将筹划风险与控制及实务疑难解答贯穿其中。

（3）内容新颖，时效性强。本教材根据2016年以来我国税制变化，尤其是结合近几年在全国范围内进行的"营改增"改革和个人所得税改革、环境税改革的最新进展进行编写，使税收筹划理论与实践与时俱进，保证了内容的时效性。

在具体教学中，我们建议按表 1 所示方案分配课时。

表 1　课时分配方案

内容	理论板块课时	实践板块课时
第 1 章　纳税筹划的原理	4	0
第 2 章　纳税筹划的认定及风险防范	4	0
第 3 章　增值税纳税筹划	8	2
第 4 章　消费税纳税筹划	6	2
第 5 章　企业所得税纳税筹划	8	2
第 6 章　个人所得税纳税筹划	6	2
第 7 章　其他税种的纳税筹划	4	0
总课时（48）	40	8

本教材由杨孝海、严晓云任主编，韩圆圆、黄燕任副主编，杨孝海负责全书写作大纲的拟定和编写组织工作。本教材共 7 章，编写具体分工如下：第 1 章由杨孝海执笔，第 2 章由韩圆圆执笔，第 3 章由黄燕、胡彤、杨莉执笔，第 4 章由纪琳娜、韩圆圆执笔，第 5 章由严晓云、韩圆圆、丁纯楷执笔，第 6 章由马毓婧、赵淼、韩圆圆、王莹执笔，第 7 章由马燕、马颖莉执笔，最后由杨孝海、韩圆圆对全书进行总审、修改和定稿。

本教材在编写过程中参阅了大量与本学科相关的学术专著、论文与教材，在此向其作者表示感谢。本教材的出版得到了黄河交通学院、广东科技学院和南通理工学院的大力支持。由于编者能力和水平有限，本教材中难免存在不足之处，敬请广大读者批评指正。

编　者

2021 年 11 月

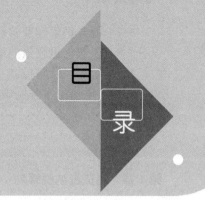

目录

- 第1章 纳税筹划的原理 (001)
  - 1.1 纳税筹划的内涵 (002)
  - 1.2 纳税筹划的基本前提、原因和实施条件 (007)
  - 1.3 纳税筹划的目标与原则 (011)
  - 1.4 纳税筹划成本与收益分析 (015)
  - 1.5 纳税筹划的思路与步骤 (017)
  - 1.6 纳税筹划的方法 (021)
  - 本章小结 (025)
  - 知识链接 (025)
  - 章节小测试 (025)
- 第2章 纳税筹划的认定及风险防范 (027)
  - 2.1 逃税及其危害性 (029)
  - 2.2 纳税筹划风险的内涵 (034)
  - 2.3 纳税筹划风险类型的划分 (036)
  - 2.4 纳税筹划风险的防范与控制 (038)
  - 2.5 纳税筹划案例分析 (042)
  - 本章小结 (043)
  - 知识链接 (043)
  - 章节小测试 (043)
- 第3章 增值税纳税筹划 (045)
  - 3.1 增值税概述 (047)
  - 3.2 纳税人身份纳税筹划 (061)
  - 3.3 采购中的纳税筹划 (064)
  - 3.4 促销方式的纳税筹划 (067)
  - 3.5 农产品生产销售的纳税筹划 (069)
  - 3.6 代销与经销的纳税筹划 (071)

3.7　混合销售和兼营行为的纳税筹划 ·· (073)
　　3.8　税收优惠政策的纳税筹划 ·· (076)
　　3.9　筹划风险与控制 ··· (084)
　　3.10　增值税实务疑难解答 ·· (089)
　　本章小结 ··· (091)
　　知识链接 ··· (091)
　　章节小测试 ··· (092)

第4章　消费税纳税筹划 ·· (095)
　　4.1　消费税概述 ·· (097)
　　4.2　生产环节的纳税筹划 ·· (101)
　　4.3　改变加工方式的纳税筹划 ·· (103)
　　4.4　连续生产和委托加工应税行为的纳税筹划 ·································· (106)
　　4.5　包装物押金的纳税筹划 ··· (111)
　　4.6　兼营行为的纳税筹划 ·· (114)
　　4.7　应税消费品视同销售的纳税筹划 ··· (116)
　　4.8　利用消费税计税依据的纳税筹划 ··· (118)
　　4.9　延长纳税期限的纳税筹划 ·· (121)
　　4.10　进口环节的纳税筹划 ·· (123)
　　4.11　出口环节的纳税筹划 ·· (125)
　　4.12　消费税税收优惠及其他方面的纳税筹划 ··································· (126)
　　4.13　消费税纳税筹划风险与控制 ··· (130)
　　4.14　消费税实务疑难解答 ·· (132)
　　本章小结 ··· (134)
　　知识链接 ··· (134)
　　章节小测试 ··· (135)

第5章　企业所得税纳税筹划 ··· (137)
　　5.1　企业所得税概述 ·· (138)
　　5.2　优惠政策运用的纳税筹划 ·· (139)
　　5.3　应纳税所得额的纳税筹划 ·· (152)
　　5.4　纳税筹划风险与控制 ·· (165)
　　5.5　企业所得税实务疑难解答 ·· (168)
　　本章小结 ··· (169)
　　知识链接 ··· (169)
　　章节小测试 ··· (169)

第6章　个人所得税纳税筹划 ··· (175)
　　6.1　个人所得税概述 ·· (176)
　　6.2　工资薪金的纳税筹划 ·· (180)
　　6.3　年终奖金发放的纳税筹划 ·· (183)
　　6.4　劳务报酬的纳税筹划 ·· (186)

6.5　稿酬所得的纳税筹划 ··· (188)
  6.6　不同捐赠方式的纳税筹划 ··· (192)
  6.7　利息、股息、红利所得的纳税筹划 ·· (194)
  6.8　企业利润分配的纳税筹划 ··· (196)
  6.9　个人转让股权的纳税筹划 ··· (198)
  6.10　销售业绩奖的纳税筹划 ·· (200)
  6.11　个体工商户的纳税筹划 ·· (202)
  6.12　个人独资与合伙企业互换的纳税筹划 ··· (204)
  6.13　个人所得税筹划风险与控制 ··· (205)
  6.14　个人所得税实务疑难解答 ·· (206)
  本章小结 ··· (208)
  知识链接 ··· (208)
  章节小测试 ·· (208)

第7章　其他税种的纳税筹划 ··· (213)
  7.1　关税的纳税筹划 ··· (214)
  7.2　资源税的纳税筹划 ·· (219)
  7.3　房产税的纳税筹划 ·· (221)
  7.4　土地增值税的纳税筹划 ·· (225)
  7.5　城镇土地使用税的纳税筹划 ··· (233)
  7.6　契税的纳税筹划 ··· (236)
  7.7　车船税的纳税筹划 ·· (240)
  7.8　印花税的纳税筹划 ·· (242)
  7.9　车辆购置税的纳税筹划 ·· (247)
  7.10　其他税种的疑难解答 ··· (248)
  本章小结 ··· (250)
  知识链接 ··· (251)
  章节小测试 ·· (251)

参考文献 ··· (255)

第 1 章 纳税筹划的原理

🎯 知识目标

1. 理解纳税筹划的概念和特点。
2. 理解纳税筹划产生的原因。
3. 掌握纳税筹划的目标与原则。
4. 能进行纳税筹划的成本与收益分析。
5. 了解纳税筹划的基本步骤。
6. 熟悉纳税筹划的各种方法。

🎯 能力目标

1. 熟悉纳税筹划的目标与原则以及成本与收益的分析。
2. 熟练运用纳税筹划的方法进行实际业务的纳税筹划。

🎯 素质目标

1. 了解纳税筹划的概念及意义,通过合理合法的纳税筹划方法达到节税、利润最大化等目的。
2. 能够严格遵守国家的法律法规,坚守良好的职业道德,具备丰富的税收专业知识,利用相关的税收政策进行合法的纳税筹划。

🎯 知识框架图

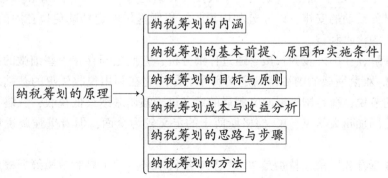

> **引 例**
>
> 甲公司因生产经营困难，打算连同厂房、设备一起出租给乙公司，双方谈定厂房连同设备一年的租金是1 000万元，然后双方签订了租赁合同。公司的出租行为及为此而签订的租赁合同都要产生纳税义务。
>
> 请对上述业务进行纳税筹划。
>
> 引例解析见本章【案例1-1】。

1.1 纳税筹划的内涵

1.1.1 纳税筹划的概念

在经济发达的国家流行一句名言："世界上有两件事是不可避免的，那就是死亡和税收。"在我国，税收已经渗透社会经济活动和人民日常生活的各个方面，发挥着越来越重要的作用，尤其与纳税人的自身经济利益息息相关。任何纳税人都有规避税负的愿望和动机，纳税人要求以最小的投入，获得最大的产出，这是纳税筹划的经济基础和现实客观条件。

纳税筹划、税务筹划都是根据英文"Tax Planning"翻译而来的，在此不做具体区分。为了统一，本书采用"纳税筹划"一词进行表述，下面是国内外一些学者或词典对纳税筹划的解释。

荷兰国际财政文献局编写的《国家税收词汇》一书认为："纳税筹划是通过对纳税人经营活动或个人事务活动的安排，实现缴纳最低的税收。"

美国加州大学W. B. 梅格斯博士在与他人合著的《会计学》一书中，对纳税筹划的阐述是："人们合理而又合法地安排自己的经营活动，使之缴纳可能最低的税收。他们使用的方法可能被称为纳税筹划。少缴税和递延纳税是纳税筹划的目标所在。"另外还说："在纳税发生之前，系统地对企业经营或投资行为做出事先安排，以达到尽量少缴所得税的目的，这个过程就是纳税筹划。"

印度税务专家N. J. 雅萨斯威在《个人投资和纳税筹划》一书中指出："纳税筹划是纳税人通过财务活动的安排，以充分利用税收法规所提供的包括减免税在内的一切优惠，从而获得最大的税收利益。"

以上三种解释在国外较为权威，通过仔细分析，它们之间存在一些细微的差异。印度税务专家N.J. 雅萨斯威的纳税筹划定义实际上是建立在利用税收优惠的基础之上的，是严格意义上的节税；荷兰国际财政文献局的定义过于强调缴纳最低税收，忽略了纳税人的整体利益；美国加州大学W. B. 梅格斯博士的定义较为全面，但着重强调税负最低这一单一目标。

我国自改革开放以来，特别是20世纪90年代以来，学术界对纳税筹划概念进行了深入研究。比较有代表性的观点主要有三种。第一种观点认为，纳税筹划是纳税人依据所涉及的现行税法，在遵守税法、尊重税法的前提下，运用纳税人的权利，根据税法中"允许"与"不允许"、"应该"与"不应该"及"非不允许"与"非应该"的项目、内容等，对组建、经营、投资、筹资等活动进行旨在减轻税负的谋划和对策。第二种观点认为，纳税筹划应包括一切采用合法和非违反法律、法规的手段进行的纳税方面的策划和有利于纳税人的财务安排，主要包括节税筹划、避税筹划、转嫁筹划和实现涉税零风险筹划。第三种观点认为，纳税筹划是指纳税人在税法规定许可的范围内，通过对经营、投资、理财活动的事先筹划和安排，尽可能地取得节约税收成本的税收利益。

案例1-1

【导入案例解析】

税法规定：出租房产的，房产税采用从租计征方式，以租金收入为计税依据，按12%税率计征。

【筹划思路】

在厂房、设备一起出租的情况下，应当将厂房与设备的租金分开核算，分开签订合同，从而可以降低房产税从租计征的计税依据。

【筹划方案】

方案一：厂房连同设备一年的租金是1 000万元，统一签订合同。

甲公司应缴纳的房产税=1 000×12%=120（万元）

方案二：将统一的合同改为两个合同签订，即签一份300万元的厂房出租合同，同时签一份700万元的设备出租合同，总计租金仍为1 000万元。

甲公司应缴纳的房产税=300×12%=36（万元）

【筹划总结】

方案二比方案一少缴纳房产税84（120-36）万元，因此应当选择方案二。

纳税人将厂房与设备及附属设施一并出租收取租金时，应当就厂房与设备分开签订租赁合同。在一般情况下，可以降低房产税的计税依据，达到降低税负的目的。但应注意以事实为依据，注重合理性。

结合我国实际情况，纳税筹划是指纳税人在纳税行为发生之前，在不违反国家税收法律、法规及其他相关法律、法规的前提下，通过对纳税人的经营活动或投资活动等涉税事项进行事先的安排，以实现税收利益即以经济利益最大化的一系列谋划活动。

1.1.2 纳税筹划的特点

从纳税筹划的含义可以看出，纳税筹划具有以下特点。

1.1.2.1 合法性

合法性是纳税筹划最本质的特点，也是纳税筹划区别于逃税、避税行为的基本标志。纳税筹划的合法性是指纳税人根据国家税收法律、法规和政策导向，通过对投资、融资、供应、生产、销售和利润分配等经营活动的合理安排，达到减轻或延迟纳税义务的一种合法行为，即只能在法律许可的范围内进行。也就是说，对于纳税人而言，其行为不仅在形式上合法，在实质上也顺应了政府的立法意图；对于税务机关而言，其应该依法征税，保护和鼓励纳税筹划。

1.1.2.2 遵从性

纳税筹划应该在税务机关认可的条件下进行。《中华人民共和国税收征收管理法》（以下简称《税收征管法》）第二十八条规定："税务机关依照法律、行政法规的规定征收税款，不得违反法律、行政法规的规定开征、停征、少征、提前征收、延缓征收或者摊派税款。"根据《财政部、税务总局关于个人所得税法修改后有关优惠政策衔接问题的通知》（财税〔2018〕164号），居民个人取得全年一次性奖金符合《国家税务总局关于调整个人取得全年一次性奖金等计算征收个人所得税方法问题的通知》（国税发〔2005〕9号）规定的，在2021年12月31日前，不并入当年综合所得，以全年一次性奖金收入除以12个月得到的数额，按照七级超额累进税率表，确定适用税率和速算扣除数，单独计算纳税，计算公式为：

应纳税额=全年一次性奖金收入×适用税率−速算扣除数

居民个人取得全年一次性奖金，也可以选择并入当年综合所得计算纳税。

进一步减轻纳税人负担，财政部、税务总局2021年12月31日发布《关于延续实施全年一次性奖金等个人所得税优惠政策的公告》，明确《财政部 税务总局关于个人所得税法修改后有关优惠政策衔接问题的通知》（财税〔2018〕164号）规定的全年一次性奖金单独计税优惠政策，执行期限延长至2023年12月31日。

1.1.2.3 超前性

超前性是事先规划、事先设计、事先安排的意思。在经济生活中，纳税行为相对于纳税人的经济行为而言，具有滞后的特点。纳税人在发生经济行为之后，才产生纳税义务；纳税人在实现收益或分配收益之后，才计算缴纳所得税；纳税人在取得财产之后，才会缴纳财产税。因此，纳税筹划应在纳税人的纳税义务发生之前，进行规划设计，事先安排，测算纳税筹划的效果。若是在纳税人的纳税义务已经发生，或发生之后再进行所谓的筹划，那就不是纳税筹划，而是逃税或避税了。

1.1.2.4 综合性

纳税筹划是一门很复杂的实践艺术，纳税人在进行一种税的筹划时，要考虑与之有关的其他税种的税负效应，进行整体筹划、综合衡量，以求整体税负最轻、长期税负最轻，防止顾此失彼、前轻后重。

有时纳税筹划的节税目标与企业整体理财目标会出现矛盾。一是税收支出与其他成本支出的矛盾。税收支出少，但如果其他成本高，节税就不能带来资本总体收益的增加。二是节税与现金流量的矛盾。如果一个纳税人的现金前松后紧，滞延纳税时间将不利于纳税人资金收支的管理，会加剧后期现金流动的紧张，造成纳税人资金运动困难。三是如果纳税人在实施纳税筹划过程中片面地追求节税及自身效益的提高，则会扰乱正常的经营理财秩序，导致内在经营机制的紊乱，并最终遭受更大的损失。这些情况的出现和发生都有违于纳税筹划的初衷。因此，将纳税筹划看作一种单纯的节税行为是不可取的，应当进行综合考虑。

1.1.2.5 时效性

税收法律、法规和相关的政策处在不断的发展变化之中，尤其是目前我国正处在经济发展较快的时期，一些税收法律、法规、政策会发生较大变动，这就使纳税筹划必须面对现实，及时把握税收法律、法规和政策的变化，使之更适应经济和税收工作的特点，适时筹划方能获得更大的经济利益。否则，税收法律、法规、政策变化后的溯及力很可能使预定的纳税筹划策略失去原有的效用，给纳税人带来纳税风险。在利用税收优惠政策筹划时应注意时效性。

1.1.2.6 专业性

专业性是指纳税筹划已经形成一项专门的服务，纳税筹划涉及税收学、管理学、财务学、会计学、法学等学科，这需要专业人员进行操作。随着全球经济化的发展，国际经贸业务日益频繁，规模越来越大，各国税制也越来越复杂，纳税人仅靠自身进行纳税筹划已经显得力不从心，作为第三产业的税务代理、税务咨询便应运而生。现在世界各国，尤其是发达国家的会计师事务所、律师事务所已纷纷开辟和发展有关纳税筹划的业务。

1.1.3 纳税筹划的分类

纳税筹划根据不同的标准，主要可以划分为以下类型。

1.1.3.1 根据纳税筹划服务的对象分类

根据纳税筹划服务的对象，纳税筹划可以分为法人纳税筹划和自然人纳税筹划两大类。

（1）法人纳税筹划

法人纳税筹划是把经济运行主体——法人作为纳税筹划对象，对法人的组建、分支机构的设立、筹资、投资、运营、核算、分配等方面进行纳税筹划，以达到经济利益最大化的目标。本教材将法人作为纳税筹划研究和实施的主要内容。

（2）自然人纳税筹划

自然人纳税筹划主要是在个人投资理财领域进行的。目前我国税制模式决定了自然人不是税收的主要缴纳者，虽然涉及自然人的税种不少，但纳税总量不大，因此自然人的纳税筹划需求相对于法人（企业）的纳税筹划要小一些。随着经济的发展、个人收入水平的提高及个人收入渠道的增多，我国自然人的纳税筹划需求也会相应增加。

1.1.3.2 根据纳税筹划涉及的区域分类

根据纳税筹划涉及的区域，纳税筹划可以分为国内纳税筹划和国际纳税筹划两大类。

（1）国内纳税筹划

国内纳税筹划是指非跨国纳税人对在国内从事生产经营、投资理财活动进行的纳税筹划。国内纳税人进行的国内纳税筹划的主要依据是国内的税收法律法规及国内的相关政策。

（2）国际纳税筹划

国际纳税筹划是指跨国纳税人利用国家（地区）与国家（地区）之间的税收政策差异和国际税收协定的条款进行的纳税筹划。随着我国对外开放的扩大，我国纳税人涉及的国际纳税筹划需求越来越多，目前主要是针对对外贸易和对外投资活动领域。随着经济全球化和"一带一路"倡议的实施，我国将会出现更多国际化企业，它们在境外从事的投资和贸易活动日益频繁，需要国际纳税筹划，这将是税务师事务所重要的业务领域。

1.1.3.3 根据纳税筹划的供给主体分类

根据纳税筹划的供给主体，纳税筹划可以分为自行纳税筹划和委托纳税筹划两大类。

（1）自行纳税筹划

自行纳税筹划是指由纳税筹划需求主体（纳税人）自身为实现纳税筹划目标进行的纳税筹划。自行纳税筹划要求需求主体拥有具备纳税筹划能力的专业人员。对于企业而言，自行纳税筹划的供给主体一般以财务部门及财务人员为主。自行纳税筹划的成本与风险是比较大的，而且成本与风险自行承担，因此自行纳税筹划的效果不是很理想，一般较少采用，只适用于较为简单和可以直接运用税收优惠的纳税筹划项目。

（2）委托纳税筹划

委托纳税筹划是指需求主体委托税务代理人或者第三方进行的纳税筹划。由于受托纳税筹划的税务代理人具有较强的专业知识和较强的纳税筹划能力，制订的纳税筹划方案成功率相对较高。尽管需要支付一定的费用，承担一定的风险，但委托纳税筹划的成本与风险相对于自行纳税筹划要低一些。委托纳税筹划主要适用于企业的大型纳税筹划项目和业务发展难度较大的纳税筹划项目。在我国，受托提供纳税筹划服务的主要是税务师事务所、会计师事务所及其他提供税务代理服务的中介机构。

1.1.3.4 根据所涉及的税种分类

每一个税种都有特定的征税对象，税收按照不同的征税对象可以分为商品劳务税、所得税、财产税、资源税和行为税等几大类。与之相对应，纳税筹划根据所涉及的税种，可以分为商品劳务税的纳税筹划、所得税的纳税筹划、财产税的纳税筹划、资源税的纳税筹划、行为税的纳税筹划等。我国目前税制结构中的主体税制为商品劳务税制和所得税制两大类，因而，纳税人进行的纳税筹划也主要针对这两大类税制。

（1）商品劳务税纳税筹划

商品劳务税纳税筹划主要围绕纳税人身份、销售方式、货款结算方式、销售额、适用税率、税收优惠等方面进行。但由于商品劳务税属于间接税，相对于所得税而言弹性较小，因此纳税筹划的空间相对于所得税要小得多。

（2）所得税纳税筹划

所得税纳税筹划主要围绕纳税人收入的实现、经营方式、成本核算、折旧方法、捐赠、筹资方式、投资方式、投资方向、设备购置等方面进行。所得税相对于商品劳务税而言弹性较大，纳税筹划的空间也相对较大，纳税筹划的效果也比较明显。

1.1.3.5 根据纳税筹划适用的公司生产经营的不同阶段分类

根据纳税筹划适用的公司生产经营的不同阶段，纳税筹划可以分为公司投资决策中的纳税筹划、公司生产经营中的纳税筹划、公司成本核算中的纳税筹划和公司成果分配中的纳税筹划。

（1）公司投资决策中的纳税筹划

公司投资决策中的纳税筹划是指公司将税收作为投资决策中的一个重要因素，在投资决策中全面考虑税收的影响，从而选择税负最合理的投资方案的行为。投资影响因素的复杂多样性决定了投资方案的多样性，然而不同的投资方案的实施存在不同的纳税义务。因此，公司就得衡量不同投资方案的税负水平，选择最优的投资方案。

（2）公司生产经营中的纳税筹划

公司生产经营中的纳税筹划是指公司在生产经营过程中全面考虑税收因素，进而选择有利于使自身税负最轻的生产经营行为。公司生产经营中的纳税筹划主要通过产品价格的确定、公司从事产业的选择、生产经营方式的选择使公司生产经营处于理想状态。对公司而言，应纳税额等于税基与税率的乘积，当税率一定时，税基越小，应纳税款越少；反之亦然。因而在进行生产经营中的纳税筹划时，应仔细计算分析产业方向的选择、经营方式的选择导致的税率和税基变化而产生的税负变化，再进行生产经营决策。

（3）公司成本核算中的纳税筹划

公司成本核算中的纳税筹划是指公司对社会经济形势的预测及其他因素的综合考虑，选择恰当的会计处理方式，以利于公司获得最大经济利益的行为。不同的会计处理方式对公司纳税是有影响的，比如固定资产折旧方法、存货计价方法等。就公司固定资产折旧方法而言，有直线折旧方法和加速折旧法；就存货计价方法而言，目前有先进先出法、加权平均法、个别计价法等。公司选择不同的固定资产折旧方法和不同的存货计价法会改变公司的税基，进而影响纳税。

（4）公司成果分配中的纳税筹划

公司成果分配中的纳税筹划是指公司在对经营成果进行分配时充分考虑各种分配方案的税收影响，选择税负最轻的分配方案的行为。公司纳税筹划主要是结合国家税收政策，通过筹划合理归属所得年度进行。合理归属所得年度是指利用合理手段将所得归属在税负最轻的年度里，其途径是合理提前所得年度或合理推迟所得年度，从而起到减轻税负或延迟纳税的作用。

1.1.4 纳税筹划的意义

纳税筹划不论从公司层面、政府层面还是学术层面上讲，都有积极而重要的意义。

从公司层面上讲，纳税筹划有助于公司降低税收成本，增加税后利润，实现经济利益最大化；有助于提高公司经营管理水平和财务管理水平，增强公司竞争能力。

从政府层面上讲，纳税筹划有利于全面提高纳税人的纳税意识；有利于优化产业结构和社会资源的合理配置，最大限度地发挥税收调节经济的杠杆作用；有利于涵养税源，促进国民经济的稳定和持续发展；从长远看，纳税筹划有助于增加国家税收。

从学术层面上讲，纳税筹划的研究拓展了我国税收理论研究的深度与广度；从纳税筹划审视税法，有利于税收法律、法规和政府税收政策的不断改进和完善。

1.2 纳税筹划的基本前提、原因和实施条件

1.2.1 纳税筹划的基本前提

1.2.1.1 公司成为真正的市场主体

从根本上讲，公司之所以进行纳税筹划，是因为对经济利益的追逐。这是符合理性经济人假设的，而这种假设的前提在于公司必须是真正的市场主体。在计划经济条件下，公

司的任何纳税筹划行为，既无存在的必要，也无实施的可能。

在市场经济条件下，公司是真正的市场主体，具有自身的经济利益、法定权利和义务，具有自我约束和自我激励机制。竞争是市场经济的特征之一，公司为了在竞争中处于不败之地，就必须对自己的生产经营进行全方位、多层次的考虑。由此可见，公司具有独立的经济利益是公司进行纳税筹划的利益动机，公司享有法定的权利和义务是公司实现纳税筹划的保障机制。因此，市场经济的土壤培育了纳税筹划，纳税筹划适用于市场经济的真正主体。

1.2.1.2 税收制度的"非中性"的存在

所谓税收中性包括两方面的含义：其一，政府征税使社会付出的代价应以征税数额为限，除此之外，不应该让纳税人或社会承担其他的经济牺牲或额外负担；其二，政府征税应当避免对市场机制运行产生不良影响，特别是不能超越市场成为影响资源配置和经济决策的决定性力量。税收中性只是税制设计的一般性原则，在实践中，国家在制定税收制度时，为了实现不同的目标，会有许多差异化的政策，如差别税率、差别税收待遇及不同经济事项差异化的处理方法，这使得税收制度在执行过程中呈现"非中性"的特点，公司经营活动面对税收制度差异化必然会呈现差异化的反应，理性的公司必然会选择符合自身利益最大化的方案，并有目的地进行事先安排和筹划。

1.2.1.3 完善的税收监管体系

由于征纳双方对于同一事项的信息不对称性，尤其在会计信息的掌握方面，公司占据优势地位。绝大多数税收计量是以会计信息为基础的，政府为了弥补其在会计信息掌握方面的弱势地位，必然对公司进行税收监管，并对违法、违规行为进行处罚。税收监管的存在增加了公司税收欺诈的成本，在一定程度上会抑制公司利用税收欺诈降低税负的纳税筹划行为。如果整个社会税收监管水平较高，形成了良好的纳税风气和税收执法环境，纳税人要想获得税收利益，只能放弃违法行为而通过纳税筹划的方式进行；反之，如果税收监管力度较差，执法弹性空间较大，纳税人采取风险和成本都比较低的税收欺诈行为即可以实现公司目标，自然无须进行纳税筹划。因此，完善的税收监管体系是纳税筹划的前提。但是，必须指出，由于监管人员的自身能力和有限理性，以及监管成本可能过高，现实税收的监管存在期望差距，这种差距可能会使公司放弃纳税筹划，铤而走险地选择违法手段。

1.2.2 纳税筹划的原因

主体利益的驱使是纳税人进行纳税筹划的主观原因，国家税制是纳税人抑减税负的客观原因，正是这两方面的原因使公司进行纳税筹划成为可能。

1.2.2.1 纳税筹划的主观原因

主体利益的驱使是纳税人进行纳税筹划的主观原因，主要体现为纳税人降低纳税风险和纳税成本的需求。

（1）纳税人降低纳税风险的需求

税收具有无偿性、强制性和固定性的特点。对公司而言，纳税作为一种直接的现金支出，意味着当期既得的经济利益的损失。虽然公司会因纳税而得到国家征税后所提供的公共福利，但这些福利既非对等也不易量化，所纳税款越多，公司税后利益越少。这种客观存在的经济利益刺激必然使公司想方设法进行纳税筹划，以减轻税收负担。

纳税风险主要包括以下三个方面。

①投资扭曲风险。现代税收理论之一是税收应当保持中性，但事实上并非如此，一旦政府对公司的某种投资行为进行课税，就有可能使该公司放弃事先认为最优的项目，而选择投资其他的次优项目。这种因国家课税而使纳税人被迫改变投资行为，给公司造成的机会损失，即为投资扭曲风险。可以说，税收的"非中性"越强，投资扭曲风险程度越大，相应的扭曲成本越高。

②经营损益风险。政府课税（尤其是企业所得税）通常体现为对公司既得利益的分享，而不承担相应比例的经营损失风险。我国税法规定，公司本年的亏损可以在以后5年内的所得税前弥补，但不得超过5年，这使得在5年内，若公司盈利，政府通过征税获取一部分利润；若公司亏损，政府也因允许其递延补亏而损失一部分税款。当公司超过5年后还不能扭亏为盈时，一切经营损益风险由公司自己承担。

③纳税支付风险。税法规定，公司只要取得账面收入和账面利润，就必须按期申报和纳税，这使得税金具有一定预付性质，且必须全部付现。如有特殊情况需延期，须经税务机关审批。现金是公司财务管理中最稀缺的资源，公司一旦出现既存现金匮乏而又无法获得延期纳税的许可，便只能形成欠税，产生相应的风险。

（2）纳税人降低纳税成本的需求

纳税意味着公司可支配的收入或利益减少，从主观上讲，公司期望降低纳税成本。纳税成本是指公司在履行其纳税义务时所支付的和潜在支付的各种资源的价值，一般包括三部分：所纳税款成本、纳税费用成本和纳税风险成本。

①所纳税款成本。所纳税款是指直接的现金支出，即税款缴款书上所列的金额，又称外显成本，是纳税成本中最主要的部分。

②纳税费用成本。纳税费用又称内涵成本，是指公司履行纳税义务时所支付的除税款之外的其他费用，一般包括公司办理税务登记的费用、时间耗费、填写纳税申报的劳动耗费、税务代理费用及税务人员稽查带给公司的心理负担等。

③纳税风险成本。纳税风险成本一般指因纳税给公司带来或加重的风险程度，如由纳税引起的投资风险、经营损失风险和纳税支付风险等。

1.2.2.2 纳税筹划的客观原因

（1）税收政策导向性为纳税筹划提供了客观条件

国家税制在税负公平和税收中性的一般原则下，体现政府经济政策的税收优惠政策。对于不同产业、不同产品，其税基、税率、免税及退税的政策不同。政府通过倾斜的税收政策引导公司在追求自身利益最大化的同时，实现政府的目的和意图。

（2）纳税义务履行的滞后性

纳税筹划的一个重要特点就是超前性，即事先安排、设计、规划。在经济活动中，纳税人纳税义务的履行通常具有滞后性，如公司在经营行为发生之后才缴纳流转税，收益实现之后才缴纳所得税，这在客观上提供了纳税人在事先根据需要安排自己的经营活动进行纳税筹划的可能性。纳税筹划的实质是运用税法的指导，通过调整生产经营活动安排纳税义务的发生。

（3）税收的国际化

经济的国际化导致了税收的国际化，出现了跨国纳税人和跨国征税对象。由于各国的经济发展水平和经济运行机制的不同，各国的税收制度也不同，各国税制的差异为公司进行跨国纳税筹划提供了客观条件。

1.2.3 纳税筹划的实施条件

纳税人都有进行纳税筹划的强烈愿望，但是具有强烈的纳税筹划愿望并不意味着能成功地实施纳税筹划。纳税人成功地进行纳税筹划必须具备以下特定的条件。

1.2.3.1 纳税筹划者严格遵守国家法律法规

合法性是纳税筹划最本质的特点，也是纳税筹划区别于逃税、避税行为的基本标志。纳税筹划只有在遵守国家法律法规，且国家利益得到保障的前提下进行，才能规避纳税风险。合格的纳税人总是在遵守国家法律法规的前提下，利用专业知识，获得公司利益的最大化。而不合格的纳税人，整天想着怎样少缴税和不交税，往往弄巧成拙，既损害了国家利益，又在纳税过程中因违法而被税务机关处罚，使公司的经济利益受到损失。

1.2.3.2 纳税筹划者具备丰富的税收专业知识

纳税筹划是一项专业性很强的工作，纳税筹划者需要扎实的理论知识和丰富的实践经验。扎实的理论知识要求纳税人除了对法律、税收政策和会计知识相当精通外，还应通晓工商、金融、保险、贸易等方面的知识；丰富的实践经验要求纳税人能在极短的时间内掌握公司的基本情况、涉税事项、涉税环节、筹划意图，在获取真实、可靠、完整的筹划资料的基础上，选准筹划切入点，针对不同的情况制订最符合公司要求的有效筹划方案。纳税人只有具备丰富的理论知识和实践经验，才能达到公司所要求的目标。如果一个纳税人只具有非常强的纳税筹划意识，却没有丰富的实践经验作为基础，纳税筹划也只是一厢情愿。

1.2.3.3 纳税人全面了解税收法律法规

我国的税法在立法体制上有多个层次，有全国人大及其常务委员制定的税收法律，有国务院制定的税收行政法规，有财政部、国家税务总局和海关总署制定的税收规章等。具体的税收法律法规变化频繁，稍不注意，使用的法律法规就有可能过时。加之纳税筹划方案主要针对不同的投资、筹资、经营方式，所以，对与投资、筹资、经营活动相关的税收法律法规的全面了解，就成了纳税筹划的基础环节。

1.2.3.4 纳税筹划者具备较强的沟通能力

一个成功的纳税筹划者，不仅具备扎实的理论知识和丰富的实践经验，还是一个有效的沟通者。沟通具体表现在纳税筹划者与税务机关的沟通和与公司领导人的沟通两个方面。筹划方案通过纳税筹划者有效的沟通获得税务机关的认可，是一个十分重要的问题。这就要求纳税筹划者具有良好的口才，能根据税务机关针对筹划方案提出的各种问题进行有理有据的解释，从而得到税务机关的认可。同时，也要与公司领导进行有效沟通，以得到领导的肯定和支持。

1.2.3.5 纳税筹划者具备良好的职业道德

职业道德是纳税筹划者的精神面貌，反映了纳税筹划者的品德和修养。纳税筹划者的职业道德具体体现在正确处理国家利益和公司利益的关系上。合法性是进行纳税筹划的前提，如果公司领导对某些涉税事项、涉税环节分不清合法与非法的界限，往往会提出一些影响纳税筹划合法性的要求，甚至一些违法要求。在这种情况下，纳税筹划者应以国家利益为重,态度鲜明地维护税法的权威性,不能因为一己私利而违背职业道德。

1.2.3.6 纳税筹划者注意纳税筹划方案的针对性、可行性和可操作性

针对性是指纳税筹划者在进行具体的筹划时,要针对公司不同的生产经营情况,做到有的放矢。不同的地区、行业、部门和生产经营规模,国家对其有着不同的税收政策法规。因此,在具体的筹划过程中,纳税筹划者的思路、看问题的角度及采用的筹划方式不尽相同。可行性和可操作性是指纳税筹划者要针对公司的具体情况量体裁衣,制订切实可行的纳税筹划方案。

1.3 纳税筹划的目标与原则

1.3.1 纳税筹划的目标

纳税筹划的目标,是指公司通过纳税筹划所期望达到的结果。是否对纳税筹划的目标进行准确定位,直接关系到纳税筹划的成败。根据我国的实际情况,纳税筹划的目标可以分为三个层次:纳税筹划的基础目标、纳税筹划的中间目标和纳税筹划的最终目标。

1.3.1.1 纳税筹划的基础目标

(1) 避免多纳税

以下这些情况都会导致纳税人多纳税:纳税人对计税公式不理解,出现错误,导致多申报;纳税人符合税收优惠条件,但没有申报;对于准予扣除的项目,因没有报备而不能税前扣除;等等。为了避免多纳税,纳税人必须通晓税法和税收政策。

(2) 避免纳税风险

避免纳税风险是指纳税人账目清楚,纳税申报方式正确,缴纳税款及时、足额,不会出现任何关于税收方面的处罚,即在税收方面风险极小,几乎可以忽略不计的一种状态。避免纳税风险可以避免企业发生不必要的损失。

纳税人常见的误区是:纳税人一方面逃税,另一方面却多纳税。当前,我国有些纳税人的税法意识不强,多纳税与逃税并存是客观的事实。多纳税与逃税是将纳税人缴纳的税款与税法规定的税款进行对比,判定是多纳税还是逃税。因此,纳税人进行纳税筹划的初级目标是:诚信纳税,不多纳税,也不逃税。

1.3.1.2 纳税筹划的中间目标

(1) 纳税最小化

纳税最小化,是指在遵守国家税法的前提下,在税法允许的范围内,通过合理安排,选择纳税最小的方案,从而减轻税负。纳税最小化,不是少纳税,不是逃税,而是遵守税法,在多个纳税方案中选择纳税最小的方案。然而,现实中纳税筹划关于纳税最小化存在的误区是:一种税少纳了,其他税却增加了。纳税最小化,不是指个别税负的高低,而是指公司整体税负最低。

(2) 纳税最迟化

纳税最迟化,是指在税法允许的范围内,通过合理安排,选择纳税最迟的方案,尽量推迟缴纳税款。纳税最迟化,不是欠税。欠税是违反税法规定的,而纳税最迟化的前提

遵守税法。

(3) 纳税筹划收益大于纳税筹划成本

纳税筹划收益是指通过纳税筹划而合理减少的税收，或者是指获得的税收利益。纳税筹划成本是指为获得纳税筹划利益而产生的代价。纳税筹划应当坚持成本效益原则，即纳税筹划收益应该大于纳税筹划成本。因此，纳税人在进行纳税筹划时，要运用成本效益分析方法，只有在纳税筹划收益大于纳税筹划成本时，纳税筹划才是可取的。

1.3.1.3 纳税筹划的最终目标

避免多交税、避免纳税风险、纳税最小化和最迟化、纳税筹划收益大于纳税筹划成本，总体来讲都是为了实现税收利益最大化。因此，纳税筹划的基础目标和中间目标可以归纳为税收利益最大化。其实，对公司而言，税收利益只是经济利益的一种。公司作为独立经济实体，其总体目标是经济利益最大化。所以纳税筹划目标最终应服务于公司总体目标。公司的经济利益除了税收利益之外，还包括非税利益，用公式表示为：

$$经济利益 = 非税利益 + 税收利益$$

经济利益是扣除损失之后的经济利益，即税后利益。非税利益是不考虑纳税而获得的经济利益，即税前利益；税收利益是考虑纳税而获得的经济利益，是负的税收总额。因此上述公式也可以表示为

$$税后利益 = 税前利益 - 税收总额$$

而税收总额与税前利益之间又有相关性。纳税人在进行纳税筹划时，在追求纳税最小化的过程中，可能出现一些情况。纳税筹划的可行性如表1-1所示。

表1-1 纳税筹划的可行性

序号	税收利益	非税利益	经济利益	纳税筹划
1	增加	增加	增加	可行
2	增加	不变	增加	可行
3	增加	税收利益增加幅度 > 非税利益减少幅度	增加	可行
4	增加	税收利益增加幅度 = 非税利益减少幅度	不变	没必要
5	增加	税收利益增加幅度 < 非税利益减少幅度	减少	不可行

纳税筹划常见的误区为：只考虑纳税人的税收利益，不考虑纳税人的非税利益，税收减少了，但税后利益也减少了。如果片面强调税收利益，不重视非税利益和经济利益，当税收总额减少的幅度小于税前利益减少的幅度时，也会适得其反。

总之，纳税筹划的最终目标是通过税收利益的最大化实现公司经济利益最大化，或者说通过纳税最小化实现税后利益最大化。

1.3.2 纳税筹划原则

为保证管理工作正常进行，应遵守相应的原则。纳税筹划作为公司理财工作的重要组成部分，也应当遵守相应的原则。

1.3.2.1 法律原则

(1) 合法性原则

纳税筹划是纳税人根据国家税收法律、法规和政策导向，通过对投资、融资、供应、

生产、销售和利润分配等经营活动的合理安排，达到减轻或延迟纳税义务的一种合法行为。纳税筹划必须遵守国家法律法规和政策，尤其是税收法律法规和政策，只有在这个前提下，才能确保所设计的筹划方案被税务机关认可和接受，否则会受到相应的惩罚并承担法律责任。

案例1-2

某商贸公司经销家电，既销售家电，又负责家电的安装维修，按照税法的规定，该公司应按13%的税率缴纳增值税。公司经理考虑到安装维修部抵扣的进项税很少，按13%的税率缴纳增值税税负太重。公司财务人员认为，把安装维修业务独立出来，独立收取安装维修费用，这部分收入可以按照建筑服务缴纳9%的增值税，与缴纳13%的增值税相比，税负要轻。于是，该公司按照上述思路成立了独立核算的安装维修公司。商贸公司在销售家电产品时，与购买方签订购销合同，安装维修公司再与购买方签订安装维修合同，各收取各的费用。安装维修公司在取得收入后按9%的税率申报缴纳增值税，但这种做法没有得到税务机关认可。为什么？应如何筹划？

【筹划思路】

根据《中华人民共和国增值税暂行条例》，"修理修配收入"应按照13%的税率缴纳增值税。

【筹划方案】

该公司可以把安装业务独立出来，在取得收入后按9%的税率申报缴纳增值税。即该公司可以成立独立核算的安装公司（假设为一般纳税人），商贸公司在销售家电产品时，与购买方签订购销合同，安装公司再与购买方签订安装合同，各收取各的费用。安装公司在取得收入后按9%的税率申报缴纳增值税。商贸公司销售家电后按13%的税率申报缴纳增值税。

【筹划结论】

安装公司收取的安装费用以9%的税率申报缴纳增值税，肯定较以前按照13%申报缴纳增值税税负要轻。

公司的错误在于没有准确理解"应税收入"的含义。从国家对行业的分类来看，商业和建筑业属于不同行业，凡是对建筑物等不动产的修理、装饰属于建筑业，对货物的修理属于工业。修理收入是按13%还是按9%申报缴纳增值税，关键看修理对象，对货物（动产）的修理属于《中华人民共和国增值税暂行条例》规定的"修理修配收入"，按规定申报缴纳13%的增值税。当然，如果安装公司为小规模纳税人，适用征收率3%。

(2) 合理性原则

纳税筹划合理性原则是以贯彻国家立法精神为宗旨。纳税筹划的基础是税制要素中税负弹性的存在，税制中的各种税收优惠政策和选择时机都体现国家的立法精神，体现国家政策对社会经济活动的引导和调整。因而，切实有效的纳税筹划，应该以立法为依据，深刻理解税法所体现的国家政策，从而有效贯彻国家税法及其相关政策的立法精神，使之成为实现政府利用税收杠杆进行宏观经济调控的必要环节。那些不符合国家政策精神的筹划行为，比如钻税法的漏洞、空白的行为等，都是不符合纳税筹划合理性原则的。

(3) 规范性原则

纳税筹划不单单是税务方面的问题，还涉及许多其他方面的问题，如财务、会计等各领域，以及金融、制造业等行业方面的问题。纳税筹划要遵守各领域、各行业、各地区约定俗成或明文规定的各种制度的标准。比如，在纳税筹划时，涉及财务、会计方面问题时要遵守财务、会计方面的规范制度，涉及行业方面的问题时要遵守各行业制定的规范制度，涉及地区方面问题时要遵守地区的规范制度，纳税人应以规范的行为方式和方法制定相应的纳税筹划方案。

1.3.2.2 财务原则

（1）综合衡量原则

纳税筹划的综合衡量原则是指在进行纳税筹划时，要考虑与之有关的其他税种的税负效应，进行总体筹划、综合衡量，以求整体税负最轻，防止顾此失彼。综合衡量原则的内涵包括以下几点。

①纳税筹划应算大账，不要算小账，不能只关注个别税种的税负高低，也许一种税少缴了，另一种税却多缴了，因而纳税筹划要着眼整体税负最轻。

②税收负担的降低并不等于资本总收益的增加，如果有多种选择，总收益最多但纳税并不一定最少的方案应被视为最理想的方案。

③在选择和应用较有利的纳税筹划策略时，要与其他措施相配合，因为实施这些措施所增加的各项支出也是筹划成本。

（2）财务利益最大化原则

进行纳税筹划，归根结底是为了使纳税人的可支配财务利益最大化，即税后财务利益最大化。纳税人财务利益最大化除了考虑节减税收外，还要考虑纳税人的综合经济利益；不仅要考虑纳税人现在的财务利益，还要考虑纳税人未来的财务利益；不仅要考虑纳税人的短期利益，还要考虑纳税人的长期利益；不仅要考虑纳税人的所得增加，还要考虑纳税人的资本增值。

（3）稳健性原则

在追求纳税筹划目标时，还必须注意筹划的稳健性原则。一般地讲，纳税人的节税收益越大，风险也越大。各种节减税的方式或方法都有一定的风险，节税收益与税制变化风险、市场风险、利率风险、债务风险、汇率风险、通货膨胀风险等是紧密相连的。纳税筹划要尽量使风险最小化，要在节税收益与节税风险之间进行必要的权衡，以保证能够真正安全地实现纳税筹划目标。

1.3.2.3 筹划管理原则

（1）时效性原则

纳税筹划的基本特点是不违法，究竟什么是不违法，什么是违法，完全取决于一个国家的具体法律规定。随着时间的推移，国家的法律法规也会发生相应的变化。公司面对的具体的国家法律法规不同，其行为的性质也会不同。由此可见，任何一个纳税筹划方案都是在一定的地区、一定的时间、一定的法律环境条件下，以一定的公司经济活动为背景制订的，具有针对性和时效性。

（2）便利性原则

纳税筹划的便利性原则就是指纳税人在选择纳税筹划方案时，选择的方案应越容易操作越好，越简单越好。作为纳税人，可以选择的节税方式或方法很多，在此原则的导向下，凡是能够用简单方法的，就不要用复杂方法；凡是就近能解决的，就不要舍近求远。

(3) 节约性原则

纳税筹划无论是纳税人自己筹划，还是借助"外脑"筹划，在实现纳税筹划目标时，都要耗费一定的人力、物力和财力。所以，纳税筹划与其他管理决策一样，必须遵守成本效益原则，只有当纳税筹划方案的所得大于支出时，该项纳税筹划才是成功的，即在进行纳税筹划时，要注重节约成本。

1.4 纳税筹划成本与收益分析

纳税筹划成本与收益分析，是指在纳税筹划方案的制订和执行过程中，要比较纳税筹划方案带来的收益与其耗费的成本，只有纳税筹划方案的成本小于获得的收益时，该纳税筹划方案才是可行的；反之，则不可行。

1.4.1 纳税筹划成本

纳税筹划成本是指因公司进行纳税筹划而失去或放弃的资源，纳税筹划成本包括以下几个方面的内容。

1.4.1.1 纳税筹划直接成本

纳税筹划直接成本是指纳税筹划方案在制订和执行过程中所产生的支出或代价，主要包括：收集和保存与纳税筹划相关信息的耗费；筹划人员因从事与纳税筹划方案制订和执行工作相关的工资、薪金；对筹划人员进行纳税筹划培训所产生的费用；委托税务代理机构进行纳税筹划的全部费用；因按照纳税筹划方案安排生产、经营等活动产生的成本，如改建成本、沟通协作成本、制订计划成本、谈判成本和管理成本；纳税筹划失败产生的风险成本；等等。需要注意的是，在进行纳税筹划时，应当在确保纳税筹划目标实现的前提下，尽可能降低纳税筹划的直接成本。

1.4.1.2 纳税筹划机会成本

纳税筹划机会成本是指由于公司选择了某一筹划方案而放弃的可以采用的其他筹划方案的最大收益或潜在收益。在进行纳税筹划时，机会成本是相关成本。尽管机会成本没有实际发生且很难用数字进行准确计量，但它是公司进行纳税筹划方案选择时必须考虑的因素。因为公司的任何资源都具有稀缺性，公司必须使资源的收益最大化。

1.4.1.3 纳税筹划隐性成本

纳税筹划活动作为公司理财的重要组成部分，除了导致自身的利益损失外，还会对其他经济活动的成本产生影响。基于公司关联战略考虑的纳税筹划目标在于提高公司的整体价值。有时纳税筹划使税负降低了，可能使公司税前收益率降低，降低的部分构成了纳税筹划的隐性成本。如果市场是均衡的，不同资产的税后收益率是相同的，纳税较少的方案意味着税前收益率较低。公司放弃的纳税筹划方案由于需要抵减较高的税负，其税前收益也较高；公司选择税负较少的纳税筹划方案，失去了较高的税前利益。通常，纳税筹划的隐性成本无法用数字准确计量，但是基于纳税筹划的战略需要应当考虑，进而使纳税筹划的成本分析更加全面。

1.4.2 纳税筹划收益

进行纳税筹划的目的是追求纳税筹划收益。纳税筹划收益是指公司因进行纳税筹划而获得的各种利益，它由可以量化的经济效益和难以量化的经济效益构成。可以量化的经济效益由节税效益和时间价值收益构成，难以量化的经济效益由协同效应收益和未来现金流入收益构成。

1.4.2.1 节税效益

节税效益是指实施纳税筹划使公司纳税额降低的数额，属于绝对节税。不同的纳税筹划方案产生的节税效益是有差别的，有的能大幅度降低纳税额，有的只能少量减少纳税额；有些出于长远考虑的纳税筹划方案还会使纳税增加，应视其为节税效益的抵减。

1.4.2.2 时间价值收益

时间价值收益是指公司采用的纳税筹划方案，虽然没有减少应纳的税款，但可以推迟纳税，当期的税款在以后期间缴纳，形成了公司的流动资金，可以弥补公司自身流动资金的短缺，将其投入生产经营活动或进行短期盈利性投资，都会给公司带来相应的收益。这部分时间的价值收益可以通过财务理论计量。

1.4.2.3 协同效应收益

公司的纳税筹划是在公司战略目标下进行的，全面考虑了公司各方面的经济活动，进而使纳税筹划与公司其他经济活动或管理活动相互促进，形成协同效应，产生的收益大于公司只进行单项活动所产生收益的总和。协同效应收益体现在纳税筹划和其他经济活动同时获得收益中，无法分离出纳税筹划的那一部分。比如，公司进行纳税筹划时，启用高素质的财税人才，规范了公司的财务会计处理、财务管理、内部纳税控制和纳税申报，提高了公司的管理水平和核算水平，从而为公司带来相应的收益。

1.4.2.4 未来现金流入收益

纳税筹划注重战略的考虑，不仅关心公司短期的收益，更加关注公司的长远发展，能给公司带来长期的经济利益流入。公司通过纳税筹划，实现涉税零风险，有利于形成较好的纳税信誉，树立良好的形象，进而增强公司的长远发展能力，获得长远的现金流入。纳税筹划给公司带来的未来现金流入收益存在不确定性，很难被计量。

1.4.3 纳税筹划成本与收益分析法的基本步骤

成本与收益分析法是公司财务管理中普遍运用的一种决策分析方法，也可以将此方法运用到纳税筹划中去。纳税筹划成本与收益分析法，是指在纳税筹划方案的制订和执行过程中，将方案的预期成本与预期收益进行分析比较，只有纳税筹划方案的预期成本小于预期收益时，方案才可行；反之，则不可行。

借鉴财务管理中投资决策的分析方法，在进行纳税筹划成本与收益分析时，可以把能够量化的纳税成本和收益进行折算，然后进行比较，其基本步骤如下。

第一步，确定比较期限。纳税筹划一般是立足于公司的长远发展，因而纳税筹划的成本与收益不仅仅局限于某个纳税年度。公司应根据自身的实际，确定比较的年限，假设为 n 年。

第二步，将比较期限内的纳税筹划成本折现。把 n 年内的所有纳税筹划成本按照发生的时间先后顺序折现到筹划方案的执行起始日，并求和得出 C。

第三步，将比较期限内的纳税筹划收益折现。把 n 年内的所有纳税筹划收益按照发生的时间先后顺序折现到筹划方案的执行起始日，并求和得出 R。

第四步，比较纳税筹划成本与纳税筹划收益的大小。如果 $R > C$，则此纳税筹划方案可行；如果 $R < C$，则此纳税筹划方案不可行。

上述第二、三步的计算公式分别为：

$$C = \sum_{i=1}^{n} C_t \times (P/F, i, t)$$

$$R = \sum_{i=1}^{n} R_t \times (P/F, i, t)$$

上述公式中，C 是总的纳税筹划成本，C_t 是第 t 年的纳税筹划成本，R 是总的纳税筹划收益，R_t 是第 t 年的纳税筹划收益，$(P/F, i, t)$ 是第 t 年的复利现值系数，i 是折现率，n 是比较期限(年)。

1.5 纳税筹划的思路与步骤

1.5.1 纳税筹划思路

随着社会的不断发展，纳税筹划模型日趋复杂，纳税筹划技术不断创新。在纳税筹划的学习和实践中，可能会感到千头万绪，不知道从何入手，其主要原因在于纳税筹划思路没有厘清。纳税筹划思路是连接纳税筹划理念与实务的桥梁。纳税筹划人员在纳税筹划过程中一定要保持清醒的纳税筹划思路，才能进行有效的纳税筹划，避免陷入纳税筹划的误区，实现纳税筹划的目标。纳税筹划的思路主要包括两个方面，即纳税筹划总体思路与纳税筹划具体思路。

1.5.1.1 纳税筹划总体思路

引起税收法律关系的前提条件是税法；税收法律关系产生、变更或消失的决定因素是税收法律事实，即纳税人的经济活动行为。因此，纳税筹划的主体思路是，悉心研究税法，精心安排经济活动，将经济活动与税法有机结合，最终实现纳税筹划目标。

(1) 悉心研究税法

如果没有税法，就不可能产生税收法律关系，也就不存在缴纳税款之说；有了税法，才产生税收法律关系和缴纳税款的需要；税法的修改会引起税收法律关系的变更和缴纳税种、税款的改变；税法的废止会使税收法律关系消失，并使人们不需要缴纳税款。因此，缴纳税款与税法密切相关。不精通税法，就不能进行有效的纳税筹划。税收体系由商品和劳务税、所得税、财产税和其他税种构成，进行纳税筹划必须对相应的税法进行悉心研究。

(2) 精心安排经济活动

如果没有经济活动，就不可能产生税收法律关系，就不需要缴纳税款；有经济活动，才产生税收法律关系，才需要缴纳税款；经济活动的改变会引起税收法律关系的变更和缴纳税种、税款的改变；经济活动的撤销会引起税收法律关系的消失且不需要缴纳税款。可见，缴纳税款与经济活动密切相关，公司的经济活动总体来讲包括三个层次，即成长阶段和生命流层次、财务循环和资金流层次、经营流程和存货流层次。进行纳税筹划，必须深入纳税人的经济活动，对纳税人的成长活动、财务活动和经营活动进行精心安排。因此，经济活动纳税筹划思路应包括公司成长纳税筹划、公司财务纳税筹划和公司经营纳税筹划三方面。

（3）将经济活动与税法有机结合

只有税法，而纳税人没有发生经济活动，纳税人就无须纳税；只有纳税人的经济活动，而没有税法，纳税人也无须纳税；既有税法又有经济活动，纳税人才会纳税。因此，纳税筹划应将纳税人经济活动与税法有机结合起来。纳税人进行纳税筹划只有两条途径：一是改变税法，使税法适应自己，从而减轻税负；二是改变自身的经济活动，使自身经济活动适应税法，从而减轻税负。但是，纳税人改变税法较为困难，而改变自身的经济活动较为容易。纳税人只有改变自身经营活动，适应税法，才能改变纳税额，减轻税负。产业纳税筹划和地域纳税筹划均涉及多个税种和诸多经济活动，是综合性纳税筹划。因此，将经济活动与税法有机结合的综合纳税筹划思路包括产业纳税筹划和地域纳税筹划。

案例 1-3

20×7 年，张某作为个体户经营热水器销售和安装业务，由其妻李某负责门店经营，张某负责安装热水器，同时承接一些热水器的维修业务，预计每年销售热水器的应税所得额为 2.8 万元，安装兼修理热水器的应税所得额为 2.5 万元。请对上述业务进行纳税筹划。

【筹划思路】

根据《中华人民共和国个人所得税法》规定，从 2019 年 1 月 1 日起，我国对个体工商户、个人独资企业、合伙企业的生产经营所得按照经营所得项目征收个人所得税，适用 5%~35% 的超额累进税率。

【筹划方案】

张某和妻子李某可以成立两个个人独资企业，妻子李某负责门店销售热水器，张某负责热水器安装和热水器维修业务。

筹划前，张某经营所得属于个体工商户生产经营所得，全年应纳个人所得税 = 53 000 × 10% - 1 500 = 3 800（元）。

筹划后，由于是两个个人独资企业，所以：

张某应纳个人所得税 = 25 000 × 5% = 1 250（元）

妻子李某应税个人所得税 = 28 000 × 5% = 1 400（元）

张某和妻子李某共缴纳个人所得税 = 1 250 + 1 400 = 2 650（元）

【筹划总结】

筹划后，张某每年可以少缴纳个人所得税 = 3 800 - 2 650 = 1 150（元）。

税法不是纳税人所能控制的。但是，纳税人可以改变自身的经营活动去顺应税法，从而达到节税的目的。在本案例中，张某改变自身的纳税身份，由一个个体工商户变成两个个人独资企业，从而达到减轻税负的目的。但这种改变需要支付一定的工商登记费用和手续费。

1.5.1.2 纳税筹划具体思路

纳税筹划必须针对具体税种、具体的经济活动和具体的产业与地域，涉及相应的具体纳税筹划思路。

（1）税种筹划思路

税收体系由多个税种构成，不同税种有不同的特点，其纳税筹划的方法也不相同。税种筹划思路就是：根据不同税种的特点，采用不同的纳税筹划方法。我国现行的税收体系是由商品和劳务税类、所得税类、财产税类和其他税类构成的复合税体系。

①商品和劳务税是以货物或劳务为征税对象的一类税。我国现行商品和劳务税包括增值税、消费税和关税。因此，商品和劳务税筹划包括增值税筹划、消费税筹划和关税筹划。

②所得税是以所得作为征税对象的一类税。我国现行所得税包括企业所得税和个人所得税。因此，所得税筹划包括企业所得税筹划和个人所得税筹划。

③财产税是以财产为征税对象的一类税。财产税分为静态财产税和动态财产税，也可以分为一般财产税和个别财产税（我国现行财产税为个别财产税）。个别财产税又包括动产税和不动产税。我国现行涉及不动产的税种有耕地占用税（准财产税、动态财产税）、城镇土地使用税（准财产税、静态财产税）、房产税（静态财产税）、土地增值税（准财产税、动态财产税）、契税（准财产税、动态财产税）。我国现行涉及动产的税种有车辆购置税（动态财产税）、车船税（静态财产税）、船舶吨税（静态财产税）。

④我国现行的其他税种有资源税、烟叶税（2006年开征）、印花税、城市维护建设税及教育费附加（视同税金）。因此，财产税、其他税筹划包括财产税筹划、其他税种筹划和税种综合筹划。

（2）经济活动纳税筹划思路

纳税义务产生于公司的经济活动。不同的经济活动，其征税情况不同；不同的经济活动，其缴纳的税种不同；不同的经济活动，其缴纳的税额不同。因此，经济活动纳税筹划的思路是：全面考虑不同经济活动的税负差异并对经济活动进行精心安排。纳税筹划不仅要贯穿所有的经济活动，还要贯穿经济活动的始终。

关于公司的经济活动，从公司成长阶段和生命流层次看，有设立、扩张、重组和清算等活动；从财务循环和资金流层次看，有筹资、投资、分配等活动；从经营流程和存货流层次看，有采购、生产、销售、非货币性资产交换等活动。公司经济活动纳税筹划包括公司成长纳税筹划、公司财务纳税筹划和公司经营纳税筹划。

（3）产业与地域纳税筹划思路

①不同的产业和行业具有不同的特征，其税收待遇也不同。因此，产业纳税筹划的思路是：应针对不同产业的特征分别进行，不同的产业，其税收优惠内容和程度不同，公司进行纳税筹划应充分利用不同产业的税收优惠，结合国家的产业税收倾斜政策，考虑公司的具体情况，选择并确定要投资的产业；在选定的产业范围内，公司应充分利用税收优惠政策，使自身的经营范围尽可能地享受税收优惠政策，实现整体税负最低。

②不同的地域，其税收负担往往存在差异。因此，地域纳税筹划的思路是：根据国内不同地域、不同国家（或地区）的税负差异，统筹安排国内或跨国经济活动并充分利用不同地域的税收优惠。地域纳税筹划包括国内地域纳税筹划和国际地域纳税筹划。

1.5.2 纳税筹划基本步骤

要做好纳税筹划工作，实现纳税筹划目标，除了遵守正确的纳税筹划原则外，还必须要求纳税筹划工作遵循一定的工作流程，即纳税筹划基本步骤。

1.5.2.1 收集纳税筹划的必要信息

（1）分析公司涉税情况与需求

不同公司的基本情况及纳税情况是存在差异的，在实施纳税筹划活动时，要全面了解公司的基本情况，如公司的组织形式、经营情况、财务状况、投资意图、管理层面对风险的态度、公司需求、公司经营目标和筹划主体的意图等。其中，筹划主体的意图是纳税筹划中最基本的部分，是纳税筹划活动的出发点。

（2）分析公司相关的税收政策与面临的环境

在设计纳税筹划方案之前，应收集与公司相关的税收政策和法规，并整理和归类。全面了解与公司相关的行业、部门的税收政策，理解和掌握国家税收政策及其精神，争取得到税务机关的帮助并与其合作，这对于成功实施纳税筹划极其重要。同时，也要分析纳税筹划主体所面临的环境，因为纳税筹划要有效整合和利用纳税主体的环境资源。

（3）确定纳税筹划的具体目标

前面已讲述，纳税筹划的最终目标是通过纳税筹划实现公司经济利益最大化，或者通过纳税筹划实现税后利益最大化。对收集的公司涉税信息进行分析整理后，便可以确定纳税筹划的各个具体目标，并以此为基准制订纳税筹划方案。纳税筹划的具体目标主要包括实现税负最小化、实现税后利润最大化、获取资金时间价值最大化和实现纳税风险最小化。

1.5.2.2 设计备选的纳税筹划方案

在确定了纳税筹划的具体目标之后，纳税筹划者可以着手设计纳税筹划的具体方案。由于关注角度不同，具体的纳税筹划方案可能存在差异，因此纳税筹划者应将筹划方案逐一列出，以便于择优选择。

纳税筹划方案的设计一般按以下步骤进行：首先，对纳税人的涉税问题进行认定，即对涉税项目的性质、涉及税种进行认定等；其次，对涉税问题进行分析，即对涉税项目的发展态势、引发后果、纳税筹划空间、需要解决的关键问题进行分析等；最后，设计多种备选方案，即针对涉税问题，设计若干个可选方案，包括涉及的经营活动、财务运作和会计处理等。

1.5.2.3 分析、评价并选择纳税筹划方案

纳税筹划方案是多种筹划技术的组合运用，同时要考虑风险因素。纳税筹划方案被设计出来以后，必须逐一进行以下分析。

（1）合法性分析

纳税筹划的首要原则是合法性原则，任何纳税筹划方案都必须在不违法的前提下进行，不能超越法律、法规。因此，要分析纳税筹划的思路、具体步骤、方法、注意事项等所依据的法律、法规，进行合法性分析。

（2）可行性分析

纳税筹划的实施需要多方面的条件，公司必须对筹划方案的可行性进行评估，包括实施时间的选择、地点的选择、人员素质及趋势预测等。

（3）目标分析

每一个纳税筹划方案都会产生不同的纳税结果，这种纳税结果是否符合公司既定的目标，是纳税筹划方案选择的基本依据。因此，必须对纳税筹划方案目标进行分析，选取最

佳方案。目标分析还包括评价纳税筹划的合理性、防止纳税筹划的片面性。

1.5.2.4 实施纳税筹划方案

纳税筹划方案确定之后，经管理层批准后，即进入实施阶段。公司应当按照选定的纳税筹划方案，对纳税人的纳税身份、组织形式、注册地点、所从事的产业和经济活动等进行相应的处理或改变，同时记录纳税筹划方案的收益。

1.5.2.5 对纳税筹划方案进行监控、评估和改进

在纳税筹划方案的实施过程中，应及时监控出现的问题，如国家税收政策的改变或调整、相关人员操作不当、纳税筹划方案出现漏洞等。在运用反馈的信息，对纳税筹划方案的效果进行评价，考核其经济效益与最终结果是否实现了纳税筹划目标。在实施纳税筹划方案的过程中，因执行偏差、环境的改变或者原有方案的设计存在缺陷，可能与预期结果产生差异，这些差异要及时反馈给纳税筹划的决策者，并对方案进行改进。

1.6 纳税筹划的方法

纳税筹划方法是指在合法的前提下，使纳税人尽量减轻税负的技巧。税制要素是构成税制的"细胞"，只有深入研究税制要素，才能发现纳税筹划的空间，寻找到纳税筹划的思路，因此，围绕税制要素进行研究并切入便成为选择纳税筹划方法的关键。具体来说，纳税筹划的方法主要有如下几种。

1.6.1 税收优惠筹划法

税收优惠筹划是利用税收优惠政策进行的纳税筹划，符合国家税法的制定意图，符合国家宏观经济政策的引导意愿，利用税收优惠政策进行纳税筹划也因此得到政府的承认与支持，是纳税筹划的主要方法之一。

利用税收优惠政策进行纳税筹划，可以采用不同的形式和手段，利用不同的税收优惠。筹划的实际效果可能存在不同，有些可以降低绝对税负，有些可以降低相对税负。这些形式和手段既可以单独使用，也可以同时使用。根据税收优惠方法的不同，纳税筹划有不同方式。

1.6.1.1 税额优惠

税额优惠是指通过直接减少纳税人应纳税额的方式来免除或减轻纳税人税收负担的税收优惠筹划法。免税、减税、定期减免、投资减免、出口退税、再投资退税、即征即退、先征后返、税收豁免等，均属于税额优惠的范畴。

1.6.1.2 税率优惠

税率优惠是指通过降低税率的方式来减轻纳税人税收负担的税收优惠筹划法。税率减征、最惠国税率、协定税率、特惠税率、暂定税率、关税配额税率等，均属于税率优惠的范畴。

1.6.1.3 税基优惠

税基优惠是指通过缩小计税依据的方式来减轻纳税人税收负担的税收优惠筹划法。起

征点、免征额、免税收入、减计收入、加计扣除、创业投资扣除、亏损结转、汇总纳税等，均属于税基优惠的范畴。

1.6.1.4 时间优惠

时间优惠是指通过推迟税款的缴纳时间来减轻纳税人税收负担的税收优惠筹划法。缓税、保税、缩减折旧年限、采用加速折旧方法等，均属于时间优惠的范畴。

没有哪一个国家的税制中没有税收优惠政策。在我国，所有的税种或多或少都存在税收优惠。税收优惠体现了一国税收政策的导向，分为鼓励性税收优惠和照顾性税收优惠。

改革开放以来，为了吸引外资、引进先进技术、鼓励出口、扶持高新技术产业、建设经济特区、西部大开发、振兴东北，我国实行了大量地域性及产业性税收优惠政策。众多的税收优惠，为纳税人进行纳税筹划提供了空间。

1.6.2 分劈税基筹划法

所谓税基，是指在税制设计中确定的据以计算应纳税额的依据，通常也称作计税依据或课税基础。流转税的税基是相关的流转额，财产税的税基是相关财产的价值或数量，所得税的税基是应纳税所得额。分劈税基筹划法是通过分散税基实现纳税筹划目标，是指在合法、合理的前提下，将税基在两个或两个以上的纳税人或纳税项目进行分劈而实现直接节税的纳税筹划方法。

出于调节收入等社会政策的考虑，各国的所得税和财产税一般采用累进税率，计税基数越大，适用的最高边际税率也越高。采用分劈技术将所得、财产在两个或更多的纳税人之间进行分散，可以使计税基数降至低税率税级，从而降低最高边际适用税率，实现节减税收的目的。

案例 1-4

张某夫妻二人开设了一家经营装饰材料的公司，妻子负责经营管理，丈夫同时承接一些房屋装修工程。预计每年销售装饰材料的应纳税所得额为 5 万元，承接房屋装修工程的应纳税所得额为 3 万元。这时，公司应纳税所得额合计是 8 万元，要按 10% 的税率缴纳个人所得税 6 500（80 000×10%－1 500）元。但是，如果夫妻二人成立两个个人独资企业，妻子的公司只销售装饰材料，丈夫的企业专门承接房屋装修工程，在这种情况下，假定每年的收入同上，夫妻二人每年应缴纳的所得税分别为 3 500（50 000×10%－1 500）元和 1 500（30 000×5%）元，两人合计纳税 5 000（3 500＋1 500）元，每年节税 1 500（6 500－5 000）元。

运用分劈税基技术进行筹划，要注意的是：一些国家的税务当局已经注意到某些纳税人通过分劈税基进行纳税筹划，因此有针对性地出台了一些反避税条款，分劈时应以特定的法律规范为基础和出发点。此外，适用的人和能够进行分劈的项目也有限，受到许多税收条件的限制，因此，分劈税基技术较为复杂，适用范围比较窄。

1.6.3 延期纳税筹划法

延期纳税也称作递延纳税，是指延缓一定时期后再缴纳税款。延期纳税的概念有狭义和广义之分：狭义的延期纳税专指纳税人按照国家有关延期纳税规定进行的延期纳税；广义的延期纳税除了包括狭义延期纳税的内容之外，还包括纳税人根据国家其他方面的规定可以达到延期纳税目的的纳税安排。例如，纳税人采取加速折旧、选择存货计价方法等，都可以将前期的应纳税额递延到以后的时期缴纳。延期纳税技术能使纳税人获得时间价值，产生相对节税效果，增加纳税人本期的现金流量，但并不能减少纳税人纳税绝对额。实现延期纳税的途径尽管很多，但归结起来无外乎如下两种情况。

1.6.3.1 推迟收入的确认

现行税制中，纳税人的收入既涉及流转税又涉及所得税。从税收角度来看，收入确认总是越晚越好。纳税人既可以通过对其生产经营活动的合理安排，也可以通过会计核算中合理安排确认营业收入实现的时间来推迟税款的缴纳，如合理安排交货时间、结算时间、销售方式、收入确认方法等。

案例 1-5

某服装公司为增值税一般纳税人，当月发生销售业务五笔，合计 1 800 万元（含税价），其中 1 000 万元的三笔业务对方以现金取货，另外 800 万元的两笔业务的资金暂时不能回笼且要拖很长时间。考虑到业务合作的具体情况，公司采取了以下销售方式。

①能立即收回现金 1 000 万元的业务运用直接销售方式，在当月做销售处理；

②对于另外两笔业务，则在业务发生时与对方签订赊销和分期付款合同。

通过纳税筹划，可以推迟收入的确认和税款的缴纳。

1.6.3.2 提前费用的确认

从税收角度来看，费用确认的基本原则是就早不就晚。具体而言，为了提前确认费用，可以从以下几个方面入手。一是能尽量进费用的不进生产成本。通过增加期间费用减少当期利润，从而减少企业的应纳税所得额和应纳所得税额。二是能进成本的不进资产。资产的成本分期摊销的时间较长，不利于费用的提前扣除。三是能预提的不摊销。预提费是在费用发生之前按一定比例提前计入成本的费用，扣除时间要先于待摊费用，但值得注意的是，运用这种技术，必须以遵循财务会计制度为前提，如受到财务会计制度的制约，则只有在会计制度上有选择空间时才能采用。

1.6.4 税收临界点筹划法

1.6.4.1 税收临界点的概念

税收临界点是指能够引起税负发生明显变化的一些标准，包括一定的比例和数额。当突破某些临界点时，由于所适用的税基减少、税率降低或优惠增多，从而获得税收利益。因此，可以利用某些临界点来控制税负，达到节税的目的。在我国现行税法中，税基存在临界点，税率有临界点，优惠政策也有临界点。税收临界点筹划法就是考虑到临界点的存在，充分利用临界点来实现税负的降低。

1.6.4.2 税收临界点筹划主要方式

（1）税基临界点筹划

税基临界点筹划主要体现在起征点的规定上。起征点与免征额不同，免征额是课税对象总额中免予征税的数额，它是按照一定标准从全部课税对象总额中预先减征的部分。免征额部分不征税，只就超过免征额的部分征税。如，我国现行个人所得税法规定,对工资、薪金所得征税,免征额为5 000元。而起征点是课税对象开始征税的数额界线。课税对象的数额未达到起征点的不征税,达到或超过起征点的,就课税对象的全部数额征税。

(2) 税率跳跃临界点筹划

税率跳跃临界点存在于许多类应税商品、应税行为中,特别是由于价格的变化而导致税率档次的跳跃。比如,我国甲类卷烟适用的税率为56%,乙类卷烟适用的税率为36%,两类卷烟的税率差异很大,适用什么税率取决于卷烟分类,而类别的划分在一定程度上又依据卷烟的价格。两类卷烟价格的临界点便成了税率跳跃变化的临界点。再如,手表的价格变化将产生征消费税与不征消费税的区别,如果手表价格在临界点附近,则可以采用更低的定价,反而可以获得更大的税后收益。而如果不在临界点附近而追求这种筹划,反而会降低税后收益,是得不偿失的。

(3) 优惠临界点筹划

在税收制度中,往往规定了大量税收优惠政策,而税收优惠政策的享受是有条件的,这些优惠条件就形成了优惠临界点。达到优惠临界点,可以享受优惠政策,没有达到,则不能享受。如果实际情况处于临界点附近,但又处于优惠条件之外,则可以通过调整满足条件从而获得优惠,实现降低税负的目的,这就是优惠临界点筹划的基本思想。例如,我国个人所得税优惠规定,购买福利彩票所得在10 000元以下的,免征个人所得税,超过10 000元的,全额按20%征收,如果某人购买福利彩票中奖10 500元,那么,他将其中的500元作为公益性捐赠,则他的税负大大下降,税后收益反而增加。在税收优惠政策中,这样的临界点非常多,有的与时间长短有关,有的与所得额多少有关,有的与收入多少有关,还有的与资产规模大小有关等,因此,优惠临界点筹划的应用范围非常广泛。当然,在具体筹划时,还应与经营的理念、战略或整体利益相结合。

1.6.5 税负平衡点筹划法

税负平衡点又称税负临界点,是指两种纳税方案税收负担相等时的那个数值,税负平衡点筹划法通过比较实际数值与税负平衡点对方案进行合理选择,从而确定筹划方案,基本步骤分为以下几个。

① 设置衡量税负平衡点的变量 X。
② 设置两套纳税方案。
③ 令两套纳税方案的税负相等。
④ 解出变量 X 的值。
⑤ 依据实际值与 X 值的比较,选择最优纳税方案。

由于"营改增"后,按增值税一般纳税人与小规模纳税人不同身份纳税的实际负担会不同,因此,可以利用税负平衡法进行纳税筹划,具体计算公式为:

一般纳税人应纳税额 = 销项税额 - 进项税额 = 含税销售额/(1 + 增值税税率) × 增值率 × 增值税税率

小规模纳税人应纳税额 = 不含税销售额 × 征收率 = 含税销售额/(1 + 征收率) × 征收率

当二者税负相等时,其增值率为无差别平衡点增值率(V),即:

含税销售额/(1 + 增值税税率) × V × 增值税税率 = 含税销售额/(1 + 征收率) × 征收率

V = (1 + 增值税税率)/增值税税率 × 征收率/(1 + 征收率)

以某运输公司为例，$V = (1 + 9\%)/9\% \times 3\%/(1 + 3\%) = 35.28\%$，这意味着该运输公司的实际增值率大于35.28%时，按小规模纳税人身份缴纳增值税比较合算；实际增值率等于35.28%时，两种纳税人身份的税负完全一样；实际增值率小于35.28%时，按一般纳税人身份缴纳增值税比较合算。

本章小结

纳税筹划是指纳税人在纳税行为发生之前，在不违反国家税收法律法规及其相关法律法规的前提下，通过对纳税人的经营活动或投资活动等涉税事项进行事先的安排，以实现税收利益及经济利益最大化的一系列谋划活动。纳税筹划已具有相当长的历史，但在我国处于起步发展阶段。

纳税筹划具有合法性、遵从性、超前性、综合性、时效性、专业性等重要特点。

纳税筹划不论从公司层面、政府层面还是学术层面上讲，都有积极而重要的意义。

公司成为真正的市场主体、税收制度的"非中性"的存在、完善的税收监管体系是纳税筹划的基本前提。主体利益的驱使是纳税人进行纳税筹划的主观原因。同时，国家税制也存在纳税人抑减税负的客观原因。正是这两方面的原因使公司进行纳税筹划成为可能，纳税人都有进行纳税筹划的强烈愿望，但是只具有强烈的纳税筹划愿望，并不意味着就能成功地实施纳税筹划。纳税人成功地进行纳税筹划必须具备特定的条件。

根据我国的实际情况，纳税筹划目标可以分为三个层次：纳税筹划基本目标、纳税筹划中间目标和纳税筹划最终目标。纳税人进行纳税筹划必须遵循一定原则。

纳税筹划成本与收益分析是指在纳税筹划方案的制订和执行过程中，要比较纳税筹划方案带来的收益与其耗费的成本，只有纳税筹划方案的成本小于获得的收益时，该纳税筹划方案才是可行的；反之，则不可行。

纳税筹划一定要具有正确的筹划思路和实施步骤，纳税筹划具有一定的风险性，因此，要加强对纳税筹划的风险防范。

知识链接

纳税筹划不管是对公司、政府还是学术方面都具有深远的意义。通过合理合法的纳税筹划，可实现使公司减小税收负担、政府优化产业结构和社会资源合理配置等重要目标。纳税筹划人在进行筹划过程中应当严格遵循国家的法律法规，具备丰富的专业税收知识，坚守职业道德。

章节小测试

一、单项选择题

1. 纳税筹划的主体是（　　）。
A. 纳税人　　　　B. 对象　　　　C. 计税依据　　　　D. 税务机关

2. 避税最大的特点是它的（　　）。
   A. 违法性　　　B. 可行性　　　C. 非违法性　　　D. 合法性
3. 相对节税主要考虑的是（　　）。
   A. 费用绝对值　　B. 利润总额　　C. 货币时间价值　　D. 税率
4. 纳税筹划最重要的原则是（　　）。
   A. 守法原则　　　　　　　　　B. 财务利益最大化原则
   C. 时效性原则　　　　　　　　D. 风险规避原则

二、多项选择题

1. 纳税筹划的合法性要求是与（　　）的根本区别。
   A. 逃税　　　　B. 欠税　　　　C. 骗税　　　　D. 避税
2. 纳税筹划风险主要的形式有（　　）。
   A. 意识形态风险　B. 经营性风险　C. 政策性风险　D. 操作性风险
3. 绝对节税又可以分为（　　）。
   A. 直接节税　　B. 部分节税　　C. 全额节税　　D. 间接节税

三、判断题

1. 纳税筹划的主体是税务机关。　　　　　　　　　　　　　　　　　（　　）
2. 财务利益最大化是纳税筹划首先应遵循的最基本的原则。　　　　（　　）

四、简答题

1. 简述纳税筹划的原因。
2. 简述纳税筹划实施的条件。
3. 简述纳税筹划遵循的原则。
4. 简述纳税筹划的基本步骤。
5. 简述纳税筹划的方法。

五、思考题

1. 纳税筹划的特点有哪些？
2. 纳税筹划的意义有哪些？
3. 思考并简述纳税筹划的基本前提、原因和实施条件。
4. 思考并简述纳税筹划目标和方法。
5. 纳税筹划的原则有哪些？
6. 纳税筹划的成本包括哪些部分？
7. 纳税筹划的收益包括哪些部分？
8. 思考并简述纳税筹划的思路。
9. 纳税筹划的基本步骤有哪些？

六、案例分析题

A商贸公司为增值税一般纳税人，产品适用的增值税税率为13%。2021年1月，有以下几种进货方案可供选择：一是从一般纳税人甲公司购买，每吨含税价格为12 000元，可取得税率为13%的增值税专用发票；二是从小规模纳税人乙公司购买，每吨含税价格为11 000元，可取得税率为3%的增值税专用发票；三是从小规模纳税人公司购买，每吨含税价格为10 000元，可取得税率为3%的增值税普通发票。A商贸公司销售其所购货物的价格为每吨20 000元（含增值税），该公司希望通过筹划实现增值税税负最小化，请进行纳税筹划。

第 2 章 纳税筹划的认定及风险防范

🎯 **知识目标**

1. 能明确纳税筹划风险的含义和特征。
2. 能划分纳税筹划风险的类型。
3. 能明确纳税筹划风险产生的原因。
4. 能明确纳税筹划风险的防范措施。

🎯 **能力目标**

1. 识别并采取筹划方案降低纳税筹划风险。
2. 准确区分纳税筹划与避税、逃税。
3. 分析与权衡纳税筹划的风险与收益。

🎯 **素质目标**

1. 准确掌握最新税收法律、法规,懂法并守法。
2. 依法履行社会责任,合法纳税筹划,合理纳税。
3. 增强专业能力,提升综合素质。

🎯 **知识框架图**

```
                            ┌─ 逃税及其危害性
                            ├─ 纳税筹划风险的内涵
纳税筹划的认定及风险防范 ──→ ├─ 纳税筹划风险类型的划分
                            ├─ 纳税筹划风险的防范与控制
                            └─ 纳税筹划案例分析
```

引 例

全球首富比尔·盖茨在宣布退休时，将580亿美元的个人资产全部捐给自己和妻子名下的基金会，创造了"裸捐"之最。有人提出：此举将使他在美国享有大笔的免税权。如果真是这样，那这就是一个很成功的纳税筹划案例。

在西方国家，纳税筹划在20世纪30年代就已得到社会的关注和法律上的认可。早在1935年，英国上议院议员汤姆林爵士在"税务局长诉讼温斯特大公"一案中，就明确提出："任何一个人都有权安排自己的事业，依据法律可以少缴税。为了保证从这些安排中得到利益，不能强迫他多缴税。"在1947年，美国法官勒纳德·汉德在判决一件税务案件中，也表述了与汤姆林爵士类似的观点："法院一再声称，人们安排自己的活动以达到低税负的目的，是无可指责的。每个人都可以这样做。而且这样做是完全正当的，因为他无须超过法律的规定来承担国家赋税，税制是强制课征的，而不是自愿捐献的。以道德的名义要求税收，不过是侈谈空论而已。"此后，英国、美国、澳大利亚等国家在税收案件中经常援引汤姆林爵士和勒纳德·汉德法官的这一精神。目前在西方发达国家中，纳税筹划几乎家喻户晓，纳税筹划活动开展得相当普遍。例如，世界上最大的国际会计与咨询公司之一BD公司，就在全球138个国家设有1 200多个办事处，专业从事纳税筹划活动。而我国对纳税筹划的认识比较晚，纳税筹划在过去较长时期内被人们视为神秘地带，直到1994年，唐腾翔与唐向合著的《税收筹划》出版，才揭开了纳税筹划的神秘面纱。2000年，在国家税务总局主管的全国性经济类报纸《中国税务报》上，出现了"筹划讲座"专栏。纳税筹划由过去的不敢说、偷偷说，到现在的敢说而且在媒体上公开讨论，是我国社会观念一次质的飞跃。随着税收对经营、投资、理财等经济活动的影响越来越大，以及我国税务机关对纳税人纳税筹划的认可，纳税人对税收政策的关注度日益提高，我国也出现了大量有关纳税筹划的媒体，其中影响力最大的当属《中国税务报》的《筹划周刊》。此外，在北京、上海、深圳、天津、大连等经济发达地区，还涌现出不少提供专业纳税筹划服务的网站，其中，具有较大影响力的网站有"中华税网"（北京）、"中国税务专家咨询网"（北京）、"中国税收筹划网"（上海）、"广东财税务咨询网"（深圳）、"中国国际税收筹划网"（天津）、"税务顾问网"（大连）等。它们显示出纳税筹划已经为人们所接受和重视，并被广泛地运用到纳税人的生产经营决策中。截至2013年8月，我国共有税务师事务所4 934家，取得注册税务师资格的人数达到104 901人，执业注册税务师36 437人。而在税务师事务所承接的业务中，纳税筹划是很重要的一项，不少注册税务师凭借巧妙的筹划案例，成为全国知名的纳税筹划专家。这些都说明，纳税筹划正在逐渐成为纳税人合理减轻税收负担的主流形式。

2.1 逃税及其危害性

2.1.1 逃税的概念及界定

《中华人民共和国刑法修正案（七）》将"偷税罪"改为"逃税罪"，不再使用"偷税"一词。但我国现行税收征管法还未作改动，仍然使用"偷税"一词。

逃税是指纳税人用非法的手段逃避税收负担。按照我国现行税收征管法的界定，"纳税人伪造、变造、隐匿、擅自销毁账簿、记账凭证，或者在账簿上多列支出或者不列、少列收入，或者经税务机关通知申报而拒不申报或者进行虚假的纳税申报，不缴或少缴应纳税款的，是偷税"。也就是说，明知应该缴而以各种非法手段不缴或少缴，为偷税。

2.1.2 逃税的危害性

逃税具有欺诈性。其直接的后果是使国家的财政收入减少，间接后果是导致税法的不公平和社会的腐败，因此对逃税行为，各国政府都严惩不贷。《税收征管法》第六十三条规定："对纳税人偷税的，由税务机关追缴其不缴或少缴的税款、滞纳金，并处不缴或者少缴的税款百分之五十以上五倍以下的罚款；构成犯罪的，依法追究刑事责任。"

依据《中华人民共和国刑法》（以下简称《刑法》）的规定，犯逃税罪，量刑标准如下。

①逃避缴纳税款数额较大并且占应纳税额百分之十以上的，处三年以下有期徒刑或者拘役，并处罚金。

②数额巨大并且占应纳税额百分之三十以上的，处三年以上七年以下有期徒刑，并处罚金。

③单位犯罪的，对单位判处罚金，并对其直接负责的主管人员和其他直接责任人员，依照上述规定处罚。

④经税务机关依法下达追缴通知后，补缴应纳税款，缴纳滞纳金，已受行政处罚的，不予追究刑事责任；但是，五年内因逃避缴纳税款受过刑事处罚或者被税务机关给予二次以上行政处罚的除外。

2.1.3 避税

避税一般来说是在遵守税法的前提下，利用税法的不健全钻税法的漏洞，以合法方式降低或递延纳税义务、减少税收负担的行为。避税可能是不道德的，可它是合法的。

由于国家税收立法的意图除了增加财政收入外，还有其他意图，如产业结构调整、合理配置社会资源等。根据避税行为是否符合国家的立法意图，可分为顺法避税和逆法避税。

2.1.3.1 顺法避税及其必要性

顺法避税行为及其结果本质上与税法设置的初衷一致或吻合，纳税人和国家都能从中受益。纳税筹划即属于顺法避税的范畴。

例如，我国消费税规定对烟酒课以重税，其立法意图在于限制这类有害健康的消费。如果消费者为了少交税而戒烟戒酒，这种避税行为就是顺法避税。

2.1.3.2 逆法避税与反避税

（1）逆法避税的含义

逆法避税是指纳税人的避税行为及其产生的结果与税收的立法意图相背离，即纳税人利用税法的不完善或税收漏洞进行避税。

对于逆法避税，纳税人的行为在形式上是合法的，但其手段不符合国家立法意图。如，为了吸引外资，引进先进技术，我国2008年之前对外商投资企业和外国企业有很多税收优惠，如"二免三减半"、再投资退税等，国内不少企业就利用这一点，将国内资金汇出境外再回流，搞假合资企业来享受税收优惠，但这并没有起到吸引外资和引进先进技术的作用，属于逆法避税。

（2）逆法避税的负面影响

逆法避税虽然在形式上是合法的，但对社会造成的负面影响是严重的，其影响具体表现在以下三个方面。

①减少了国家财政收入。不管是从纳税人主观意识，还是从纳税人行为结果来看，逆法避税与偷税并无区别，都表现为恶意少缴纳税款。截至2012年5月底，我国已经成立74.8万家外商独资企业，且已实际使用了超过1.2万亿美元的外资，成为全球第二大外资国。但是，根据商务部统计报告，在我国批准设立的外商投资企业中，有一半以上处于"亏损"状态，亏损企业里面，有2/3属于非正常亏损。在超过49万家的外商投资企业中，51%~55%连年亏损，且亏损面呈逐年扩大的趋势，然而，外资企业却在不断地向中国追加投资。这说明外企亏损是假，避税是真。

②影响国家调控目标的实现。为了改善残疾人就业状况，我国政府明文规定，企业安置残疾人员所支付的工资在据实扣除的基础上，按照支付给残疾职工工资的100%加计扣除。有些企业利用给残疾人员挂空名的办法，尽量多扣除费用，以便享受国家的这项税收优惠政策。这些企业虽然享受了国家税收优惠政策，减轻了企业税收负担，但国家利用这一政策鼓励企业雇用残疾人员参加社会劳动的目标却未能实现。

③扰乱社会经济秩序。纳税人实现逆法避税，减轻了税收负担，但对另一些守法的纳税人来讲，则要承担较多的税收负担，就会造成社会竞争的不公平。如果政府对这种状态听之任之，就会造成更多的纳税人逆法避税。因此，政府对逆法避税必须旗帜鲜明地反对与制止。

（3）逆法避税的方法

虽然我国已经注意到逆法避税，也意识到逆法避税对我国经济社会造成的危害，但在税收征管过程中，对逆法避税的认定还存在一些模糊之处。一般来说，企业常用的逆法避税方法主要有以下三种。

①利用有弹性的税法条款避税。《中华人民共和国企业所得税法》（以下简称《企业所得税法》）规定，企业从事《公共基础设施项目企业所得税优惠目录》规定的港口码头、机场、铁路、公路、电力、水利等国家重点扶持的公共基础设施项目的投资经营的所得，自项目取得第一笔生产经营收入所属纳税年度起，第一年至第三年免征企业所得税，第四年至第六年减半征收企业所得税（以下简称"三免三减半"），其优惠政策目的在于

鼓励纳税人投资兴办交通运输、邮电通信等公共基础设施项目。

②利用资本弱化避税。资本弱化又称资本隐藏、股份隐藏或收益抽取，是指投资者以贷款方式替代募股方式进行投资或融资活动。其显著特点是企业注册资本与负债的比例不合理。按照我国税收法律规定，股东通过股份投资取得的股息是企业税后利润的分配，而投资人以贷款方式融资的利息可以在税前扣除。由于税收待遇存在区别，设立外资企业时，外方投资者往往不以自有资金投资，而是通过境外母公司向企业提供贷款的方式满足企业营运资金的需要，造成外资过少，外资企业就可以将贷款利息计入成本，减少在中国的税负，而将利润转移到外国关联企业。

③利用转让定价避税。转让定价，是指跨国公司、集团公司内部母公司与子公司或子公司与子公司等关联企业之间，为了获得更多经济利益而在商品销售、劳务或技术交易时进行的价格转让。这种价格一般不取决于市场供求状况，而取决于公司的整体利益。转让定价是跨国公司实现利润或收入转移的典型避税手段。当企业的贸易对象在高税地和低税地间流转时，企业为了达到避税的目的，往往将利润或收入尽可能多地向低税地或避税地倾斜。

跨国公司利用转让定价避税主要有四种方式：一是通过关联企业之间的购销业务往来转移利润；二是通过关联企业之间的资金融资业务转移利润，主要是关联企业之间将资金无偿借给对方使用；三是通过设立新公司、费用不合理分摊，利用税收优惠政策转移利润；四是通过向境外关联企业支付技术使用费转移利润。其中，通过关联企业之间的购销业务往来转移利润是外资企业经常使用的避税方式，其一般做法是境外关联企业控制境内企业的购销权，高价进、低价出，将应在境内体现的利润转移到境外去，人为地减少境内企业的应纳税所得额。

例如，某服饰有限公司为我国内地某公司和我国香港某企业合资创建，主要生产中档休闲服。公司产品除少量在国内销售外，其余销往日本、美国、澳大利亚和德国等经济发达国家。内地某公司主要负责企业的生产与财务，香港某企业负责材料的进口与产品的销售。每件产品生产成本为人民币600元，单位产品平均售价为人民币580元，单位成本高出售价20元。该公司自2000年开业以来，向当地税务征收机关提交的财务报表每年都是亏损且亏损额每年都递增，但公司的生产规模却逐年扩大。原来中国香港地区税收制度管理规定，香港地区实行收入来源地管辖权，根据这一管理规定，对来自香港的所得免征所得税。该公司通过转让定价的方式把利润留在香港地区，既可不缴纳香港地区的所得税，又可避免中国内地的企业所得税。

跨国公司的利润被转移至境外，扭曲了境内公司实际经营情况，不仅影响了国家企业所得税政策的制定，而且造成了国家税款的流失，不利于企业间的公平竞争，对国家经济发展有百害而无一益。

2.1.3.3 反避税——反逆法避税

逆法避税形式上虽然合法，但它不仅减少了国家的财政收入，而且扰乱了经济秩序，增加了税务部门的执法成本，因此要反避税，也就是要反逆法避税。

如何反避税？由于逆法避税形式上是合法的，不可能像对待偷税、逃税那样进行法律制裁，只能通过完善税法来堵塞漏洞。例如，在美国，一对已婚夫妻所缴纳的所得税比单身汉要高20%~30%，婚姻状况以12月31日为准，于是有的新婚夫妻一到12月初就飞到美洲某个小国度假,在那里只需出示身份证就可办理离婚。而后回美国以单身名义纳税,次年1月再到美国民政部门申请复婚。美国税务局很快就针对这种情况规定:"如果以避税为唯一目的而到国外离婚又在下一年年初复婚的,必须按已婚夫妇申报收入并加重税收。"又如,西方国家普遍对遗产征税,以调节收入分配,促进社会分配公平。如果有一个人针对国家课征遗产税,在生前尽可能地把财产分割出去以减轻税负,这就是逆法避税。因为背离了政府的政策导向,所以许多国家在课征遗产税的同时兼行赠与税,借以堵塞某些人生前分割财产逃避税负的漏洞。

针对利用税法漏洞、特例和缺陷进行逆法避税的行为,西方一些国家已在其税法中加入反逆法避税的内容。例如,加拿大政府于1988年9月在所得税法中引入"一般反避税准则",这一准则明确指出要区别合法的税收计划和滥用的避税行为,除非纳税人能够证实他的经营安排没有误用或滥用税法,否则不允许纳税人利用税法获得税收上的好处。为此,该准则规定了对纳税人的动机检验,要求纳税人证明他们的行为是符合税法立法目的和精神的。目前,世界各国反避税的基本方法主要包括三个:一是建立转让定价税制,控制应税所得向境外转移;二是建立反避税港措施,防止资金和财产向避税港转移;三是防止国际税收协定的滥用,保护正当的税收利益。

在我国,企业逆法避税,特别是外商投资企业逆法避税问题非常严重,我国每年基于外资企业避税产生的税收流失有数百亿元。为了维护国家利益和提供纳税人之间公平竞争的环境,我国政府在《中华人民共和国增值税暂行条例》(以下简称《增值税暂行条例》)、《中华人民共和国消费税暂行条例》(以下简称《消费税暂行条例》)等税收法律文件中,加入反逆法避税的条例。例如,我国《增值税暂行条例》第七条明确规定,纳税人销售货物或应税劳务的价格明显偏低并无正当理由的,由税务机关核定其销售额;《消费税暂行条例》第十条规定,纳税人应税消费品的计税价格明显偏低并无正当理由的,由主管税务机关核定其计税价格;在《中华人民共和国企业所得税法》(以下简称《企业所得税法》)中,则有专门一章"特别纳税调整"讲解反避税。特别纳税调整是税务机关出于实施反避税目的而对纳税人特定纳税事项进行的税收调整,其具体内容包括:引入了"独立交易原则",按照没有关联关系的交易各方进行相同或类似业务往来的价格进行定价;明确了纳税人提供相关资料的义务,在税务机关进行调查时,纳税人应承担协助义务并证明其关联交易的合理性;在借鉴国外反避税立法经验的基础上,结合我国反避税工作实际,适当增加了一般反避税、防止资本弱化、防范避税地避税、核定程序和对补征税款加收利息等条款。此外,特别纳税调整还增加了成本分摊的内容,进一步完善了转让定价和预约定价立法的内容。由于我国内外资企业所得税已统一,因此对逆法避税发生作用的法律法规主要有《企业所得税法》《增值税暂行条例》《消费税暂行条例》等。即便如此,不论是国内的逆法避税还是国际的逆法避税,层出不穷,我国税务部门反避税的工作依然任重而道远。

对纳税人而言,进行避税活动要注意掌握分寸,一旦纳税人的避税活动超出税法规定,或者国家有新的反避税政策出台,避税行为就极有可能演变为偷税、逃税行为。而且,随着税法的逐步完善、税收征管的不断加强及政府间税收合作关系的日益密切,逆法避税行为的范围会越来越小,一旦反避税措施出台,纳税人的逆法避税行为将受到打击。

反过来考虑,逆法避税的存在是对已有税法不完善和缺陷的反映,税务部门可以根据避税的情况采取相应的措施对税法进行修正、改进和完善,起到税法宏观调控的导向作用。

2.1.3.4 纳税筹划、避税、逃税的比较

（1）共同点

逃税、避税与纳税筹划的共同点有以下几个方面。

①主体相同。三者都是纳税人的主观经济行为。

②外部环境相同。三者同处一个征管环境和税收法规之中。

③具有一定的可转化性。三者之间往往可以互相转化，不仅纳税筹划与避税在现实中很难分清，而且逃税与避税也很难区别。同一项纳税活动，在一个国家是合法的纳税筹划，在另一个国家有可能是非违法的避税，在第三个国家也许是违法的逃税行为；即使在同一个国家，不同时间的标准也不一样。

（2）区别

逃税是指纳税人欠缴应纳税款，采取转移或者隐匿财产的手段，妨碍税务机关追缴欠缴的税款。对于逃税行为，《税收征管法》规定，由税务机关追缴不缴或少缴的税款、滞纳金，并处不缴或少缴的税款百分之五十以上五倍以下的罚款；构成犯罪的，依法追究刑事责任。逃税与纳税筹划的区别有以下几点。

①性质不同。逃税是违法的，严重的逃税行为还要被追究刑事责任。而纳税筹划是非违法行为，是被社会和法律接受的。

②采取的手段不同。逃税是指纳税人采取转移或者隐匿财产的手段，妨碍税务机关追缴欠缴税款。而纳税筹划是在充分地掌握税收法律、法规和规章的基础上，运用一些不违法的方法来达到使企业价值最大化的目的。

③发生的时间不同。逃税是在税收义务发生之后；而纳税筹划具有明显的前瞻性，即发生在纳税义务发生之前。

④目的不同。逃税的目的是减轻税收负担，不顾及后果和影响；而纳税筹划的目的是实现企业价值的最大化。

2.1.3.5 纳税筹划与抗税的区别

抗税是指纳税人以暴力、威胁方法拒不缴纳税款的行为。《刑法》第二百零二条规定，以暴力、威胁方法拒不缴纳税款的，处三年以下有期徒刑或者拘役，并处拒缴税款一倍以上五倍以下罚金；情节严重的，处三年以上七年以下有期徒刑，并处拒缴税款一倍以上五倍以下罚金。其与纳税筹划的区别有以下几点。

①实施的手段不同。抗税是指纳税人以暴力、威胁方法拒不缴纳税款的行为；而纳税筹划是采取不违法的手段。

②目的不同。抗税的目的是像逃税一样减轻税收负担，不顾及后果和影响；而纳税筹划的目的是实现企业价值的最大化。

③性质不同。抗税是违法的，严重的抗税行为还要被追究刑事责任。而纳税筹划不是违法行为，是被社会所接受的。

2.1.3.6 纳税筹划与骗税的区别

骗税是采取弄虚作假和欺骗手段将本来没有发生的应税（应退税）行为虚构成发生了的应税行为，将小额的应税（应退税）行为伪造成大额的应税（应退税）行为，即事先

根本未向国家缴税或未缴足却声称已缴足税款,而从国库中骗取退税款。这是一种非常恶劣的违法行为。

《税收征管法》第六十六条规定,以假报出口或者其他欺骗手段,骗取国家出口退税款的,由税务机关追缴其骗取的退税款,并处骗取税款一倍以上五倍以下的罚款;构成犯罪的,依法追究刑事责任。对骗取国家出口退税款的,税务机关可以在规定期间停止为其办理出口退税。

2.1.3.7 避税与纳税筹划的比较

避税是指纳税人利用税法漏洞或者缺陷,通过对经营及财务活动的精心安排,以期达到纳税负担最小的经济行为。比如,20世纪六七十年代,美国的公司所得税税负较重,不少公司就把利润通过关联交易转移到避税地公司的账户上,从而大大减少了美国本土总机构的账面利润,减少了纳税。

从某种意义上说,只要存在税收,就会有避税。随着税收法规制度的不断完善、国际协调的加强,避税技术也在不断深入,有的文献甚至将纳税筹划等同于避税。而在纳税筹划的实践中,有时也确实难以分清两者的关系。在不同的国家,政府对两者的态度也有不同。有的在法律上努力将避税纳入打击范围,而又是允许纳税筹划的,倾向于将正常的避税行为与纳税筹划放在一起考虑,尤其在进行国际纳税筹划时更是如此。

纳税筹划与避税是两个既有联系又有区别的概念,要完全分清有一定的困难。可以将顺法避税理解为纳税筹划,但纳税筹划的实施范围并不仅限于此,它的层次更高,它是在经济活动中事先进行谋划和安排以减少税负的行为。它们的主要区别表现在以下两点。

①与国家政策导向的符合程度不同。比如,逆法避税是与国家税收政策导向相违背的。

②执法部门的态度不同。对避税行为特别是逆法避税,政府要防范。而对纳税筹划,政府是认可的。

2.2 纳税筹划风险的内涵

2.2.1 风险和纳税筹划风险的含义

2.2.1.1 风险的含义

要对纳税筹划风险下定义,首先需要了解一下风险的内涵。目前,学术界对风险的内涵还没有统一和权威的定义,归纳起来有以下几种代表性观点。

(1) 损失可能性观

美国学者海恩斯(Haynes)于1895年在其所著的《经济中的风险》一书中最早提出风险的概念,他将风险定义为"损害或损失发生的可能性"。这个定义非常接近日常生活中使用的概念,主要强调风险可能带来的损失。这种观点认为,损失发生的可能性或者说概率越大,风险越大。

(2) 损失不确定性观

美国学者威利特(A. H. Willet)于1901年在其博士论文《风险与保险的经济理论》中如此定义风险:"风险是不愿发生的事件发生的不确定性之客观体现。"这一定义强调了以下几点：第一，风险与损失相关；第二，风险的本质是不确定性，而非可能性；第三，风险是客观存在的；第四，风险被人厌恶，人们不愿其发生。

（3）预期结果与实际结果差异观

美国学者小阿瑟·威廉姆斯等将风险定义为："风险是结果中潜在的变化。风险是人们的预期结果和实际结果的差异。"这种观点认为，风险是预期结果与实际结果之间的差异大小或偏离程度。这种预期结果和实际结果之间的差异越小或偏离程度越低，风险越小；反之，风险越大。

在对风险进行深入研究以后，人们发现风险不仅可以带来超出预期的损失，也可以带来超出预期的收益。所以广义的风险可定义为：由于事件的不确定性而导致发生损失或收益的可能性。在实际的风险管理中，人们更多关注的是风险的负面效应，即风险可能带来的损失。所以狭义的风险可定义为：由于事件的不确定性而导致发生损失的可能性。

2.2.1.2 纳税筹划风险的含义

一般情况下，从狭义的角度来理解风险更有意义，因此，在对纳税筹划风险的管理进行探讨时，侧重点往往放在"损失"上。根据上述风险的含义可以总结出纳税筹划风险的含义：纳税筹划风险是指企业在进行纳税筹划时因各种不确定因素的存在，导致纳税筹划方案失败、纳税筹划目标落空、偷税（逃避缴纳税款）等违法行为认定等而发生各种损失的可能性。

2.2.2 纳税筹划风险的特点

（1）客观性

一方面，纳税筹划风险是不可避免的，但又是遵循一定规律的，只要把握了这种规律，纳税筹划风险就可以降低；另一方面，影响纳税筹划风险的各种因素虽然具有不确定性，但却是客观存在的。

（2）复杂性

纳税筹划风险的复杂性体现在，纳税筹划风险的形成原因、形成过程、表现形式、影响程度等都是复杂的。

（3）可评估性

纳税筹划风险的可评估性指纳税筹划风险是可度量的，虽然纳税筹划具有复杂性，但是纳税筹划可能造成的损失和损失发生的可能性可以参照经验数据，借助数理技术手段加以分析估算，企业在此基础上采取相应策略加以应对。

（4）潜在性

一方面，由于纳税筹划风险是客观存在的，纳税筹划人员不易进行精确判断，只能依赖知识和经验；另一方面，纳税筹划可能造成的损失有一个显化的过程，这一过程的长短因纳税筹划风险的内容、企业的经济环境和法律环境以及纳税筹划人员对风险的认识程度而异。

（5）损失与收益的对立统一性

纳税筹划风险可能带来损失，也可能带来收益，损失与收益具有对立统一性。但由于纳税具有特殊性，纳税筹划风险往往会给企业带来损失，因此纳税筹划风险主要是针对损失来说的。

2.3 纳税筹划风险类型的划分

2.3.1 按照纳税筹划风险产生的原因进行划分

按照纳税筹划风险产生的原因，可将纳税筹划风险分为以下几种类型。

（1）纳税意识低下的风险

纳税意识包括企业管理者的纳税意识和纳税筹划相关人员的职业道德，其中企业管理者的纳税意识是主要的。一方面，若企业管理者纳税意识低下，利用职权指使或强迫纳税筹划人员完成其指定的纳税目标而不计后果，就会在无形中增加纳税筹划风险。反之，若企业管理者依法纳税意识很强，纳税筹划的目的是降低企业涉税费用和风险，实现合理优化纳税，那么只要纳税筹划人员依法严格按程序精心筹划，风险一般不会太高。另一方面，若纳税筹划人员职业道德水平低下，就会直接影响其工作态度、对风险的判断及筹划事项最终的结果，无形中带来潜在的风险。反之，若纳税筹划人员以遵守税法为前提，保持必要的职业谨慎和敏锐的专业判断力，依法严格按程序精心筹划，就会降低风险。

（2）政策风险

政策风险分为政策变化风险和政策选择风险。政策变化风险是指政府政策在一定时期内发生变化而引起的风险。税收政策是国家对经济进行宏观调控的主要手段之一。为了适应市场经济的发展，优化产业结构，一个国家的税收政策不可能固定不变，总要根据经济发展状况进行相应的调整，及时修订补充或完善税收法律法规，使旧的政策不断取消和改变，新的政策不断推出，这会使纳税筹划尤其是长期纳税筹划产生一定的风险。政策选择风险是指企业对政府的政策选择错误或不恰当而导致的风险，该风险主要是企业对税收法律法规及政策精神认识不足，理解不透、把握不准所导致的，企业自认为其采取的筹划方案符合国家的政策，但实际上却违背了国家的法律法规，由此导致纳税筹划活动的失败。纳税筹划是一种合理合法的预先筹划行为，具有较强的计划性、事先性和时效性。

（3）经营活动变化风险

一方面，纳税筹划是对未来企业所处环境的一种预期。纳税筹划方案的选择是在未来实际环境与纳税筹划方案的预期环境相一致的假设前提下做出的，如果两者不一致，有可能导致纳税筹划活动失败。另一方面，纳税筹划是对不同的税收政策进行选择和利用的过程，且纳税筹划选定某项税收政策，企业日后的生产经营活动只有符合所选定的税收政策，才能够享受此税收政策的优惠。然而，在市场经济体制下，企业的生产经营活动并非一成不变，需要随着市场环境的变化和企业战略管理的要求进行相应的调整且经营活动本身发生变化，企业就很可能失去享受税收优惠的必要特征或条件，不仅无法达到预期的目的，还有可能加重税负，从而导致纳税筹划活动失败。

（4）制订和执行不当风险

制订和执行不当风险是指纳税筹划方案在具体制订和执行过程中产生的风险，主要包括以下几个方面：一是纳税筹划方案的制订本身存在问题，导致执行的结果得不偿失；二是在纳税筹划方案的执行过程中，因相关部门及人员配合与协作不到位而产生的纳税筹划风险；三是执行过程不彻底，半途而废；执行的手段不恰当，某一环节无法衔接等，都有可能造成整个纳税筹划方案前功尽弃，从而导致纳税筹划活动失败。

(5) 片面性风险

片面性风险是指企业在选择纳税筹划方案时，因未全面、综合、长远考虑问题而产生的风险，主要包括以下几个方面：一是没有从战略的角度进行全面把握，只考虑个别税种税负的高低，而未着眼于整体税负的轻重；二是仅考虑税负的减轻，而未考虑其他方面的成本，导致筹划后的税后收益小于筹划前的税后收益；三是仅局限于短期目标的实现，未考虑企业的长远发展目标；四是纳税筹划方案的实施虽然使企业获取较少纳税上的收益，但企业有可能要承担较多其他方面的责任，如违约责任、担保责任等。

(6) 认定差异风险

认定差异风险是指纳税人和税务部门对纳税筹划的理解和把握程度不同，对纳税人涉税项目的谋划和处理是否属于纳税筹划行为的认定存在差异而导致的风险。认定差异风险集中表现为纳税人自认为是合理合法的纳税筹划行为，而税务部门却有可能认为是恶意的避税行为甚至是偷逃税行为。造成这一现象的原因是多方面的：一是纳税筹划是一项综合性的财务管理活动，对相关人员素质和能力的要求比较高，而无论是纳税人还是税务人员，其知识水平都是参差不齐的，对于纳税筹划的认识和理解必然存在一定的差异；二是征纳双方所处的立场不同，纳税人从个人利益出发，总是希望能够少缴纳一部分税款，而税务部门和税务人员从国家利益出发，希望能够做到税款应收尽收，两者之间存在着一定的利益冲突；三是我国现行的法律、法规、会计制度和税收政策还不够完善，存在许多漏洞、盲点和模糊的规定，也会导致征纳双方在纳税筹划行为认定上的差异。纳税筹划方案的设计具有一定的主观性，而纳税筹划的实施不仅仅是纳税人单方面的事，许多时候需要税务部门的认可和同意。由于多种原因，税务部门有时候并不认可纳税人自认为合理合法的纳税筹划行为，使企业不仅难以获得筹划收益，还白白付出了相关成本，甚至受到惩罚，增加了纳税筹划的风险。虽然随着征纳双方素质和能力的提高以及我国政策、法规的进一步完善，认定差异风险将趋于减少，但其在今后一段时期内仍将普遍存在。

案例 2-1

汽车行业竞争异常激烈，但部分汽车 4S 店在税务处理上经常出现税法适用错误，还有的利用经营行为的隐蔽性偷逃税款。汽车 4S 店促销活动中，会赠送大量赠品，比如防爆膜、真皮座套、地胶板、防盗报警器等，在销售费用中的促销费明细中列支，但相当一部分汽车 4S 店在对赠品进行账务处理时，仅将其结转至主营业务成本或计入销售费用，未做视同销售处理，即未对相应的增值税销项税额进行计提，造成国家税款的流失。这就属于政策选择错误，导致了违法违规风险。

(7) 纳税信誉风险

纳税信誉风险是指一旦纳税筹划被认定为违法，企业所建立的信誉和品牌形象将受到严重影响，企业未来经营将面临风险。市场经济是信誉经济，强调品牌意识，而纳税信誉是企业重要的信誉之一。大多数企业不愿意与纳税信誉低的企业有业务往来，因为纳税信誉低的企业往往资金支付能力及合同履行能力等也较差。纳税信誉风险是一种间接风险，会间接导致企业发生经济损失。

（8）心理风险

纳税筹划的心理风险是指在制订和实施纳税筹划方案时，由于面临的预期结果具有不确定性而承受的心理负担和精神痛苦。它可能给企业和个人造成损失。

最后，需要注意的是，因纳税筹划人员素质低而形成的风险也是非常重要的，之所以没有单独作为一项纳税筹划风险介绍，是因为它已包含在上述风险中。

2.3.2 按照纳税筹划风险是否可以直接度量进行划分

按照纳税筹划风险是否可以直接度量，可将纳税筹划风险分为以下类型。

（1）定性的纳税筹划风险

定性的纳税筹划风险的特征是，不容易直接度量（评估）风险的大小，一般只用"是否变化""是否存在"等作为风险大小的度量指标。当然，这并不意味着不能对这种风险进行度量。实务中可以采用模糊测评法对定性的纳税筹划风险进行度量，这种方法主要涉及对政策变化风险、经营活动变化风险、制订和执行不当风险等进行度量。

（2）定量的纳税筹划风险

定量的纳税筹划风险的特征是，能够直接度量风险的大小，且只能通过量化的数字来描述风险的大小，包括纳税筹划风险导致的显性损失大小以及隐性损失大小两大类。纳税筹划风险导致的显性损失比较直观，可以通过企业的财务数据表现出来，例如，因纳税筹划方案设计不合理而多缴的税款、纳税筹划方案被认定为偷税（逃避缴纳税款）行为而产生的罚款和滞纳金等。纳税筹划风险导致的隐性损失，是指纳税人由于实施制定的纳税筹划方案而放弃的潜在利益，它是一种机会成本，在纳税筹划实务中易被忽视。

2.4 纳税筹划风险的防范与控制

由于纳税筹划目的的特殊性，其风险是客观存在的，但也是可以防范和控制的。面对风险，筹划人应当主动出击，针对风险产生的原因，采取积极有效的措施，预防和减少风险的发生，进而提高纳税筹划的收益，实现筹划的目的。

2.4.1 确立风险意识，建立有效的风险预警机制

无论是从事纳税筹划的专业人员还是接受纳税筹划的纳税人，都应当正视风险的客观存在，并在企业的生产经营过程和涉税事务中始终保持对纳税筹划风险的警惕性，千万不要以为纳税筹划方案是经过专家、学者结合本企业的经营活动拟订的，就一定是合理、合法和可行的，就肯定不会失败。应当意识到，由于目的的特殊性和企业经营环境的多变性、复杂性，纳税筹划的风险是无时不在的，应该给予足够的重视。纳税人在设计和选择纳税筹划方案时，应该将风险因素作为判断和选取方案的重要指标，对纳税筹划方案进行科学的评估与衡量。

例如，现有方案一和方案二两种纳税筹划方案供企业选择，两种方案的筹划成本是一样的，如表 2-1 所示。但在不同的情况下，两种方案的收益和发生的概率是不相同的。那么哪种方案是最优的选择呢？

表 2-1　方案对比分析

纳税筹划方案	情况一		情况二		情况三	
	收益/万元	概率/%	收益/万元	概率/%	收益/万元	概率/%
方案一	100	30	120	50	150	20
方案二	120	20	130	60	140	20

首先，计算纳税筹划方案的预期收益，即 $\sum_{i=1}^{n} p_i x_i$，则两个方案的预期收益分别为：

$$方案一\ E_1 = 100 \times 30\% + 120 \times 50\% + 150 \times 20\% = 120(万元)$$
$$方案二\ E_2 = 120 \times 20\% + 130 \times 60\% + 140 \times 20\% = 130(万元)$$

尽管方案二的预期收益比方案一高 10 万元，但由于还没有考虑风险因素的影响，暂不能说明方案二优于方案一。

其次，计算两种方案标准差：

方案一

$$\sigma_1 = \sqrt{(100-120)^2 \times 30\% + (120-120)^2 \times 50\% + (150-120)^2 \times 20\%} \approx 17.32$$

方案二

$$\sigma_2 = \sqrt{(120-130)^2 \times 20\% + (130-130)^2 \times 60\% + (140-130)^2 \times 20\%} \approx 6.32$$

可以看出，方案一的绝对风险要高于方案二，那么能否据此得出方案二优于方案一的结论呢？答案是还不能得出。仅仅考虑绝对风险是不够客观和全面的，还需要计算方案的相对风险，以最终确定各方案的优劣，其计算公式为 $V_t = \sigma / E$，则：

$$方案一\ V_1 = 17.32/120 \times 100\% = 14.43\%$$
$$方案二\ V_2 = 6.32/130 \times 100\% = 4.86\%$$

通过比较可以看出，方案二的风险比较低，因此，将风险因素考虑在内，方案二是最优的纳税筹划方案。但不同的决策者对待风险的态度是不同的，因此，对于不同的纳税人而言，相对风险最小的方案并非就是最佳的选择。但绝大部分人属于风险厌恶者，在此前提下，方案二应是最佳选择。由此可见，风险因素对于纳税筹划方案的影响是比较明显的，在开展纳税筹划时应将风险因素作为重点予以考虑。

从筹划的实效性来看，仅仅意识到风险的存在是不够的，各企业还应当充分利用先进的网络设备，建立一套科学、快捷的纳税筹划预警系统，对筹划过程中潜在的风险进行实时监控，一旦发现，立即向筹划者或经营者预警。纳税筹划预警系统应当具备以下功能。

（1）信息收集功能

大量收集与企业经营相关的税收政策及其变动情况、市场竞争状况、税务行政执法情况和企业本身的生产经营状况等方面的信息，进行比较分析，判断是否预警。

（2）危机预知功能

当出现可能引发纳税筹划风险的关键因素时，该系统应能预先发出警告，提醒筹划者或经营者早做准备或采取对策，避免潜在的风险演变成客观现实，起到未雨绸缪、防患于未然的作用。

(3) 风险控制功能

当纳税筹划可能发生潜在风险时，该系统还应能及时寻找风险产生的根源，使筹划者或经营者能够有的放矢，对症下药，制订有效的措施，遏制风险的发生。

2.4.2 依法合理筹划，尽量使纳税筹划方案与国家的税收政策导向保持一致

纳税筹划应当合法合理，这是纳税筹划赖以生存的前提条件，也是衡量纳税筹划成功的重要标准。因此，在实际操作时，首先要学法、懂法和守法，准确理解和全面把握税收法律的内容，把握纳税筹划与偷税的界限，减少恶意避税的嫌疑与风险。其次，要准确把握立法宗旨，了解政策、法规出台的背景，准确分析判断所采取的纳税筹划方案是否符合政策法规的规定和意图，把握纳税筹划的度，深刻体会纳税筹划与避税的关系，确保纳税筹划在合法合理的范围内进行。避税行为尽管看起来不违法，但往往与立法者的意图相违背，绝大多数国家对避税行为采取了不主张或者否定的态度，并且采取了相应的反避税措施加以限制，我国也不例外。最后，关注税收政策的变化，务必使纳税筹划方案不违法，这是纳税筹划成功的基本保证。税收政策常常随着经济发展的变化和税制改革的需要而不断修正，其变动频率较其他法律规范更频繁，掌握起来也更加困难。为此，企业应及时跟踪相关政策、法规的动态，全面收集政策信息。

2.4.3 注重筹划方案的综合性，防止顾此失彼而造成企业总体利益下降

首先，从根本上讲，纳税筹划属于企业财务管理的范畴，它的目标是由企业财务管理的目标——企业价值最大化决定的。纳税筹划必须围绕这一总体目标进行综合策划，将其纳入企业的整体投资和经营战略，不能局限于个别税种，也不能仅仅着眼于节税。也就是说，纳税筹划首先应着眼于整体税负的降低，而不仅仅是个别税种税负的减少。这是由于各税种的税基相互关联，具有此消彼长的关系，某个税种税基缩减可能会致使其他税种税基扩大。因而，纳税筹划既要考虑某一税种的节税利益，也要考虑多税种之间的利益抵消因素。

其次，税收利益虽然是企业一项重要的经济利益，但不是企业的全部经济利益，项目投资税收的减少并不等于企业整体利益的增加。而且，降低税收负担有时候和提高税后利润之间是存在矛盾的。如果有多种方案可供选择，最优的方案应是使整体利益最大化的方案，而非税负最轻的方案，即便某种纳税筹划方案能使企业的整体税负最轻，但企业的整体利益并非最大，该方案也应弃之不用。例如，某个体户依法要缴纳相应的流转税和所得税，如果向他提供一份纳税筹划方案，可以让他免缴全部税款，前提是要他把经营业绩控制在起征点以下，那么这项方案一定会遭到拒绝。这是因为，该方案的实施，虽然能使纳税人的税收负担降为零，但其经营规模和收益水平也受到了极大的限制，显然是不可取的。

再次，纳税筹划需要耗费一定的成本，要防止成本偏高引发的风险，必须进行成本收益分析，既要考虑纳税筹划的直接成本，即企业为开展纳税筹划而发生的人力、财力和物力的耗费；又要考虑纳税筹划的间接成本，也就是机会成本，即采取某项纳税筹划方案而放弃其他方案可能带来的收益。只有当纳税筹划的收益大于成本时，才有必要实施纳税筹划；反之，则完全没必要实施纳税筹划。

最后，纳税筹划还要考虑相关主体的利益情况。在很多时候，纳税筹划不仅仅是纳税人自己的事，还涉及交易双方中另一方的利益，如果仅仅关注自身的利益而忽视了对方的利益，很可能遭到对方的抵制和反对而导致纳税筹划失败。

2.4.4 建立动态调整机制，保持纳税筹划方案适度的灵活性

企业所处的经济环境千差万别，加之税收政策和纳税筹划的主客观条件时刻处于变化之中，这就要求企业在筹划时，及时关注政策与环境的变化，动态分析这些变化对纳税筹划方案的影响，对纳税筹划的风险进行分析、判断和预测，根据企业的实际情况，制订和调整筹划方案，并保持适度的灵活性，以便随着国家税制、税法、相关政策的改变及预期经济活动的变化随时调整。加强对纳税筹划方案的审查和评估，适时更新筹划内容，采取措施分散风险，切实做到提前预测、准确判断、及时发现、灵活调整，保证纳税筹划目标的实现。

2.4.5 完善纳税筹划基础条件，提高纳税筹划方案的质量

纳税筹划质量取决于两个因素，一是人员素质因素，二是信息质量因素。筹划人员是纳税筹划方案的设计者和实施者，对纳税筹划的顺利开展作用重大。筹划人员的有限理性是导致纳税筹划风险的主要原因之一。纳税筹划风险的大小与纳税筹划方案的质量高低相关，提高纳税筹划方案的质量是降低纳税筹划风险行之有效的措施。因此，在外部客观因素难以预料和改变的情况下，纳税筹划人员业务水平和筹划能力的高低，对能否制订出合法、科学和有效的纳税筹划方案，起着决定性的作用。纳税筹划是一项高层次的财务管理活动和系统工程，涉及法律、税收、会计、财务、金融、企业管理等多方面的知识，具有很强的专业性和技能性，需要专门的筹划人员来操作。因此，对于那些与企业全局关系较大的综合性纳税筹划业务，可以聘请纳税筹划专业人士（如税务师）来进行，以提高纳税筹划的规范性和合理性，从而进一步降低筹划的风险。对于部分大型企业而言，由于涉税金额巨大，纳税筹划空间比较大，还可以借鉴国外大公司的做法，在企业内部专门设立负责纳税筹划的部门和人员从事纳税筹划工作，提高其业务素质，降低纳税筹划的风险。从信息质量因素来看，要建立有利于纳税筹划开展的信息交流机制。一个高质量的纳税筹划方案，是建立在充分、准确的信息基础上的，不仅涉及纳税信息，还涉及财务、生产、采购及销售等信息，这就要求企业采购、生产、销售等部门的参与和配合，及时沟通，疏通信息传递渠道，实现信息共享，使纳税筹划人员能做到准确判断、及时反应。

2.4.6 加强同税务部门的联系与沟通，将认定差异风险降到最低限度

由于各地具体的税收征管方式有所不同，税务部门拥有较大的自由裁量权。因此，得到当地主管税务部门的认可，也是纳税筹划方案顺利实施的一个重要环节。实践证明，如果不能主动适应税务部门的管理特点，或者纳税筹划方案不能得到当地主管税务部门的认可，就难以达到预期的效果，难以实现其预期的收益。因此，加强与税务部门的联系，处理好与税务部门的关系，充分了解当地税务征管的特点和具体要求，及时获取相关信息，也是规避和防范纳税筹划风险的必要手段之一。企业和筹划人员应保持同税务部门密切的联系与沟通，以及时获悉最新和最准确的税收政策信息，正确领会税收政策的立法意图与

宗旨，得到税务部门的指导和认同。由于纳税筹划在很多时候是在法律的边界运作，企业很难准确把握合法和违法的界线，而且有些政策规定也存在一定的缺陷，通过沟通，可以大大降低此类筹划风险。因此，无论是企业自行开展的纳税筹划还是委托专业机构和人员开展的纳税筹划，都应该积极争取税务部门的认可，虚心地向税务部门及相关人员咨询，达成意见上的一致，降低因认定差异而导致的纳税筹划风险。

2.5 纳税筹划案例分析

自 2020 年 3 月 1 日起，增值税一般纳税人取得 2017 年 1 月 1 日及以后开具的增值税专用发票、海关进口增值税专用缴款书、机动车销售统一发票、收费公路通行费增值税电子普通发票，取消认证确认、稽核比对、申报抵扣的期限。纳税人在进行增值税纳税申报时，应当通过本省（自治区、直辖市和计划单列市）增值税发票综合服务平台对上述扣税凭证信息进行用途确认。

自 2020 年 3 月 1 日起，增值税一般纳税人取得 2016 年 12 月 31 日及以前开具的增值税专用发票、海关进口增值税专用缴款书、机动车销售统一发票，超过认证确认、稽核比对、申报抵扣限，但符合规定条件的，仍可按照《国家税务总局关于逾期增值税扣税凭证抵扣问题的公告》（2011 年第 50 号，国家税务总局公告 2017 年第 36 号、2018 年第 31 号修改）、《国家税务总局关于未按期申报抵扣增值税扣税凭证有关问题的公告》（2011 年第 78 号，国家税务总局公告 2018 年第 31 号修改）规定，继续抵扣进项税额。

▎案例 2-2

甲公司为某电子产品代理商，本年代理商品的购销价格受到生产厂家的控制，毛利率偏低。一方面，甲公司近期集中购入产品，导致进项税额急剧上升；另一方面，其前期库存商品的市场销售价格下跌，导致销项税额下降，已连续两个月（本年 8、9 月）增值税应纳税额负申报。本年 8、9 月的销项税额分别为 100 万元、120 万元，认证通过可抵扣进项税额分别为 110 万元、160 万元，这样到本年 10 月仍有 50 万元的进项税额留抵。本年 10 月销项税额为 70 万元，购入产品取得的增值税专用发票注明的增值税税额为 40 万元。假设甲公司连续 3 个月增值税零申报或负申报，有可能被当地主管税务机关作为异常户进行管理。

要求：请对上述业务的纳税筹划风险进行防范。

【筹划思路】

企业对增值税的纳税申报如果在一定时期内均为零申报或负申报，则可能被主管税务机关作为异常户进行管理，可能被税务机关约谈，要求说明纳税申报异常的原因，甚至还有可能要接受税务机关的调查和检查。为了避免上述麻烦，增值税一般纳税人在取得 2017 年 1 月 1 日及以后开具的增值税专用发票、海关进口增值税专用缴款书、机动车销售统一发票、收费公路通行费增值税电子普通发票后，可以适当推迟通过本省（自治区、直辖市和计划单列市）增值税发票综合服务平台对上述扣税凭证信息进行用途确认的时间。

【筹划方案】

方案一：甲公司本年 10 月在增值税发票综合服务平台对其税额为万元的增值税专用

发票信息进行用途确认,则本年10月应纳增值税为-20(70-50-40)万元,即仍是负申报,且有20万元进项税额留抵。甲公司连续三个月增值税负申报,可能导致的后果是,甲公司被当地主管税务机关作为异常户进行管理,被税务机关约谈,要求说明纳税申报异常的原因,甚至接受税务机关的调查和检查。

方案二:甲公司本年10月暂不在增值税发票综合服务平台对其税额为40万元的增值税专用发票信息进行用途确认,使本年10月产生适当的应纳增值税,可以避免长期增值税负申报带来的诸多麻烦。本年10月应纳增值税为20(70-50)万元。

【筹划总结】

方案二与方案一相比,可以避免企业税收风险,若以实现纳税风险最小化为纳税筹划目标,则应当选择方案二。纳税筹划的目的不仅仅是降低税负,更重要的是防范税收风险,为企业营造一个安全稳妥的经营环境。

本章小结

纳税筹划与偷税、逃税、骗税、抗税有本质的区别,避税与纳税筹划的区别越来越难以划分。为了方便对纳税筹划的风险进行有效防控,需要根据不同的标准对纳税筹划进行适当的分类和正确的认定。纳税筹划风险是指纳税人在开展纳税筹划时,由于各种不确定因素的存在,纳税筹划结果偏离预期目标的可能性以及由此造成的损失,具有客观性、复杂性、潜在性的特征。纳税筹划风险产生的原因是复杂和多方面的,其中,税收的本质属性是纳税筹划风险产生的根本原因,纳税筹划的特点是纳税筹划风险产生的直接原因,征纳双方的政策理解偏差是纳税筹划风险产生的主观原因。

知识链接

纳税筹划是在符合国家法律、法规的前提条件下进行的,合法性是其最基本的原则。在进行纳税筹划之前,公司必须充分理解、掌握现行的税收法律、法规,在税法允许的范围内进行活动安排和方案设计,达到纳税筹划的目的和管理目标。在纳税筹划的过程中,能够促使公司懂法、守法、护法,提升公司的法制化遵从水平,为加强公司依法纳税、自觉护税的法律意识提供良好的思想基础。另外,法律遵从水平的提高也有助于纳税筹划的开展和进行,一个法律遵从水平低的公司只会选择偷税、逃税等非法手段降低税负,而法制化水平高的公司则会在税法的允许范围内进行纳税筹划。因此,纳税筹划与法制化遵从水平是相互促进、相辅相成的,二者的共同作用有利于公司战略管理目标的实现。

章节小测试

1. 甲公司为增值税一般纳税人,采用一般计税方法计税。20×1年5月,甲公司向乙公司销售一台甲公司自产且需要由甲公司安装的机器设备,乙公司支付给甲公司设备价款和安装费。甲公司的税务会计人员学习了《营业税改征增值税试点实施办法》中的以下规定:"一项销售行为如果既涉及服务又涉及货物,为混合销售。从事货物的生产、批发或者零售的单位和个体工商户的混合销售行为,按照销售货物缴纳增值税;其他单位和个体工商户的混合销售行为,按照销售服务缴纳增值税。本条所称从事货物的生产、批发或者零售的单位和个体工商户,包括以从事货物的生产、批发或者零售为主,并兼营销售服务的单位和个体工商户在内。"甲公司的税务会计人员据此认为,甲公司销售货物同时提供安装服务,为混合销售行为,应当按照销售货物缴纳增值税,即安装服务的税率不再按照建筑服务9%的税率,而是按照货物13%的税率。于是甲公司税务会计人员开具给乙公司的增值税专用发票上注明设备价款100 000元、增值税税额13 000(100 000×13%)元,安装费20 000元、增值税税额2 600(20 000×13%)元。

要求分析:
(1)甲公司的税务会计人员对上述业务的处理存在什么问题?
(2)从本案例中可以吸取什么教训?

2.甲酿酒厂(以下简称"甲公司")生产的主要产品为白酒、酒精。20×9年9月初,甲公司的主管税务机关第一稽查局在审查其纳税申报情况时,发现纳税情况异常,尤其是消费税应纳税额与上年同期相比下降较大。20×9年10月18日,甲公司的主管税务机关第一稽查局派员对甲公司20×9年1—9月份的纳税情况进行了检查。通过检查产品销售明细账,税务人员发现酒精产品的销售收入达2 800万元,与20×8年同期相比,增加了800万元,增长了40%,增幅较大;白酒产品的销售收入与20×8年相比减少了600万元。对此,企业财务人员解释说,20×9年以来,甲公司进行了产品结构调整,减少了白酒产品的产量,扩大了酒精产品的生产规模。由于酒精不征消费税,因此在总的应税收入基本不变的情况下,应纳消费税额相应减少。为了查明真实情况,税务人员又对生产成本明细账、库存商品明细账、主营业务成本明细账等进行了检查,发现甲公司20×9年1—9月白酒产品的产量比去年同期增长了5%,酒精产品的产量比去年同期增长了6%,增幅不大。甲公司20×9年1—9月结转酒精产品的销售成本1 000万元,与酒精产品的销售收入2 800万元明显不配比。由此推断,甲公司很可能存在混杂白酒产品与酒精产品销售的问题。经过进一步检查,税务人员发现甲公司在销售部分白酒产品时,填开发票的货物名称为酒精。

要求分析:
(1)纳税筹划风险产生的原因,并按照纳税筹划风险产生的原因对纳税筹划风险进行分类。
(2)本案例中当事人的行为触犯了哪些法律?有可能受到什么处罚?
(3)从本案例中可以吸取什么教训?
(4)防范纳税筹划风险的措施。

3.思考题。
(1)纳税筹划与偷税、逃税、骗税、抗税、避税的区别是什么?
(2)什么是纳税筹划风险?其产生的原因是什么?有哪些类型?
(3)如何防范和控制纳税筹划风险?

第 3 章 增值税纳税筹划

知识目标

1. 了解增值税的基本法律制度。
2. 熟悉并掌握增值税纳税筹划的基本思路。
3. 掌握增值税纳税筹划的基本方法。
4. 掌握增值税的征收范围、税目、税率、计税依据。
5. 了解增值税纳税期限的纳税筹划。
6. 掌握视同销售的纳税筹划。

能力目标

1. 熟练掌握增值税应纳税额的计算。
2. 能运用所学的纳税筹划方法进行实际经济业务的纳税筹划。

素质目标

1. 熟悉增值税的相关法律制度,关注最新税法政策,提高政治、法律意识。
2. 能在遵守税收、会计等法律法规的前提下,利用相关法律法规对增值税进行合法的纳税筹划。

知识框架图

增值税纳税筹划
- 增值税概述
- 纳税人身份纳税筹划
- 采购中的纳税筹划
- 促销方式的纳税筹划
- 农产品生产销售的纳税筹划
- 代销与经销的纳税筹划
- 混合销售和兼营行为的纳税筹划
- 税收优惠政策的纳税筹划
- 筹划风险与控制
- 增值税实务疑难解答

引 例

华润时装经销公司（以下简称华润公司）以几项世界名牌服装的零售为主，商品销售的平均利润率为30%，即销售100元商品，其成本为70元。华润公司是增值税一般纳税人，购货均能取得增值税专用发票。该公司准备在2021年元旦、春节期间开展一次促销活动，以扩大在当地的影响。经测算，如果将商品打八折让利销售，公司可以维持在计划利润的水平上。在促销活动的酝酿阶段，公司的决策层对销售活动的涉税问题了解不深，于是他们向普利税务师事务所的注册税务师进行咨询。

为了帮助该企业了解销售环节的涉税问题，并就有关问题进行决策，普利税务师事务所的专家提出两个方案进行税收分析：

（1）让利（折扣）20%销售，即公司将100元的货物以80元的价格销售。

（2）赠送20%的购物券，即公司在销售100元货物的同时，再赠送20元的购物券，持券人仍可以凭购物券在日后一定时期内购买商品。

以上价格均为含税价格。以销售100元的商品为基数，假定公司每销售100元商品，产生可以在企业所得税前扣除的工资和其他费用6元，城市维护建设税及教育费附加对纳税筹划效果影响较小，计算分析时不予考虑。

试从对增值税税负影响角度，对上述两个方案进行分析并选择。

引例解析见本章最后部分。

3.1 增值税概述

3.1.1 增值税的概念和特点

3.1.1.1 增值税的概念

增值税是以商品和劳务在流转过程中产生的增值额作为征税对象而征收的一种流转税,也称货物劳务税。

按照增值税的内容、扣除项目的不同,增值税可以分为生产型增值税、收入型增值税和消费型增值税三种类型,三种类型的区分标志在于扣除项目中对外购固定资产的处理方式不同,如表3-1所示。

表3-1 增值税分类表

类型	特点	适用范围
消费型增值税	当期固定资产价款一次性全部扣除;彻底消除重复征税,以利于技术进步	国外普遍适用;我国于2009年1月1日开始采用
收入型增值税	对外购固定资产只允许扣除当期部分	我国没有采用
生产型增值税	不允许扣除任何外购固定资产价款;存在重复征税,不利于固定资产投资	我国于1994—2008年采用

3.1.1.2 增值税计税方法

增值税计税方法有直接法(扣额法)和间接法(扣税法)。

从实际操作上看采用间接计算办法,即从事货物销售、提供应税劳务、发生应税行为的纳税人,要根据销售应税行为的销售额和适用税率计算税款(销项税额),然后从中扣除上一环节已纳增值税税款(进项税额),其余额为纳税人本环节应纳增值税税款。

3.1.1.3 增值税的特点

①保持税收中性。
②普遍征收。
③税收负担由商品的最终消费者承担。
④实行税款抵扣制度。
⑤实行比例税率。
⑥实行价外税制度。

3.1.1.4 我国增值税历程

①1994年1月1日起,在全国范围对销售货物或者加工、修理修配劳务,征收增值税,其他销售行为征收营业税,即增值税和营业税并列。
②2012年1月1日至2016年4月30日,营业税改增值税。
③2016年5月1日起,全面推开营业税改增值税。
④2017年11月19日,国务院发布《关于废止〈中华人民共和国营业税暂行条例〉

和修改《中华人民共和国增值税暂行条例》的决定》，正式结束营业税的历史使命。

3.1.2 增值税的纳税义务人

3.1.2.1 增值税纳税义务人

增值税纳税义务人为在中华人民共和国境内销售或进口货物，提供应税劳务和销售服务、无形资产和不动产的单位和个人。所称单位，是指企业、行政单位、事业单位、军事单位、社会团体及其他单位；所称个人，是指个体工商户和其他个人。

3.1.2.2 扣缴义务人

在中华人民共和国境外的单位或者个人在境内销售劳务，在境内未设有经营机构的，以其境内代理人为扣缴义务人；在境内没有代理人的，以购买方为扣缴义务人。

3.1.2.3 增值税纳税人特殊情况

资管产品运营过程中发生的增值税应税销售行为，以资管产品管理人为增值税纳税人。

以承包、承租、挂靠方式经营的，承包人、承租人、挂靠人（以下统称承包人）以发包人、出租人、被挂靠人（以下统称发包人）名义对外经营并由发包人承担相关法律责任的，以该发包人为纳税人；否则以承包人为纳税人。即发包人的经营名义、责任兼具的，发包人为纳税人；不同时满足上述两个条件的，承包人为纳税人。

3.1.2.4 一般纳税人和小规模纳税人

为简化增值税的计算和征收，也有利于减少税收征管漏洞，增值税法将增值税纳税人按会计核算水平和经营规模分为一般纳税人和小规模纳税人两类，分别采取不同的管理办法。

（1）划分标准

①年度经营规模——年应税销售额 500 万元。

②会计核算水平。

一般纳税人和小规模纳税人的划分标准如表 3-2 所示。

表 3-2 一般纳税人和小规模纳税人的划分标准

时效	小规模纳税人	一般纳税人
2018 年 5 月 1 日前	按行业划分年应税销售额为 50 万元、80 万元、500 万元及以下	年应税销售额在标准以上
2018 年 5 月 1 日起	年应征增值税销售额 500 万元及以下	年应税销售额在标准以上

注意：按原规定已登记为增值税一般纳税人的单位和个人，在 2020 年 12 月 31 日前，可转登记为小规模纳税人，或选择继续作为一般纳税人。

年应税销售额指纳税人在连续不超过 12 个月或 4 个季度的经营期内累计应征增值税销售额，包括纳税申报销售额、稽查查补销售额、纳税评估调整销售额。

（2）不得办理一般纳税人登记的情况

①按照政策规定，选择按照小规模纳税人纳税的（应当向主管税务机关提交书面说明）。

②年应税销售额超过规定标准的其他个人。

(3) 一般纳税人登记的时限

①纳税人在年应税销售额超过规定标准的月份（或季度）的所属申报期结束后 15 日内按照规定办理相关手续。

②纳税人自一般纳税人生效之日起，按照增值税一般计税方法计算应纳税额。

(4) 小规模纳税人的登记

小规模纳税人是指年销售额在 500 万元以下，并且会计核算不健全，不能按规定报送有关税务资料的增值税纳税人。

小规模纳税人实行增值税的简易征收方法，依 3% 征收率缴纳增值税。

现行政策对小规模纳税人还有普惠性优惠，如起征点、减低征收率等。

(5) 关于两类纳税人之间的转换

①小规模纳税人会计核算健全，能够提供准确税务资料的，可以向主管税务机关办理登记，转为一般纳税人，即小规模转一般人。

②纳税人登记为一般纳税人后，不得转为小规模纳税人，国家税务总局另有规定的除外。

另有规定指：登记为增值税一般纳税人的单位和个人，转登记日前连续 12 个月或连续 4 个季度累计销售额未超过 500 万元的一般纳税人，在 2020 年 12 月 31 日前，可选择转登记为小规模纳税人，即转登记纳税人（一般人转小规模，只有一次）。

③转登记之后，小规模转为一般纳税人（再登记）。

自转登记日的下期起连续不超过 12 个月或者连续不超过 4 个季度的经营期内，转登记纳税人应税销售额超过财政部、国家税务总局规定的小规模纳税人标准的，应当向主管税务机关办理一般纳税人登记。

转登记纳税人按规定再次登记为一般纳税人后，不得再转登记为小规模纳税人——转登记只有一次。

3.1.3 征税的征税范围

增值税的征税范围包括在境内发生应税销售行为以及进口货物等，分为一般规定和特殊规定。

(1) 销售或进口的货物

①关于"销售"有偿转移所有权的行为，包含生产销售、批发销售、零售销售，即：货物流转的各个环节——道道征收。注意，让渡使用权（租赁）不在此范围。

②关于"货物"指有形动产，包括电力、热力、气体在内。货物外延广泛，包括但不限于会计上的存货、固定资产等；货物中包括 15 类应税消费品，其同时缴纳消费税；货物中包括 5 类应税资源品，其同时缴纳资源税。

(2) 销售劳务（加工、修理修配）

①委托方提供原料主料、受损和丧失功能的货物；受托方按委托要求进行加工、修复，并收取加工费、修理费——对取得的加工、修理收入征收增值税。

②限于对有形动产的加工、修理，如果对有形不动产的加工修缮，属于建筑业。

③不包括单位或者个体工商户聘用的员工为本单位或者雇主提供加工、修理修配劳务——非经营活动。

(3) 销售服务

销售服务包括7项，分别是交通运输服务、邮政服务、电信服务、建筑服务、金融服务、现代服务、生活服务。

不同的服务项目适用税率不同，自2019年4月1日起，不同服务的增值税税率分别改为6%、9%、13%。

(4) 销售无形资产（6%、9%）

①销售范围：无形资产所有权转让、使用权转让。

②无形资产范围：包括技术、商标、著作权、自然资源使用权和其他权益性无形资产（如公共事业特许权、特许经营权、配额、代理权、会员权、肖像权等）。其中，自然资源使用权包括土地使用权、海域使用权、探矿权、采矿权、取水权和其他自然资源使用权。

(5) 销售不动产（9%）

①销售范围：转让不动产所有权的业务活动。租赁不动产使用权属于现代服务业，税率是9%。

②以下项目按照"销售不动产"缴纳增值税：A. 转让建筑物有限产权或者永久使用权；B. 转让在建的建筑物或者构筑物所有权；C. 转让建筑物或者构筑物时一并转让其所占土地的使用权。

(6) 发生应税行为同时应具备的四个条件

①应税行为发生在中华人民共和国境内，即在境内。

②应税行为属于销售服务、无形资产、不动产注释范围内的业务活动，即属于列举范围。

③应税服务是为他人提供的，即为经营性活动。

④应税行为是有偿的，即具有有偿性。

(7) 满足应税条件但不需要缴纳增值税的情形

①行政单位收取的同时满足条件的政府性基金或者行政事业性收费，即为政府财政的非税收入，不属于纳税人。

②存款利息。

③被保险人获得的保险赔付。

④房地产主管部门或者其指定机构、公积金管理中心、开发企业以及物业管理单位代收的住宅专项维修资金。

⑤在资产重组过程中，通过合并、分立、出售、置换等方式，将全部或者部分实物资产以及与其相关联的债权、负债和劳动力一并转让给其他单位和个人，其中涉及的不动产、土地使用权转让行为。

(8) 不同时满足应税条件但需要缴纳增值税的情形

增值税应税行为是有偿的，无偿性活动按视同销售纳税，具体包括以下几种情况。

①单位或者个体工商户向其他单位或者个人无偿提供服务；

②单位或者个人向其他单位或者个人无偿转让无形资产或者不动产；

③财政部和国家税务总局规定的其他情形。

(9) 下列非经营活动不缴纳增值税

增值税应税服务是为他人提供的，即为经营性活动，但下列情形不属于经营性活动，不缴增值税。

①行政单位收取的同时满足规定条件的政府性基金或者行政事业性收费。
②单位或者个体工商户聘用的员工为本单位或者雇主提供取得工资的服务。
③单位或者个体工商户为聘用的员工提供服务。
④财政部和国家税务总局规定的其他情形。

(10) 应税行为发生在中华人民共和国境内
①销售货物（销售货物的起运地或者所在地在境内）。
②销售劳务（提供的应税劳务发生在境内）。
③销售服务（租赁不动产除外的服务的销售方或者购买方其中一方在境内）。
④销售不动产（销售或者租赁的不动产在境内）。
⑤销售无形资产（销售自然资源使用权的自然资源在境内）。

3.1.4 视同销售、混合销售和兼营行为确认

3.1.4.1 视同发生应税销售行为

下列情形视同发生销售行为。

①将货物交付他人代销（代销业务中的委托方）。纳税义务发生时间：收到代销清单或代销款二者之中的较早者。若均未收到，则于发货满180天的当天缴纳增值税。
②销售代销货物（代销业务中的受托方）。售出时发生增值税纳税义务；按实际售价（不含增值税）计算销项税额；取得委托方增值税专用发票，可以抵扣进项税额；受托方收取的代销手续费，应按"现代服务"税目6%的税率征收增值税。
③总分机构（不在同一县市）之间移送货物用于销售：移送当天发生增值税纳税义务。
④将自产或委托加工的货物用于非应税项目。
⑤将自产、委托加工的货物用于集体福利或个人消费。
⑥将自产、委托加工或购买的货物作为投资，提供给其他单位或个体经营者。
⑦将自产、委托加工或购买的货物分配给股东或投资者。
⑧将自产、委托加工或购买的货物无偿赠送其他单位或者个人。
⑨单位或者个体工商户向其他单位或者个人无偿销售应税服务、无偿转让无形资产或者不动产，但用于公益事业或者以社会公众为对象的除外。
⑩财政部和国家税务总局规定的其他情形。

3.1.4.2 混合销售行为与兼营行为

(1) 混合销售行为

①混合销售的含义：一项销售行为如果既涉及货物又涉及服务，为混合销售。混合销售有两个要点：其一销售行为必须是一项；其二该项行为必须既涉及货物销售又涉及应税行为。
②混合销售行为税务处理：从事货物的生产、批发或者零售的单位和个体工商户的混合销售，按照销售货物缴纳增值税；其他单位和个体工商户的混合销售，按照销售服务缴纳增值税，即依主业选择增值税税率。例如，地板生产企业销售自产地板并负责安装，建筑施工企业包工包料承包工程。

(2) 兼营货物与服务业务

①兼营行为的含义：纳税人同时兼有销售货物、劳务、服务、无形资产、不动产等应

税销售行为（各自独立），适用不同税率。

②兼营行为税务处理：分别核算适用不同税率或者征收率的销售额，即依会计核算选择增值税税率。未分别核算销售额的，从高适用税率；兼有不同税率的应税销售行为，从高适用税率；兼有不同征收率的应税销售行为，从高适用征收率；兼有不同税率和征收率的应税销售行为，从高适用税率。

③举例。某家电生产企业既销售自产家电，又有运输资质的车队负责运输；某房地产中介公司，既做二手房买卖，又提供经纪代理服务。

3.1.5 增值税的税率与征收率

自2019年4月1日起，调整三档税率为（除零税率外）13%、9%、6%。

3.1.5.1 一般纳税人增值税税率

增值税一般纳税人的具体税率如表3-3所示。

表3-3 增值税一般纳税人的具体税率

税率	适用范围
13%	销售或进口货物；提供应税劳务；提供有形动产租赁服务
9%	提供交通运输服务、邮政服务、基础电信服务、建筑服务、不动产租赁服务；销售不动产、转让土地使用权；销售或进口指定货物
6%	增值电信服务、金融服务、提供现代服务（租赁除外）、生活服务、销售无形资产（转让土地使用权除外）
零税率	纳税人出口货物；列举的跨境销售服务、无形资产

（1）9%税率的货物

①粮食等农产品、食用植物油、食用盐。

②自来水、暖气、冷气、热水、煤气、石油液化气、天然气、二甲醚、沼气、居民用煤炭制品。

③图书、报纸、杂志、音像制品、电子出版物。

④饲料、化肥、农药、农机（不含农机零部件）、农膜。

⑤国务院规定的其他货物。例如，农产品是指种植业、养殖业、林业、牧业、水产业生产的各种植物、动物的初级产品，适用9%税率的有玉米胚芽、动物骨粒、灭菌乳等。

（2）销售服务和无形资产、不动产

销售服务和无形资产、不动产在不同情况，销售不同产品时，适用三档税率：13%、9%、6%。

租赁业务税率如表3-4所示。

表3-4 租赁业务税率

租赁	一般计税：税率	简易计税：征税率
不动产租赁	9%	5%
动产租赁（经营租赁+融资租赁）	13%	3%

无形资产中，第一类增值税税率为6%，如销售技术、商标、著作权、商誉、其他权益性无形资产、自然资源使用权；第二类增值税税率为9%，如销售土地使用权。

纳税人通过省级土地行政主管部门设立的交易平台转让补充耕地指标，按照销售无形资产缴纳增值税，税率为6%。

（3）零税率

①纳税人出口货物税率为零，但是国务院另有规定的除外。

②境内单位和个人提供的国际运输服务。国际运输服务包括在境内载运旅客或者货物出境；在境外载运旅客或者货物入境；在境外载运旅客或者货物。

③航天运输服务。

④向境外单位提供的完全在境外消费的列举服务，如设计服务、广播影视节目（作品）的制作和发行服务等。

⑤其他适用零税率政策的货物。

3.1.5.2 增值税的征收率

（1）增值税的征收率的适用情况

小规模纳税人适用征收率计税，一般纳税人在简易计税办法下适用征收率计税，具体内容如表3-5所示。

表3-5 小规模纳税人和一般纳税人建议计税的税率

适用范围	征收率
小规模纳税人缴纳增值税（不动产业务除外）	3%
一般纳税人采用简易办法缴纳增值税	3%
一般纳税人销售、出租其2016年4月30日前取得的不动产、土地使用权，房企销售的老项目，选择适用简易计税方法的不动产经营租赁	5%
小规模纳税人销售、出租取得的不动产	5%

（2）使用征收率时，存在的特殊情况

①5%征收率的特殊情形——非不动产项目。

A. 提供劳务派遣服务选择差额纳税。一般纳税人、小规模纳税人也可以选择差额纳税，以取得的全部价款和价外费用，扣除代用工单位支付给劳务派遣员工的工资、福利和为其办理社会保险及住房公积金后的余额为销售额，依5%的征收率计算缴纳增值税。（向用工单位不得开具增值税专用发票，可以开具普通发票。）一般情况下，应按取得的全部价款和价外费用为销售额，小规模纳税人依3%的征收率、一般纳税人依6%的税率，计算缴纳增值税。

B. 一般纳税人提供人力资源外包服务，选择简易计税方法。

C. 一般纳税人收取试点前开工的一级公路、二级公路、桥、闸通行费，选择适用简易计税方法的按5%征收。

道路通行服务（包括过路费、过桥费、过闸费等）等按照"不动产经营租赁服务"缴纳增值税；一般纳税人收取试点前开工的高速公路通行费，选择适用简易计税方法的按3%征收。

收费公路通行费增值税电子普通发票，可以作为进项税额抵扣依据。

2.5%的征收率减按1.5%计算税额，个人出租住房应纳增值税＝租金收入÷（1+5%）×1.5%；其他个人出租住房减按1.5%，出租非住房按5%计税。

②3%征收率的特殊情形——差额计税。

提供物业管理服务的纳税人，向服务接受方收取的自来水水费，以扣除其对外支付的自来水水费后的余额为销售额，依3%的征收率计算缴纳增值税。

(3) 3%征收率减按2%征收增值税的情形

①一般纳税人销售自己使用过的属于不得抵扣且未抵扣进项税额的固定资产（开具增值税普通发票）；纳税人可以放弃减税，按照简易办法依照3%征收率缴纳增值税，并可以开具增值税专用发票。

②小规模纳税人（除其他个人外）销售自己使用过的固定资产。

③纳税人销售旧货（不包括二手车经销业务）。

此时，应纳增值税 = 售价 ÷（1 + 3%）× 2%。

(4) 征收率减按0.5%征收增值税的情形

对从事二手车经销业务的纳税人销售其收购的二手车，自2020年5月1日至2023年12月31日减按0.5%征收率征收增值税，此时应纳增值税为：

$$应纳增值税 = 含税销售额 ÷（1+0.5\%）×0.5\%$$

纳税人应当开具二手车销售统一发票。购买方索取增值税专用发票的，应当再开具征收率为0.5%的增值税专用发票。

3.1.6 增值税应纳税额的计算

3.1.6.1 一般计税方法——一般纳税人使用

应纳增值税的计算采用购进扣税法，计算公式如图3-1所示。

当期应纳增值税税额 = 当期销项税额 - 当期进项税额

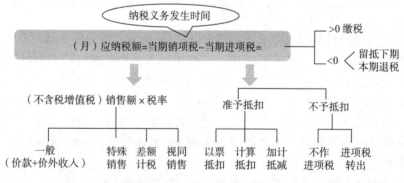

图3-1 增值税计算公式

销项税额是发生应税销售行为时，按照销售额与规定税率计算收取的增值税税额。属于一般纳税人的销售方，在抵扣其进项税额前，收取的销项税额不是其应纳增值税税额。

进项税额是纳税人购进货物、劳务、服务、无形资产、不动产所支付或者负担的增值税额。

(1) 正常销售的销售额——全部价款和价外费用

正常销售的销售额为纳税人发生应税销售行为收取的全部价款和价外费用，但是不包括收取的销项税额。

①销售额中包括价款（不含增值税）和价外收入（即价外费用）。价外收入包括违约金、滞纳金、赔偿金、延期付款利息、包装费、包装物租金、运输费、装卸费等。会计上无论是否计入"营业收入"，都应并入计税销售额。价外收入一般视为含增值税的收入，价税分离后并入销售额。

②销售额中不包括：

A. 受托加工应征消费税的消费品所代收代缴的消费税；

B. 同时符合以下条件的代垫运输费用：承运部门的运输费用发票开具给购买方的；纳税人将该项发票转交给购买方的；

C. 同时符合条件的代收政府性基金或者行政事业性收费；

D. 以委托方名义开具发票代委托方收取的款项；

E. 销售货物的同时代办保险等而向购买方收取的保险费，以及向购买方收取的代购买方缴纳的车辆购置税、车辆牌照费。

③含税销售额的换算。计算公式为：

$$销售额（不含税）= 含税销售额/(1+税率)$$

销售额是否含增值税的判断：

A. 题目表述有含税收入或不含税收入；

B. 分析业务，价外收入视为含税；

C. 分析行业，如零售、餐饮等最终消费领域的销售额为合计，零售、餐饮等服务的购买方（最终消费者）通常不需要发票，但不影响销售方按销售额纳税。

（2）视同发生应税销售行为销售额的确定

视同发生应税销售行为销售额的确定必须遵从下列顺序。同类价格下销售额的确定，如图3-2所示。

①按纳税人最近时期同类货物或者应税行为的平均售价确定。

②按其他纳税人最近时期同类货物或者应税行为平均售价确定。

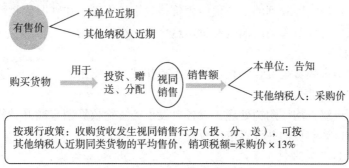

图3-2 同类价格下销售额的确定

③无同类价格，按组成计税价格，如图3-3所示。

组价的特殊使用：有售价，但售价明显偏低且无正当理由，但也要核定价格或组价总结销售额确定顺序。

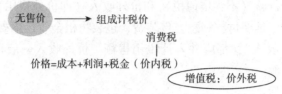

图 3-3 无同类价格下销售额的计算

（3）折扣折让方式销售

折扣折让方式销售额的确定如表 3-6 所示。

表 3-6 折扣折让方式销售额的确定

销售方式	税务处理	说明
折扣销售 （商业折扣）	折扣额可以从销售额中扣减（要求在同一张发票"金额"栏上分别注明）	①目的：促销 ②实物折扣：按视同销售中"赠送他人"处理，实物价款不能从原销售额中减除
销售折扣 （现金折扣）	折扣额不得从销售额中减除	目的：发生在销货之后，属于一种融资行为
销售折让	折让额可以从销售额中减除	目的：保证商业信誉，对已售产品出现品种、质量问题而给予购买方的补偿

（4）以旧换新销售

①一般货物：按新货同期销售价格确定销售额，不得扣减旧货收购价格。

②金银首饰：按实际收到的不含税销售价格确定销售额，扣减旧货收购价格。

金银首饰在零售环节缴纳的消费税也是这样确定销售额的。

（5）还本销售

还本销售的销售额就是货物销售价格，不得扣减还本支出。

（6）以物易物销售

以物易物销售双方均作购销处理，以各自发出的货物核算销售额并计算销项税额，以各自收到的货物核算购货额并计算进项税额。

（7）包装物押金处理

①包装物押金一般具有返还性，不同于包装物租金（不返还）。

②销售货物收取的包装物押金，单独记账核算，不并入销售额征税；因逾期未收回包装物不再退还的押金，应并入销售额征税。逾期是指按合同约定实际逾期或以 1 年为期限。逾期包装物押金为含税收入，按所包装货物适用的税率换算成不含税价款再并入销售额。

③酒类产品包装物押金分为两种。

A. 啤酒、黄酒按是否逾期处理；

B. 啤酒、黄酒以外的其他酒类产品收取的押金，无论是否逾期，一律并入销售额征税。

(8) 直销企业增值税销售额确定

①直销企业—直销员—消费者：销售额为向直销员收取的全部价款和价外费用。

②直销企业（直销员）—消费者：销售额为向消费者收取的全部价款和价外费用。

(9) 贷款服务

贷款服务以提供贷款服务取得的全部利息及利息性质的收入为销售额，不得扣减利息支出。

金融企业发放贷款后，自结息日起90天内发生的应收未收利息按现行规定缴纳增值税，自结息日起90天后发生的应收未收利息暂不缴纳增值税，待实际收到利息时按规定缴纳增值税。

资管产品管理人运营资管产品提供的贷款服务，以产生的利息及利息性质的收入为销售额。

(10) 直接收费金融服务

直接收费金融服务以提供直接收费金融服务收取的手续费、佣金、酬金、管理费、服务费、经手费、开户费、过户费、结算费、转托管费等各类费用为销售额。

(11) 差额确定的销售额

①金融业（6%）。

A. 金融商品转让，计算公式为：

$$销售额=卖出价-买入价$$

a. 不得扣除买卖交易中的其他税费。

b. 转让金融商品出现的正负差，按盈亏相抵后的余额为销售额。

若相抵后出现负差，可结转与下期转让金融商品销售额相抵，但年末时仍出现负差的，不得转入下一个会计年度。

c. 金融商品的买入价，可以选择按照加权平均法或者移动加权平均法进行核算，选择后36个月内不得变更。

d. 金融商品转让，不得开具增值税专用发票。

e. 个人转让金融商品，免征增值税。

f. 单位将其持有的限售股在解禁流通后对外转让的，关注以下确定买入价的要求。

第一，公司首次公开发行股票并上市形成的限售股，以及上市首日至解禁日期间由上述股份孳生的送、转股，以该上市公司股票首次公开发行（IPO）的发行价为买入价；

第二，因上市公司实施重大资产重组形成的限售股，以及股票复牌首日至解禁日期间由上述股份孳生的送、转股，以该上市公司因重大资产重组股票停牌前一交易日的收盘价为买入价；

第三，纳税人无偿转让股票时，转出方以该股票的买入价为卖出价，按照"金融商品转让"计算缴纳增值税；

第四，在转入方将上述股票再转让时，以原转出方的卖出价为买入价，按照"金融商品转让"计算缴纳增值税。

B. 融资租赁和融资性售后回租业务。经人民银行、银保监会或商务部批准，从事融资租赁业务的纳税人提供下列服务。

a. 融资租赁服务——"现代服务—租赁服务"（动产租赁13%，不动产租赁9%），计算公式为：

销售额=取得的全部价款和价外费用（含本金）-支付的借款利息
（包括外汇借款和人民币借款利息）-发行债券利息-车辆购置税

b. 融资性售后回租服务——"金融服务—贷款服务"（6%），计算公式为：

销售额=取得的全部价款和价外费用（不含本金）-对外支付的借款利息
（包括外汇借款和人民币借款利息）-发行债券利息

② 交通运输服务（9%）。

A. 航空运输企业的销售额：取得的全部价款和价外费用扣除代收的机场建设费（民航发展基金）、代售其他航空运输企业客票而代收转付的价款。

航空运输销售代理企业就取得的全部价款和价外费用，向购买方开具行程单，或开具增值税普通发票。

B. 航空运输销售代理企业提供境外航段机票代理服务，以取得的全部价款和价外费用，扣除向客户收取并支付给其他单位或者个人的境外航段机票结算款和相关费用后的余额为销售额。

③ 现代服务（6%）。

A. 客运场站服务（物流辅助），计算公式为：

销售额=取得的全部价款和价外费用-支付给承运方运费

B. 经纪代理服务，计算公式为：

销售额=取得的全部价款和价外费用-向委托方收取并代为支付的政府性基金或者行政事业性收费

向委托方收取的政府性基金或者行政事业性收费，不得开具增值税专用发票；上缴政府财政的也无法取得增值税专用发票。

C. 纳税人提供劳务派遣服务。

④ 生活服务中的旅游服务差额计税（6%），计算公式为：

销售额=取得的全部价款和价外费用-向旅游服务购买方收取并支付给其他单位或者个人的住宿费、餐饮费、交通费、签证费、门票费-支付给其他接团旅游企业的旅游费用

选择上述办法计算销售额的纳税人，向旅游服务购买方收取并支付的上述费用，不得开具增值税专用发票，可以开具普通发票。

⑤ 建筑业。

建筑业的简易计税方法（3%）的分包转包业务，计算公式为：

销售额=取得的全部价款和价外费用-支付的分包款
（指支付给分包方的全部价款和价外费用）

一般计税办法不能差额计税，而是分包款（取得增值税专用发票）抵扣进项税额。

一般计税办法下，纳税人跨县市提供建筑服务，在劳务所在地预缴增值税时，预缴税款计税依据可以扣除分包款。

⑥ 房企销售自行开发不动产（9%）。

一般纳税人销售其开发的房地产项目的一般计税方法。选择简易计税方法的房地产老项目（即开工日期在2016年4月30日前），不得使用以下差额办法。

A. 向政府部门支付的土地价款包括：土地受让人向政府部门支付的征地和拆迁补偿

费用；土地前期开发费用；土地出让收益等，计算公式为：

销售额=取得的全部价款和价外费用-受让土地时向政府部门支付的土地价款

B. 在取得土地时向其他单位或个人支付的拆迁补偿费用也允许在计算销售额时扣除。

在程序上，应提供拆迁协议、拆迁双方支付和取得拆迁补偿费用凭证等能够证明拆迁补偿费用真实性的材料。

C. 房企（联合体）拿地——项目公司开发。房地产开发企业（包括多个房地产开发企业组成的联合体）受让土地向政府部门支付土地价款后，设立项目公司对该受让土地进行开发，同时符合条件的，可由项目公司按规定扣除房地产开发企业向政府部门支付的土地价款。

⑦转让不动产。

纳税人转让"营改增"前取得、非自建不动产（不含住房），可以选择适用简易计税方法依5%计税，计算公式为：

销售额=取得的全部价款和价外费用-该项不动产购置原价或取得不动产时的作价

如因丢失等原因无法提供取得不动产时的发票，可向税务机关提供其他能证明契税计税金额的完税凭证等资料，进行差额扣除。

⑧纳税人从全部价款和价外费用中扣除价款，应当取得符合法律、行政法规和国家税务总局规定的有效凭证。否则，不得扣除。有效凭证包括发票、境外签收单据、完税凭证、财政票据等。纳税人取得的上述凭证属于增值税扣税凭证的（如完税凭证），其进项税额不得从销项税额中抵扣。

3.1.6.2 简易计税方法——主要小规模纳税人使用

简易计税方法计算公式为：

当期应纳增值税额=当期销售额（不含增值税）×征收率

一般纳税人发生特定应税销售行为，也可以选择适用简易计税方法计税，但是不得抵扣进项税额。

一般纳税人销售、提供或者发生财政部和国家税务总局规定的特定的货物、应税劳务、应税行为，一经选择适用简易计税方法计税，36个月内不得变更。

3.1.6.3 扣缴计税方法

中华人民共和国境外（以下简称境外）的单位或者个人在境内销售劳务，在境内未设有经营机构的，以其境内代理人为扣缴义务人；在境内没有代理人的，以购买方为扣缴义务人，计算公式为：

扣缴义务人应代扣代缴增值税税额=接受方支付的价款÷（1+税率）×税率

3.1.6.4 进项税额以票抵扣：取得法定扣税凭证上面注明增值税

增值税进项税额包括：

①从销售方或者提供方取得的增值税专用发票（含机动车销售统一发票、税局代开增值税专用发票）上注明的增值税额。注意，增值税（电子）普通发票不是抵扣凭证（特例除外）。

②从海关取得的进口增值税专用缴款书上注明的增值税额。

③自境外单位或者个人购进劳务、服务、无形资产或者境内的不动产，从税务机关或

者扣缴义务人取得的代扣代缴税款的完税凭证上注明的增值税额。

3.1.6.5 计算抵扣进项税额

购进农产品进项税额计算如表3-7所示。

表3-7 购进农产品进项税额计算

项目	内容
税法规定	购进农产品，除取得增值税专用发票或者海关进口增值税专用缴款书外，按照农产品收购发票或者销售发票上注明的农产品买价和9%的扣除率计算进项税额，国务院另有规定的除外
抵扣要求	购进已税农产品并销售，以票抵扣：进项税额＝发票上销售额×9% 购进免税农产品并销售，计算抵扣：进项税额＝农产品买价×9% 特殊情况，如收购烟叶，考虑烟叶税（20%）

①一般纳税人购进已税农产品并销售，则以票抵扣进项税额（9%）。

②取得增值税专用发票或海关进口增值税专用缴款书，则法定扣税凭证上注明的增值税额为进项税额（9%）。

③取得小规模纳税人主管税局代开的增值税专用发票，以专票上注明的金额和9%扣除率计算进项税额。

3.1.6.6 不得抵扣的进项税额

不得抵扣的进项税额有两类情形。一是抵扣凭证存在问题，如抵扣凭证异常、不合格、未按规定取得并保存增值税扣除凭证。二是不符合增值税的链条关系，要从增值税的原理去理解。为方便学习，将不得抵扣的进项税额的项目列于表3-8。

表3-8 不得抵扣的进项税额

不得抵扣项目	解析
1. 用于简易计税方法计税项目、免征增值税项目、集体福利或者个人消费的购进货物、劳务、服务、无形资产和不动产	个人消费包括纳税人的交际应酬消费。涉及的固定资产、无形资产、不动产，仅指专用于上述项目的固定资产、无形资产、不动产；发生兼用于上述项目的可以抵扣。纳税人租入固定资产、不动产，兼用于上述项目，其进项税额准予从销项税额中全额抵扣
2. 非正常损失的购进货物，以及相关劳务和交通运输服务	非正常损失货物，指因管理不善造成货物被盗、丢失、霉烂变质，因违反法律法规造成货物被依法没收、销毁的情形。这两种情形均具有主观性。非正常损失货物在增值税中不得扣除，因购进时已抵扣，需作进项税额转出处理。进项税额转出时，从"货物+劳务+运输服务"进行整体考虑
3. 非正常损失的在产品、产成品所耗用的购进货物、相关劳务和交通运输服务	
4. 非正常损失的不动产，以及该不动产所耗用的购进货物、设计服务和建筑服务	非正常损失指因违反法律法规造成不动产被依法没收、销毁、拆除的情形。纳税人新建、改建、扩建、修缮、装饰不动产，均属于不动产在建工程
5. 非正常损失的不动产在建工程所耗用的购进货物、设计服务和建筑服务	

不得抵扣项目	解析
6. 购进的贷款服务、餐饮服务、居民日常服务、娱乐服务（共4项）	贷款服务中向贷款方支付的与该笔贷款直接相关的投融资顾问费、手续费、咨询费等费用，其进项税额不得从销项税额中抵扣。住宿服务和旅游服务未列入，可抵扣

注意区分外购存货、固定资产、不动产的兼用于和专用于行为。

3.1.6.7 进项税额转出

（1）购进货物或服务改变生产经营用途的，不得抵扣进项税额

进项税额转出的方法有三种：按原抵扣的进项税额转出；无法准确确定该项进项税额的就计算转出；利用公式。

① 如果在购进时已抵扣了进项税额，需要在改变用途当期作进项税额转出处理。

运输费用的税务处理方式有以下几种。

a. 运输企业收取运输费收入×9%/（1+9%）= 销项税；

b. 销售货物收取价外收入×13%/（1+14%）= 销项税；

c. 支付不含税运输费×9% = 进项税额；

d. 支付不含税运输费×9% = 进项转出税额。

② 无法准确确定该项进项税额的，按当期实际成本（即买价+运费+保险费+其他有关费用）计算应扣减的进项税额。计算公式为：

$$进项税额转出数额 = 当期实际成本 \times 税率$$

③ 利用公式。适用一般计税方法的纳税人，兼营简易计税方法计税项目、免征增值税项目而无法划分不得抵扣的进项税额，按照下列公式计算：

不得抵扣的进项税额=无法划分的全部进项税额×（当期简易计税方法计税项目销售额+免征增值税项目销售额）÷当期全部销售额

分解税额=需要分解的税额×分解比例=（免税销售额+简易销售额）÷全部销售额

（2）不动产的进项税额转出

一般纳税人已抵扣进项税额的不动产，发生非正常损失，或者改变用途，专用于简易计税方法、免征增值税项目、集体福利或者个人消费，按照下列公式计算：

不得抵扣的进项税额=已抵扣进项税额×不动产净值率不动产净值率
=（不动产净值÷不动产原值）×100%

3.2 纳税人身份纳税筹划

3.2.1 不含税无差别平衡点增值税判别法

增值税纳税人身份选择的筹划关键因素是增值率或抵扣率，增值率越高或者抵扣率越低，选择小规模纳税人越有利；增值率越低或者抵扣率越高，选择一般纳税人越有利。

3.2.1.1 不含税无差别平衡点增值率判别法

无差别平衡点增值率即指增值率达到这一数值时，两类纳税人的税务负担相同。按照增值税的课税原理，在税基或者不含税销售收入一致的情况下，当纳税人的增值率达到一定高度时，选择小规模纳税人有利于减轻企业税务负担；反之，选择一般纳税人税务负担更轻。

$$增值率 = \frac{销售收入（不含税）- 购进项目价款}{销售收入（不含税）} \times 100\%$$

或

$$增值率 = \frac{销售税额 - 进项税额}{销项税额} \times 100\%$$

假定销售额与购进项目金额均不含税，销售额即为计税依据。计算过程如下：

一般纳税人应纳增值税额 = 销项税额 - 进项税额 = 销售额 × 13% × 增值率

小规模纳税人应纳税额 = 销售额 × 3%

当两者税负相等时，其增值率则为无差别平衡点增值率，即：

销售额 × 13% × 增值率 = 销售额 × 3%

增值率 = 3% ÷ 13% = 23.08%

综上，当增值率为 23.08% 时，两种纳税人身份承担同样的税负；当增值率小于 23.08% 时，小规模纳税人税务负担高于一般纳税人，因此企业纳税人在进行筹划时选择作为一般纳税人更优；当增值率高于 23.08% 时，作为一般纳税人的税务负担高于小规模纳税人，变更为小规模纳税人对企业更有利。

以上为不含税无差别平衡点增值率，同样可以计算出含税无差别平衡点增值率，如表3-9 所示。

表 3-9 无差别平衡点增值率计算表

一般纳税人税率	小规模纳税人征收率	不含税纳税平衡点	含税纳税平衡点
13%	3%	23.08%	25.32%
9%	3%	33.33%	35.28%
6%	3%	50.00%	51.46%

3.2.1.2 不含税无差别平衡点抵扣率判别法

在纳税筹划中，可抵扣的进项税额的金额决定一般纳税人承担的税负。可抵扣的进项税金额较大时，选择一般纳税人身份；反之，则选择作为小规模纳税人。当可抵扣进项税额达到销售额的一定比率时，两者税负相等，该比率为无差别平衡点抵扣率。计算过程如下：

进项税额 = 可抵扣购进项目金额 × 增值税税率

增值率 =（销售额 - 可抵扣购进项目金额）÷ 销售额

= 1 - 可抵扣购进项目金额 ÷ 销售额 = 1 - 抵扣率

当二者税负相等时，其抵扣率则为无差别平衡点抵扣率。

销售额 × 增值税税率 ×（1 - 抵扣率）= 销售额 × 征收率

抵扣率 = 1 - 征收率 ÷ 增值税税率 = 1 - 3% ÷ 13% = 76.92%

当抵扣率为 76.92% 时，税负相同；当该比率高于 76.92% 时，一般纳税人税负低于小规模纳税人，选择作为一般纳税人恰当；当抵扣率低于76.92%时，则一般纳税人税负高于小规模纳税人，小规模纳税人身份更为恰当。

以上为不含税无差别平衡点抵扣率，同样可以计算出含税无差别平衡点抵扣率，如表3-10所示。

表3-10 无差别平衡点抵扣率计算表

一般纳税人税率	小规模纳税人征收率	不含税无差别平衡点	含税纳税平衡点
13%	3%	76.92%	74.69%
9%	3%	66.67%	64.88%
6%	3%	50%	48.77%

对于以上两种纳税人身份判别方式下的结论，可以通过实例分析方法进行佐证。

3.2.2 纳税筹划案例分析

案例 3-1

某一生产性企业，2021年应税销售额为990万元（不含税），会计核算制度健全，适用13%增值税税率，但企业可用于抵扣的进项税额只占销项税额的25%，销售额与购进项目金额均不含税，主管税务机关对该纳税人要求：对纳税人身份进行确认。问：该企业对自身纳税人身份是如何判别并选择的？

（1）无差别平衡点判别

①无差别平衡点增值率判别法。

$$增值率 = （销售额 \times 13\% - 购进项目价款 \times 13\%）\div （销售额 \times 13\%）$$
$$= （990 \times 13\% - 990 \times 13\% \times 25\%）\div （990 \times 13\%）$$
$$= （128.7 - 32.18）\div 128.7 = 75\%$$

由于纳税人的增值率为75%，大于无差别平衡点增值率23.08%，故该企业倘若选择一般纳税人会承担较高税负，企业应选择小规模纳税人身份。

②无差别平衡点抵扣率判别法。

此时该企业可抵扣的购进项目金额为247.5（990×25%）万元，销售额为990万元，购进项目金额占销售额比重为25%（247.5÷990×100%）。

由于企业的增值税抵扣率25%小于无差别平衡点抵扣率76.92%，该企业作为一般纳税人的税负高于小规模纳税人，企业应选择作为小规模纳税人纳税。

综上，该企业作为小规模纳税人胜于一般纳税人。

（2）不同身份纳税额判别

①作为小规模纳税人。

该企业将生产单位分别设置为两个独立核算的生产单位，在此基础上假设每个单位的年应税销售额为495万元，符合小规模纳税人定义，适用3%的征收率。根据公式，作为小规模纳税人时，本年度应纳增值税税额 = 495×3% + 495×3% = 29.7（万元）。

②作为一般纳税人。

不设立分厂，总厂为一个独立的核算单位，年应税销售额为990万元，能独立正确地核算应纳税额，适用13%增值税税率，进项税额占销项税额的25%。鉴于这种情况，作为一般纳税人时应纳增值税额=990×13%-990×13×25%=128.7-32.18=96.52（万元）。

本案例中，该企业以小单位进行会计核算，选择作为小规模纳税人，可比一般纳税人减轻税负66.82（96.52-29.7）万元。通过纳税人身份的选择进行增值税纳税筹划，可达到节税的目的。

案例3-2

某科研机构为非企业性单位，所研制的产品科技含量较高，某年度预计不含税销售额1 800万元，购进不含增值税的原材料价款为1 000万元。该科研机构如何进行增值税纳税人身份的税务筹划？

税法规定，年应税销售额超过小规模纳税人标准的个人、非企业性单位、不经常发生应税行为的企业，视同小规模纳税人，即该科研机构作为非企业性单位，只能被认定为小规模纳税人（适用税率3%）。但该科研机构可以将产品制造环节独立出去，注册成立一个企业，即可申请为一般纳税人（适用税率13%）。

【筹划方案】

该科研机构预计增值率 = $\frac{1\,800-1\,000}{1\,800} \times 100\% = 44.44\%$

预计增值率为44.44%，大于两类纳税人平衡点的增值率23.08%，注册企业并申请为一般纳税人后的增值税税负将重于小规模纳税人，因此，该科研机构将注册的企业选择为小规模纳税人身份更有利。

若为一般纳税人的应纳增值税额=1 800×13%-1 000×13%=104（万元）

若为小规模纳税人的应纳增值税额=1 800×3%=54（万元）

选择小规模纳税人的增值税税负降低额=104-54=50（万元）

【筹划思路】

税法还规定，一般纳税人生产某些特定货物，可按简易办法依照3%的征收率计算缴纳增值税，也可不按简易办法而按有关对一般纳税人的规定计算缴纳增值税，所选择的计算缴纳增值税的办法至少3年内不得变更，比如"用微生物、微生物代谢产物、动物毒素、人或动物的血液或组织制成的生物制品"。若上述科研机构是用微生物生产生物制品，也可以不必分立出一个企业，而直接采取简易办法，依照3%的征收率计算缴纳增值税。

【筹划总结】

在前述基本规范的框架下，纳税人身份的不同会导致税负的不同。

3.3　采购中的纳税筹划

3.3.1　税法相关规定

企业从不同的纳税人处购进商品和劳务，将直接影响增值税税负和企业收益。假设在价格和质量相同的情况下，从一般纳税人购进可以索取13%或9%增值税税率的专用发票，抵扣的进项税额最大，则应纳税额最小，这是最佳选择；从小规模纳税人购进，通过其从主管税务机关代开的增值税专用发票，可索取3%增值税征收率的专用发票进行税款抵扣；从个体工商户购进，则不能抵扣。但是这种假设不现实，因为价格相同，小规模纳税人和个体工商户将无法生存，若要在市场中生存，必然要降低销售价格，才能与一般纳税人竞争。这样，无论是一般纳税人购进，还是小规模纳税人销售，均要计算比较各自的税负和收益，从而确定各自的购进价格与销售价格，使本企业的利益最大化。

假设一般纳税人的含税销售额为 S，从一般纳税人购货的含税购进额为 P，适用的增值税率为 T，从小规模纳税人购进货物的含税额与从一般纳税人购进货物的含税额的比率为 T_1，从小规模纳税人购进货物的含税额与从一般纳税人购进货物的含税额的比率为 R_C，小规模纳税人适用的征收率为 T_2。因生产加工费用与原材料的来源关系不大，所以收益为销售收入扣除购进成本、应纳增值税额之差，则从一般纳税人索取专用发票后的收益为：

$$S - P - \left(\frac{S}{1+T_1} \times T_1 - \frac{P}{1+T_1} \times T_1\right) - \frac{S-P}{1+T_1}$$

从小规模纳税人处索取专用发票后的收益为：

$$S - P \times R_C \left(\frac{S}{1+T_1} \times T_1 - \frac{P \times R_C}{1+T_2} \times T_2\right) = \frac{S}{1+T_1} - \frac{P \times R_C}{1+T_2}$$

当两者的收益相等时，则有：

$$\frac{S-P}{1+T_1} = \frac{S}{1+T_1} - \frac{P \times R_C}{1+T_2}$$

因此，当一般纳税人选择是从小规模纳税人购进货物还是从一般纳税人购进货物时，若实际的含税价格比小于 R_C，就应当选择小规模纳税人的货物；若实际的含税价格比大于 R_C，就应当选择一般纳税人的货物；若实际的含税价格比等于 R_C，两者的经济流入相同，就应当从其他角度考虑选择不同纳税人的货物。从销售定价而言，小规模纳税人在确定货物的价格时，应当依据一般纳税人货物的含税价格，使其货物含税价格略低于或等于一般纳税人货物含税价格的 R_C 倍。

依据上述公式，假设小规模纳税人在销售货物时，不愿或不能委托主管税务机关代开增值税专用发票而出具一般普通发票，则一般纳税人在购进货物时销售货物的含税价格与一般纳税人销售货物的含税价格比为：

$$R_C = \frac{1}{1+T_1} \times 100\%$$

在增值税一般纳税人适用税率为13%、9%、6%，小规模纳税人征收率为3%以及不能出具增值税专用发票的情况下，小规模纳税人代开发票含税比率的计算如表3-11所示。

表3-11 小规模纳税人代开发票含税比率 %

一般纳税人适用的增值税税率	小规模纳税人适用的增值税税率	小规模纳税人向税务机关申请代开发票后的含税价格比率	小规模纳税人未向税务机关申请代开发票的含税价格比率
13	3	91.15	88.50
9	3	94.5	91.74
6	3	97.17	94.34

3.3.2 纳税筹划案例分析

案例 3-3

某生产企业为增值税一般纳税人,适用增值税税率13%,预计实现含税销售收入232 000元,需要外购原材料10吨。现有A、B、C三个供货商提供货源,其中,A为一般纳税人,能够开具增值税专用发票,适用税率13%;B为生产该原材料的小规模纳税人,能够委托主管税务机关代开增值税征收率为3%的专用发票;C为个体工商户,仅能提供普通发票。A、B、C所提供的原材料质量相同,含税价格不同,分别为每吨11 600元、11 000元、10 500元。企业应当如何进行购货价格的税务筹划,选择哪一个供货商?

【筹划思路】

B与A的实际含税价格比率 $R=11\ 000 \div 11\ 600 = 94.83\% > 91.15\%$,C与A的实际含税价格比率 $R=10\ 500 \div 11\ 600 = 90.52\% > 88.50\%$,可以看出,选择从B、C购进原材料显然不合算,应当选择A。

【筹划方案】

该生产企业应纳增值税额和税后现金流量计算如下。

方案一:从A供货商购进。

$$应纳增值税额 = \frac{232\ 000}{1+13\%} \times 13\% - \frac{11\ 600 \times 10}{1+13\%} \times 13\% = 13\ 345.13\ (元)$$

$$税后现金净流量 = 232\ 000 - 116\ 000 - 13\ 345.13 = 102\ 654.87\ (元)$$

方案二:从B供货商购进。

$$应纳增值税额 = \frac{232\ 000}{1+13\%} \times 13\% - \frac{11\ 000 \times 10}{1+3\%} \times 3\% = 23\ 486.38\ (元)$$

$$税后现金净流量 = 232\ 000 - 110\ 000 - 23\ 486.38 = 98\ 513.62\ (元)$$

方案三:从C供货商购进。

$$应纳增值税 = \frac{232\ 000}{1+13\%} \times 13\% = 26\ 690.27\ (元)$$

$$税后现金净流量 = 232\ 000 - 10\ 500 \times 10 - 26\ 690.27 = 100\ 309.73\ (元)$$

【筹划总结】

一般纳税人采购货物时除考虑获得的收入外,还应考虑由于增值税税负不同而导致的城市维护建设税、教育费附加和企业所得税的变化。采购货物涉及的增值税,在销项税额一定的情况下,能索取增值税税率13%的专用发票时,应纳税额最低;能索取征收率3%的专用发票时,应纳税额次之;不能索取专用发票时,应纳税额最大。同理,与增值税紧密相关的城市维护建设税、教育费附加随增值税的增减而增减。至于企业所得税则与企业税前利润的大小相关,不能索取13%基本税率的专用发票时,因多缴纳了增值税、城市维护建设税、教育费附加,企业税前可扣除的税费增加,企业所得税会相应减少。

3.4 促销方式的纳税筹划

在销售过程中,为了达到增加销售额而获得利润同步增长的目的,可以采取多种促销方式,如返还现金、卡券、积分卡、抽奖等。然而,各种促销形式所获得的销售额不尽相同,与之相关所产生的增值税销项税额也有所差异。

3.4.1 税法相关规定

折扣销售也称商业折扣。销售额和折扣额在同一张发票上分别注明,可按折扣后的余额作为销售额计算增值税。如果将折扣额另开发票,那么不论其在财务上如何处理,均不得从销售额中减除折扣额,需要全额计征增值税。

销售折扣也称现金折扣,是指销货方为了鼓励购货方及时付款而许诺给予购货方一定的折扣。销售折扣发生在销货之后,是一种融资性质的理财费用,因而不得从销售额中减除。

3.4.2 纳税筹划案例分析

案例 3-4

某百货商场是一家服装专业零售企业,是增值税一般纳税人。公司以世界名牌服装零售为主,上年实现销售收入 45 000 万元,在当地拥有一定的知名度。公司销售部决定在当年春节期间展开促销活动,以提升该公司的盈利能力。公司决策层提出以下三种促销思路。

(1) 采用让利方式,即折扣销售方式,可以减少税收负担。
(2) 采用赠送商品或优惠券方式,可以刺激消费,促进销售。
(3) 采用返还现金的方式进行促销。

假定所有促销方式消费者都接受,消费者都在当月完成所有的购买行为,以 10 000 元销售额、平均成本为 6 000 元为基数,提出以下三个具体操作方案。

方案一:购物就在商品原价的基础上打七折。
方案二:购物满 100 元赠送价值 30 元的商品(赠品成本 18 元,均为含税价)。
方案三:购物满 100 元返还 30 元现金。

仅考虑增值税、企业所得税和个人所得税,不考虑其他税费。

【筹划方案】

方案一:此方案为折扣销售(商业折扣),是指销货方在销售货物或提供应税劳务时,因购货方购货数量较大等原因,而给予购货方的价格优惠。

如果销售额和折扣额在同一张发票上分别注明,按折扣后的销售额计征增值税;如果折扣额另开发票,不论其财务会计如何处理,均不得从销售额中扣除折扣额,须全额计征增值税。

假定1:该商场未将销售额和折扣额开在一张发票上,则:

应交增值税 = 10 000 ÷ (1 + 13%) × 13% − 6 000 ÷ (1 + 13%) × 13% = 460.18(元)
应交企业所得税 = [7 000 ÷ (1 + 13%) − 6 000 ÷ (1 + 13%)] × 25% = 221.24(元)

税后利润 = 7 000 ÷ (1 + 13%) - 6 000 ÷ (1 + 13%) - 221.24 = 663.72(元)

缴税合计数 = 460.18 + 221.24 = 681.42(元)

假定2：该商场将销售额与折扣额开在同一张发票上，则：

应交增值税 = 7 000 ÷ (1 + 13%) × 13% - 6 000 ÷ (1 + 13%) × 13% = 115.04(元)

应交企业所得税 = [7 000 ÷ (1 + 13%) - 6 000 ÷ (1 + 13%)] × 25% = 221.24(元)

税后利润 = 7 000 ÷ (1 + 13%) - 6 000 ÷ (1 + 13%) - 221.24 = 663.72(元)

缴税合计数 = 115.04 + 221.24 = 336.28(元)

在税后利润相同的情况下，该商场会选择缴税合计数最小的假定2的做法。

方案二：企业在商品促销中，以"买一赠一"、购物返券（代金券）、购物积分等方式组合销售货物的，应就其实际收到的货款计算增值税。

应交增值税 = 10 000 ÷ (1 + 13%) × 13% - 6 000 ÷ (1 + 13%) × 13% - 1 800 ÷ (1 + 13%) × 13% = 253.10(元)

应交企业所得税 = [10 000 ÷ (1 + 13%) - 6 000 ÷ (1 + 13%) - 1 800 ÷ (1 + 13%)] × 25% = 486.73(元)

税后利润 = 10 000 ÷ (1 + 13%) - 6 000 ÷ (1 + 13%) - 1 800 ÷ (1 + 13%) - 486.73 = 1 460.17(元)

缴税合计数 = 253.10 + 486.73 = 739.83(元)

方案三：下面的计算仅考虑直接返还现金的方式。

应交增值税 = 10 000 ÷ (1 + 13%) × 13% - 6 000 ÷ (1 + 13%) × 13% = 460.18(元)

应替顾客缴纳的个人所得税 = 3 000 ÷ (1 - 20%) × 20% = 750(元)

应纳税所得额 = 10 000 ÷ (1 + 13%) - 6 000 ÷ (1 + 13%) - 750 - 3 000 = -210.18(元)

因为 -210.18<0，所以应缴纳的企业所得税为0。

税后净利润 = 10 000 ÷ (1 + 13%) - 6 000 ÷ (1 + 13%) - 3 000 - 750 = -210.18(元)

缴税合计数 = 460.18 + 750 = 1 210.18(元)

将以上三个方案的计算结果编制比较表，如表3-12所示。

表3-12 折扣销售税负比较表　　　　　　　　　　　　　　　　单位：元

	方案	增值税	企业所得税	个人所得税	缴税合计	税后利润
折扣销售	折扣金额未开在一张发票上	460.18	221.24	—	681.42	663.72
	折扣金额开在一张发票上	115.04	221.24	—	336.28	663.72
	赠送商品	253.10	486.73	—	739.83	1 460.17
	返还现金	460.18	0	750.00	0	1 210.18

从表3-12中的数据可以看出，第一，从税后利润的角度看，在所有方案中，最优方案应是购物赠商品；第二，从缴税合计数来看，缴税数会直接影响企业的现金流出量，折扣销售（尤其是折扣额与销售额开在一张发票上）和购物赠商品比较可取，现金流比较小，对企业的生产经营不会造成太大的影响。

【筹划总结】

（1）购销差价是税务筹划需要考虑的重点问题。如果商品的购进成本较高，采用打折销售比较好;反之,如果商品的购进成本较低,则采用赠送商品或赠送购物券的方式比较好。赠送商品的价值越低,企业的成本利润率越高,企业获利面越大,同时现金流也比较小;赠送购物券,在一般情况下可以扩大销售量,扩大企业的影响,提高市场占有率。而且,商场成本越低,折扣优惠越大时,赠送购物券促销方式的优势越明显;同时,企业也不用担心税后是否会亏损。

(2)进行促销活动的税务筹划需要关注促销活动的最终目的。商品零售企业在选择让利促销方式时,切不可只考虑节税效益,而要从企业整体的盈利能力加以考虑。对于不同的促销方式,纳税少并不意味着税后获利越大,进行让利促销方式的选择,务必从企业的实际情况出发,事先做好筹划,选择较优的促销方式,这样才能确保企业利益最大化。

3.5 农产品生产销售的纳税筹划

3.5.1 税法相关规定

《增值税暂行条例》第十五条规定,农业生产者销售的自产农产品免征增值税。

农业生产者销售的自产农产品是指直接从事植物的种植、收割和动物的饲养、捕捞的单位和个人销售的注释所列的自产农业产品。注意:对上述单位和个人销售的外购的农业产品,以及单位和个人外购农业产品生产、加工后销售的仍然属于注释所列的农业产品,不属于免税的范围,应当按照规定税率征收增值税。

对农民专业合作社销售本社成员生产的农业产品,视同农业生产者销售自产农业产品免征增值税。

纳税人采取"公司+农户"经营模式从事畜禽饲养,即公司与农户签订委托养殖合同,向农户提供畜禽苗、饲料、兽药及疫苗等(所有权属于公司),农户饲养畜禽苗至成品后交付公司回收,公司将回收的成品畜禽用于销售。在上述经营模式下,纳税人回收再销售畜禽,属于农业生产者销售自产农产品,应根据《增值税暂行条例》的有关规定免征增值税。

制种企业在下列生产经营模式下生产销售种子,属于农业生产者销售自产农业产品,应根据《增值税暂行条例》有关规定免征增值税。

①利用自有土地或承租土地,雇用农户或雇工进行种子繁育,再经烘干、脱粒、风筛等深加工后销售种子。

②提供亲本种子委托农户繁育并从农户手中收回,再经烘干、脱粒、风筛等深加工后销售种子。

3.5.2 纳税筹划案例分析

3.5.2.1 变"收购非初级农产品"为"收购初级农产品"的纳税筹划

案例 3-5

甲公司为一家家具生产企业,本年7月从农民手中收购经农民加工过的板材1 200万元,并于当月全部领用用于生产家具,假设农民加工这1 200万元板材耗用树木的成本为800万元。甲公司本年7月销售家具,取得不含税销售收入3 600万元。销售家具适用的增值税税率为13%,其他可抵扣进项税额为100万元,请对上述业务进行纳税筹划。

【筹划思路】

初级农产品就是没有经过任何加工的农业产品。初级农产品一旦经过加工,哪怕是最简单的加工,也失去了税法规定的初级农产品的特点,就不能按照扣除率计算进项税额。因此企业应该直接收购没有经过加工的农产品,以充分享受优惠政策,从而减轻税负。

【筹划方案】

方案一:甲公司从农民手中收购经农民加工过的板材。此时,应纳增值税 = 3 600×13% - 100 = 368(万元)

方案二:甲公司直接收购树木,然后雇用农民加工成板材。自2008年5月1日起,纳税人购进用于生产销售或委托加工13%税率货物的农产品,按照9%的扣除率计算进项税额。应纳税额 = 3 600×13% - 800×9% - 100 = 296(万元)

【筹划总结】

可见,方案二比方案一节约了72(368-296)万元的税务开支,因此,应选择方案二。

3.5.2.2 分立农业生产部门的纳税筹划

案例3-6

某纺织品公司为增值税一般纳税人,以亚麻为原材料生产纺织品,纺织品的增值税税率为13%,生产所用原材料主要由本公司的种植园提供。甲纺织品公司预计本年7—12月纺织品实现销售收入6 300万元,种植园自产亚麻的成本为2 000万元,种植园购置原材料可抵扣的进项税额很少,仅有10万元。另外,甲纺织品公司外购其他原材料可抵扣的进项税额为120万元。要求:请对上述业务进行纳税筹划。

【筹划思路】

销售自产农产品免征增值税。销售自产农产品指农业生产者销售的自产初级农产品(包括制种、"公司+农户"经营模式的畜禽饲养)。对农业生产者销售的自产农产品(如亚麻)免征增值税,但以自产农产品(如亚麻)为原材料加工后的产品并不属于农产品免税范围。企业要想享受销售自产农产品免税的政策,可以考虑把种植园和纺织公司分为两个独立法人,采取纺织公司购买种植园亚麻的经营模式。一方面,种植园可以享受销售自产农产品免征增值税的政策;另一方面,纺织公司还可以按采购亚麻金额乘以扣税率来计算抵扣进项税额。

【筹划方案】

方案一:将种植园和纺织公司作为一个独立法人。

本年7—12月应纳增值税 = 6 300×13% - 10 - 120 = 689(万元)

方案二:将种植园和纺织公司分为两个独立法人,种植园将自己生产的亚麻以2 400万元公允价格直接销售给纺织公司。

①本年7—12月种植园实现销售收入2 400万元,由于其自产自销未经加工的亚麻符合农业生产者自产自销农产品的条件,因而可以享受免税待遇,税负为零,相应的进项税额10万元也不予抵扣。

②纺织公司购进亚麻。自 2020 年 5 月 1 日起，纳税人购进用于生产销售或委托加工 13%税率货物的农产品，按照 9%的扣除率计算进项税额。

本年 7—12 月应纳增值税＝6 300×13%－2 400×9%－120＝819－216－120＝483（万元）

【筹划总结】

通过对比发现，方案二比方案一减少税负 206（689－483）万元。

3.6 代销与经销的纳税筹划

3.6.1 税法相关规定

根据《中华人民共和国增值税暂行条例实施细则》（以下简称《增值税暂行条例实施细则》），单位或者个体工商户将货物交付其他单位或者个人代销，视同销售货物；单位或者个体工商户销售代销货物的行为，视同销售货物。

《增值税暂行条例实施细则》第三十八条规定："委托其他纳税人代销货物，为收到代销单位的代销清单或者收到全部或者部分货款的当天。未收到代销清单及货款的，为发出代销货物满 180 天的当天。"

根据我国《企业会计准则》，企业发生的代销行为分为收取手续费方式和视同买断两种方式。其中，收取手续费方式是由受托方根据所代销的商品数量或金额的一定标准向委托方收取手续费。对受托方来说，收取的手续费实际上是一种劳务收入。视同买断方式是由委托方和受托方签订协议，委托方按协议价收取所代销的货款，实际售价可由受托方自定，实际售价与协议价之间的差额归受托方所有。

在税收征管实务中，税务机关在认定代销行为时一般要求其符合以下条件：代销的货物，其所有权归委托方；受托方按照委托方规定的条件出售；货物的销售收入归委托方所有，受托方只收取手续费。在这三个条件中，第二个条件较为关键，如果受托方将代销商品自由加价出售，与委托方按买断价格结算而不是按实际销售额结算，那么税务机关常常将其视为经销行为和经销商品，不作为代销业务处理相关涉税事宜。

3.6.2 纳税筹划案例分析

♛ 案例 3-7

A 公司是一个服装生产企业。假设该公司每套服装的不含税售价为 390 元，成本为 290 元。2019 年，A 公司销售服装 120 万件，可抵扣的增值税进项税额为 2 000 万元。B 公司是专门从事服装零售的大型企业，A 公司的服装全部由 B 公司负责销售。B 公司相应的企业所得税税前的除流转税外的扣除项目的金额为 1 000 万元。A 公司和 B 公司适用的企业所得税税率均为 25%，增值税税率为 13%，城市维护建设税税率为 7%，教育费附加为 3%。B 公司代销手续费的增值税税率为 6%。现 B 公司有三种销售方式可供选择。

方案一：B 公司按进价销售，另外开具收取每件代理手续费 70 元。

方案二：B 公司按每件 320 元的价格以视同买断方式进行代销，不含税售价为 390 元。

方案三：B公司按每件350元的价格以视同买断方式进行代销，不含税售价为390元；另外，收取A公司每件30元的手续费。其他条件不变。

【筹划方案】

方案一：A公司的税负和净收益计算如下。

应纳增值税税额=390×120×13%-2 000=4 084（万元）

应纳城市维护建设税及教育费附加=4 084×（7%+3%）=408.4（万元）

应纳企业所得税税额=[120×（390-290）-408.4-70×120]×25%=797.9（万元）

扣除税费后的净利润=120×（390-290）-408.4-797.9-70×120=2 397.7（万元）

B公司的税负和净收益计算如下。

应纳增值税销项税额=70×120×6%=504（万元）

应纳城市维护建设税及教育费附加=504×（7%+3%）=50.4（万元）

应纳企业所得税税额=（70×120-50.4-1 000）×25%=1 837.4（万元）

扣除税费后的净利润=70×120-50.4-1 837.4-1 000=5 512.2（万元）

两公司的税后净利润=2 397.7+5 512.2=7 909.9（万元）

方案二：A公司的税负和净收益计算如下。

应纳增值税税额=320×120×13%-2 000=2 992（万元）

应纳城市维护建设税及教育费附加=2 992×（7%+3%）=299.2（万元）

应纳企业所得税税额=[（320-290）×120-299.2]×25%=825.2（万元）

扣除税费后的净利润=（320-290）×120-299.2-825.2=2 475.6（万元）

B公司的税负和净收益计算如下。

应纳增值税销项税额=（390×120×13%-320×120×13%）=1 092（万元）

应纳城市维护建设税及教育费附加=1 092×（7%+3%）=109.2（万元）

应纳企业所得税税额=[（390-320）×120-109.2-1 000]×25%=1 822.7（万元）

扣除税费后的净利润=（390-320）×120-109.2-1 000-1 822.7=5 468.1（万元）

两公司的税后净利=2 475.6+5 468.1=7 943.7（万元）

方案三：A公司的税负和净收益计算如下。

应纳增值税税额=350×120×13%-2 000=3 460（万元）

应纳城市维护建设税及教育费附加=3 460×（7%+3%）=346（万元）

应纳企业所得税税额=[（350-290）×120-346-30×120]×25%=813.5（万元）

扣除税费后的净利润=（350-290）×120-346-30×120-813.5=2 440.5（万元）

B公司的税负和净收益计算如下。

应纳增值税=（390-350）×120×13%+30×120×6%=840（万元）

应纳城市维护建设税及教育费附加=840×（7%+3%）=84（万元）

应纳企业所得税税额=[（390-350）×120+30×120-84-1 000]×25%=1 829（万元）

扣除税费后的净利润=（390-350）×120+30×120-84-1 000-1 829=5 487（万元）

两公司的税后净利润=2 440.5+5 487=7 927.5（万元）

【筹划总结】

从以上计算结果可以得出结论：上述三种销售方式的双方税后净利润的和都存在差异，综合来看方案二获利最多，因此，因选择视同买断的方式进行代销。

案例 3-8

A 企业为一般纳税人生产企业，B 企业为一般纳税人商业企业。A 企业欲同 B 企业签订一项代销协议，由 A 企业委托 B 企业代销产品，不论采取何种销售方式，A 企业的产品在市场上都以每件 0.1 万元的价格出售。代销协议方案有两个：一是采取收取代销手续费方式，B 企业以每件 0.1 万元的价格对外销售 A 企业的产品，依据代销数量向 A 企业收取 20% 的代销手续费，即 B 企业每代销一件 A 企业的产品，收取 0.02 万元手续费，支付给 A 企业 0.08 万元；二是采取视同买断方式，B 企业每售出一件产品，A 企业按 0.08 万元的协议收取价款，B 企业在市场上仍要以每件 0.1 万元的价格销售 A 企业的产品，实际售价与协议价之间的差额，即每件 0.02 万元归 B 企业所有。假定到年末，A 企业的进项税额为 10 万元，B 企业售出该产品 1 000 件，B 业应当采取哪个方案较为适合？

【筹划方案】

方案一：A 企业应纳增值税税额 = 1 000×0.1×13% − 10 = 3（万元）

B 企业应纳增值税销项税额 = 1 000×0.1×13% − 1 000×0.1×13% + 1 000×0.02×6%
= 1.2（万元）

A 企业与 B 企业应纳增值税税额合计 = 3+1.2 = 4.2（万元）

方案二：A 企业应纳增值税税额 = 1 000×0.08×13% − 10 = 0.4（万元）

B 企业应纳增税销项税额 = 1 000×0.1×13% − 1 000×0.08×13% = 2.6（万元）

A 企业与 B 企业应纳增值税额合计 = 0.4+2.6 = 3（万元）

方案对比：

A 企业应纳增值税额减少 = 3−0.4 = 2.6（万元）

B 企业应纳增值税额增加 = 26−1.2 = 1.4（万元）

A 企业与 B 企业应纳增值税额合计减少 1.2 万元。

【筹划总结】

因此，A 企业应当选择方案二，B 企业应当选择方案一。为了 A、B 企业的共同利益，双方应当选择方案二。

然而，在实际运用时，视同买断方式会受到一些限制：首先，采取这种方式的优越性只能在双方都是一般纳税人的前提下才能体现。如果一方为小规模纳税人，那么受托方的进项税额不能抵扣，就不宜采取这种方式。其次，节约的税额在双方之间如何分配可能会影响该种方式的选择。从上面的分析可以看出，与收取手续费的方式相比，在视同买断方式下，双方虽然共节约税款 1.2 万元，但 A 企业节约 2.6 万元，B 企业要多缴 1.4 万元。所以，A 企业如何分配节约的 2.6 万元可能会影响 B 企业选择这种方式的积极性。A 企业可以考虑首先要全额弥补 B 企业多缴的 1.4 万元，剩余的 1.2 万元也要让利给 B 企业一部分，这样才可以鼓励受托方选择适合双方的代销方式。双方应当选择方案二。

3.7 混合销售和兼营行为的纳税筹划

3.7.1 混合销售行为的纳税筹划

3.7.1.1 税法相关规定

《营业税改征增值税试点实施办法》（财税〔2016〕36 号附件 1）第三十九条规定：

"纳税人兼营销售货物、劳务、服务、无形资产或者不动产,适用不同税率或者征收率的,应当分别核算适用不同税率或者征收率的销售额;未分别核算的,从高适用税率。"第四十条规定:"一项销售行为如果既涉及服务又涉及货物,为混合销售。从事货物的生产、批发或者零售的单位和个体工商户的混合销售行为,按照销售货物缴纳增值税;其他单位和个体工商户的混合销售行为,按照销售服务缴纳增值税。"

3.7.1.2 纳税筹划案例分析

案例 3-9

某锅炉生产厂有职工 280 人,每年产品销售收入为 2 800 万元,其中安装、调试收入为 600 万元。该厂除生产车间外,还设有锅炉安装队,每年安装费为 2 200 万元。另外,该厂下设 6 个全资子公司,包括 A 建安公司等,实行汇总缴纳企业所得税。该厂被主管税务机关认定为增值税一般纳税人,对其发生的混合销售行为按照销售货物缴纳增值税。这主要是因为该厂属于生产性企业,而且服务销售额未达到总销售额的 50%。由此,该企业每年应缴增值税的销项税额为 650 [(2 800+2 200)×13%] 万元,增值税进项税额为 340 万元,则应纳增值税税额为 310 (650-340) 万元,增值税负担率为 6.2%(310÷5 000×100%)。

由于该厂增值税负担率较高,影响了其市场竞争力,经济效益连年下滑。请对企业进行恰当的纳税筹划。

【筹划思路】

从税务处理上来说,混合销售的纳税原则是按"经营主业"划分(经营主业的认定为年货物销售额或服务销售额超过 50%),经营主业如属于销售货物则混合销售按销售货物缴纳增值税,经营主业如提供服务则混合销售按照销售服务缴纳增值税。而兼营的纳税原则是分别核算、分别征税,即对销售货物或销售服务的销售额,分别征收增值税。从以上分析可知,由于混合销售和兼营行为的税负不同,企业对混合销售和兼营行为进行纳税筹划很有必要。

由于该厂是生产锅炉的企业,其应税服务的销售额,即安装、调试等收入很难达到销售总额的 50%。因此,要解决该厂的问题,必须调整现行的经营范围及核算方式。将该厂安装队划归 A 建安公司,随之安装业务划归该公司,由该公司实行独立核算,并由该公司负责缴纳税款。

【筹划方案】

将该厂设备安装、调试人员划归 A 建安公司,将安装调试收入从产品销售的收入中分离出来,归建安公司统一核算缴纳税款。

通过上述筹划后,相关计算如下。

该锅炉厂产品销售收入=2 800-600=2 200(万元)

应缴增值税销项税额=2 200×13%=286(万元)

销售锅炉的增值税进项税额为 340 万元,则当月销售锅炉无须纳税。

A 建安公司应就锅炉设计费、安装调试收入缴纳税率为 9% 的增值税。

应纳增值税税额=(600+2 200)×9%=252(万元)

此时,税收负担率=252÷5 000×100%=5.04%。

【筹划总结】

筹划后比筹划前的税收负担率降低了 1.16(6.2-5.04)个百分点。

3.7.2 兼营行为的纳税筹划

3.7.2.1 税法相关规定

《营业税改征增值税试点实施办法》第三十九条规定:"纳税人兼营销售货物、劳务、服务、无形资产或者不动产,适用不同税率或者征收率的,应当分别核算适用不同税率或者征收率的销售额;未分别核算的,从高适用税率。"第四十一条规定:"纳税人兼营免税、减税项目的,应当分别核算免税、减税项目的销售额;未分别核算销售额的,不得免税、减税。"

从事兼营业务的增值税纳税人,必须安排好其增值税税务,才不至于增加税负。一个增值税的一般纳税人可能同时经营适用不同增值税税率的应税项目。如果纳税人是兼营不同税率的货物或者应税劳务的,应当分别核算不同税率货物或者应税劳务的销售额,并按不同税率分别计算应纳税额;未分别核算销售额的,从高适用税率。所谓分别核算,主要是指对兼营的不同税率货物或应税劳务在取得收入后,应分别如实作账,各记各的销售额,并按照不同的税率各自计算应纳税额,以避免适用税率混乱,出现少交税款或多交税款的现象。从高适用税率是指本应按高低不同税率分别计税,但由于未分别核算,则对混合在一起的销售额一律按高税率计税。

3.7.2.2 纳税筹划案例分析

(1) 兼营不同税率的货物或应税劳务的

在取得收入后,应分别如实记账,并按其所适用的不同税率各自计算应纳税额。

♛ **案例3-10**

某工业企业为增值税一般纳税人,主要以聚氯乙烯为原材料加工生产塑料盆和农用塑料薄膜。该企业当月的塑料盆含税销售额为100万元,塑料薄膜的含税销售额为60万元。当月购进聚氯乙烯的增值税专用发票注明价款50万元,税款8.5万元,要求进行纳税筹划(不能通过提价转嫁税负)。

【筹划方案】

如未分别核算,则:应纳增值税额 = (100+60) ÷ (1+13%) ×13% -8.5 = 9.91 (万元)

如分别核算,则:应纳增值税额 = 100÷ (1+13%) ×13% -8.5÷ (100+60) ×100 = 11.50-5.31 = 6.19 (万元)

【筹划总结】

分别核算可以为企业降低增值税税负3.72 (9.91-6.19) 万元。

(2) 兼营应税劳务的

企业应分别核算应税货物或应税劳务的销售额,并对应税货物或应税劳务的销售收入按各自适用税率计算增值税。

♛ **案例3-11**

某厂属增值税一般纳税人,20×1年1月销售钢材90万元,同时又获得经营农机收入10万元。

【筹划方案】

应纳税款的计算如下（不考虑城市维护建设税和教育费附加）。

未分别核算时，应纳税额＝（90+10）÷（1+13%）×13%＝11.50（万元）。

分别核算时，应纳税额＝90÷（1+13%）×13%+10÷（1+9%）×9%＝11.17（万元）。

【筹划总结】

可见，分别核算可以为企业减轻0.33（11.50-11.17）万元税收负担。

案例3-12

某商厦20×1年1月共销售商品90万元，同时又经营风味小吃，收入为10万元。

【筹划方案】

应纳税款的计算如下（不考虑城市维护建设税和教育费附加）。

未分别核算时，应纳税额＝（90+10）÷（1+13%）×13%＝11.50（万元）。

分别核算时应纳增值税＝90÷（1+13%）×13%+10÷（1+6%）×6%＝10.92（万元）。

【筹划总结】

可见，分别核算可以为某商厦节省税款0.58（11.50-10.92）万元。

3.8 税收优惠政策的纳税筹划

3.8.1 巧用小微企业的优惠政策进行纳税筹划

3.8.1.1 税法相关规定

小规模纳税人发生增值税应税销售行为，合计月销售额未超过15万元（以1个季度为1个纳税期的，季度销售额未超过45万元，下同）的，免征增值税。

小规模纳税人发生增值税应税销售行为，合计月销售额超过15万元，但扣除本期发生的销售不动产的销售额后未超过15万元的，其销售货物、劳务、服务、无形资产取得的销售额免征增值税。

适用增值税差额征税政策的小规模纳税人，以差额后的销售额确定是否可以享受上述规定的免征增值税政策。

3.8.1.2 纳税筹划案例分析

案例3-13

某咨询公司为小规模纳税人，在"营改增"后，该公司2021年度几家固定客户每季度收取含税咨询费共计47万元。请计算该咨询公司2021年度需要缴纳多少增值税并提出纳税筹划方案。

【筹划方案】

该咨询公司季度不含税销售额为45.63［47÷（1+3%）］万元，超过了45万元，需要缴纳增值税。该咨询公司2021年需要缴纳增值税5.48［47÷（1+3%）×3%×4］万元。

该企业应争取与其客户协商，适当调节各季度咨询费的数额，将前三季度的咨询费控制在每季度46万元，第四季度的咨询费为50（47×4-46×3）万元。该咨询公司前三个季度不含税销售额为44.66［46÷（1+3%）］万元，免征增值税，第四季度需要缴纳增值税1.46［50÷（1+3%）×3%］万元，节税4.02（5.48-1.46）万元。

【筹划总结】

小微企业可以灵活运用政策，适当调整销售额，使不含税销售额在免税范围内，从而减少需要缴纳的增值税，合理节税。

3.8.2 出口退（免）税的纳税筹划

3.8.2.1 税法相关规定

出口货物退（免）税是指在国际贸易业务中，对报关出口的货物退还在国内各生产环节和流转环节按税法规定已缴纳的增值税和消费税，或免征应缴纳的增值税和消费税。它在国际贸易中被通常采用并为世界各国普遍接受，是一种鼓励各国出口货物公平竞争的税收措施。由于这项制度比较公平合理，因此它已成为国际通行的惯例。

（1）出口退（免）税的基本政策

我国的出口货物税收政策主要包括以下三种形式：出口免税并退税、出口免税不退税、出口不免税也不退税。

（2）出口退（免）税的计税依据

出口货物劳务的增值税退（免）税的计税依据，按出口货物劳务的出口发票（外销发票）、其他普通发票或购进出口货物劳务的增值税专用发票、海关进口增值税专用缴款书确定。

（3）出口退税率

根据财政部、税务总局、海关总署公告（2019年第39号），原适用16%税率且出口退税率为16%的出口货物劳务，出口退税率调整为13%；原适用10%税率且出口退税率为10%的出口货物劳务，出口退税率调整为9%。

适用13%税率的境外旅客购物离境退税物品，退税率为11%；适用9%税率的境外旅客购物离境退税物品，退税率为8%。

（4）出口退税业务增值税的计算

出口货物只有在适用既免税又退税的政策时才会涉及如何计算退税的问题。由于各类出口企业对出口货物的会计核算办法不同，如有对出口货物单独核算的，有对出口和内销的货物统一核算的，为了与出口企业的会计核算办法一致，我国《出口货物退（免）税管理办法（试行）》规定了两种退税计算办法：第一种办法适用于自营和委托出口自产货物的生产企业，称作免、抵、退税管理办法；第二种办法适用于收购货物出口的外贸企业。

3.8.2.2 纳税筹划案例分析

案例 3-14

某自营出口的生产企业为增值税一般纳税人，出口货物的征税税率为13%，退税税率为11%，2020年5月的有关经营业务为：购进原材料一批，取得的增值税专用发票注明价款200万元，外购货物准予抵扣的进项税额为26万元。上月末留抵税款为3万元，本月内销货物不含税销售额为100万元，收款113万元存入银行，本月出口货物的销售额折合人民币200万元。试计算该企业当期的"免、抵、退"税额。

不得免抵额=200×（13%-11%）=4（万元）

应纳税额=100×13%-（26-4）-3=13-22-3=-12（万元）

当期免抵退税额=200×11%=22（万元）

按规定，如当期末留抵税额≤当期"免、抵、退"税额时，当期应退税额等于当期期末留抵税额，即该企业当期应退税额为12万元，则：

当期免抵税额=22-12=10（万元）

3.8.3 货物出口方式的纳税筹划

目前，我国企业出口商品的方式主要有生产企业自营出口、委托代理出口和买断出口三种。生产企业自营出口是指由出口企业自己办理出口业务，出口商品定价和与出口业务有关的一切国内外费用以及佣金支出、索赔、理赔等均由出口企业负担，出口企业直接办理退税，并享有出口退税收入；委托代理出口是指货物出口企业委托代理企业办理货物出口；买断出口是指生产企业把货物卖给出口企业，由出口企业办理货物出口和出口退税。现行外贸企业出口货物应退增值税采取先征后退方式，而生产企业自营（或委托）出口应退的增值税是执行"免、抵、退"方式。主管税务机关会对企业自营（或委托）出口与通过外贸企业出口采取不同的退税方式，这会对企业的税负产生不同影响。当征税率等于退税率时，企业自营（或委托）出口与通过外贸企业出口，企业所负担的增值税税负相同；当征税率大于退税率时，企业自营（或委托）出口与通过外贸企业出口，企业所负担的增值税负存在差异。

这里重点介绍下面两种情况的纳税筹划案例分析。

（1）生产企业当期投入料件全部来自国内采购时出口方式的纳税筹划。

案例 3-15

A企业采购国内原材料生产工业品并将其全部出口。2020年3月，该企业自营出口产品价值1 053万元，可抵扣进项税额为100万元。该企业适用的增值税税率为13%，产品出口退税率为10%，无上期留抵税金。试对此进行纳税筹划。

【筹划方案】

若A企业自营出口，实行免、抵、退税政策，则A企业2020年3月实际增值税税负为-68.41［1 053×（13%-10%）-100］万元，即A企业实际可从税务部门得到税收补贴68.41万元。

若A企业通过B企业出口，A企业把产品以同样的价格1 053万元（企业开具的增值税专用发票上注明的价税合计1 053万元，此时不含税价为931.86万元）销售给B企业，B企业再以价格1 053万元将产品出口到境外，则A、B两企业本月实际增值税税负为-72.04［931.86×（13%-10%）-100］万元，即A、B两企业实际可从税务部门得到税收补贴72.04万元。

若A企业以更低的价格791万元（此时不含税价为700万元）将产品销售给B企业，B企业再以1 053万元的价格将产品出口到境外，则A、B两企业本月实际增值税税负为-79［700×（13%-10%）-100］万元，即A、B两企业可从税务部门得到税收补贴79万元。

【筹划总结】

可见，生产企业当期投入原材料全部来自国内采购时，通过外贸企业出口有利于减轻增值税税负，并可利用转让定价进行纳税筹划，以此获得更多的税收利益。

(2) 集团公司设有独立核算的进出口公司时出口方式的纳税筹划

如果集团公司设有独立核算的进出口公司，就可以采用转让定价方式进行纳税筹划，可选择买断出口；如果集团公司不能利用转让定价，就应改买断出口为委托出口，即生产企业生产的产品不再销售给进出口公司，而是委托进出口公司办理出口。这样，集团公司可以将出口货物所含的进项税额抵顶内销货物的销项税额，减少整个集团公司实际缴纳的增值税税额，缩短出口货物在退税总过程中由先征后退方式耗用的时间，从而减少资金占用，提高资金使用效率。同时，由于对出口货物不征增值税，出口企业不必负担随之需要缴纳的城市维护建设税和教育费附加，从而减轻企业的税收负担。另外，出口货物的应退税额在内销货物的应纳税额中得到抵扣，出口企业的出口退税兑现期提前，有助于企业加快资金周转。

案例 3-16

平高公司 2020 年 7 月出口商品销售额为 8 000 万元，产品成本为 3 200 万元，进项税额为 544 万元。平高公司适用的增值税税率为 13%，退税率为 10%。假设不考虑工资费用和固定资产折旧费。平高公司可采用以下几种方式办理出口及退税。

(1) 所属的生产出口产品的工厂采取非独立核算形式。平高公司采取自营出口方式，出口退税采用"免、抵、退"办法。

(2) A 公司是平高公司独立核算的进出口公司。平高公司的所有商品均委托 A 公司出口，平高公司出口退税采用"免、抵、退"办法。

(3) 按 8 000 万元的价格将出口商品卖给 A 公司，由 A 公司报关出口并申请退税。A 公司采用先征后退办法办理退税。

(4) 按 6 000 万元的价格将出口商品卖给 A 公司，由 A 公司报关出口并申请退税。A 公司采用先征后退办法办理退税。

试分析平高公司采用哪种方式出口商品最有利。

【筹划方案】

(1) 采用自营出口方式的应纳税额计算如下。

应纳税额 = 8 000 × (13% - 10%) - 3 200 × 13% = -176（万元）

由此可知，应退税额为 176 万元。若计算结果为正数，则为应纳税额。

(2) 采用委托出口方式，平高公司应纳税额的计算结果与采用自营出口方式相同。

(3) 采用买断方式的应纳税额计算如下。

应纳税额 = 8 000 × 13% - 3 200 × 13% = 624（万元）

A 公司应退税额 = 8 000 × 10% = 800（万元）

平高公司实际可获得退税额 = 800 - 624 = 176（万元）

(4) 采用买断方式，但利用了转让定价，应纳税额计算如下。

应纳税额 = 6 000 × 13% - 3 200 × 10% = 364（万元）

A 公司应退税额 = 8 000 × 10% = 800（万元）

平高公司实际可获得退税额 = 800 - 364 = 436（万元）

【筹划总结】

从计算结果看，第三种方式的退税额与前两种方式相同。但是，在买断方式下，平高公司在缴纳增值税的同时还要按应纳增值税额的7%和3%分别缴纳城市维护建设税和教育费附加，而这一部分并不退税，实际上增加了税负。由此可见，平高公司采用最后一种方式出口商品最有利。

3.8.4 进料加工贸易方式下生产企业出口方式的纳税筹划

在进料加工贸易方式下，生产企业在选择出口方式时必须权衡来自国外的进口料件价格、生产企业将产品出售给关联外贸企业的不含税价格、出口产品离岸价（折合为人民币）三者之间的关系，从而选择最有利的出口方式。同时，生产企业选择自营或委托出口方式时，可通过调整国内料件与进口料件的投入比例进行纳税筹划，从而获得更多的税收利益。当国外进口料件价格与生产企业把出口产品销售给外贸企业的不含税价格的合计数小于本期出口产品总售价时，生产企业通过外贸企业出口有利于减轻增值税税负；同时，生产企业可利用销售价格进行纳税筹划，从而获取更多税收利益。当国外进口料件价格与生产企业把出口产品销售给外贸企业的不含税价格的合计数大于本期出口产品总售价时，生产企业自营（或委托）出口有利于减轻增值税税负。进一步研究可发现，在当期投入料件价格为定量时，生产企业可通过调整国内采购料件与国外进口料件的比例进行纳税筹划，并且进口料件所占比例越大，生产企业获得的税收利益越多。

案例3-17

A企业2020年度计划出口价值1 053万元的自产产品。产品无内销，当期投入进口料件的到岸价为600万元，国内采购料件的不含税价格为200万元。A企业适用的增值税税率为13%，出口退税率为10%，无上期留抵税金。试对此进行纳税筹划。

【筹划方案】

若A企业通过B企业出口，假设A企业以1 000万元的不含税价将产品售给B企业，B企业再以1 053万元出口，则A、B两关联企业当期应纳增值税额为4［1 000×（13%-10%）-200×13%］万元。

若A企业自营（或委托）出口，则A企业当期应纳增值税额为-12.41［(1 053-600)×（13%-10%）-200×13%］万元。

【筹划总结】

同样的外销收入却产生了不同的结果。从A、B两企业来看，A企业自营（或委托）出口实际应缴纳的增值税为-12.41万元，而通过外贸企业出口实际应缴纳的增值税是4万元。显然，A企业通过自营（或委托）出口有利于减轻增值税税负。另外，如果外贸企业出口货物受出口配额（出口许可证）限制，或外贸企业所在地出口退税指标不足，或某些人为原因影响正常出口退税，那么外贸企业可将已收购的货物委托或再调拨销售给其他外贸企业出口，在收汇后，前者由自己办理退税，后者由接受调拨货物的外贸企业办理退税。在这种方式下，双方都可自行结汇且无论谁办理出口退税都不影响退税，也能使企业在货物出口收汇后及时取得应退税款。

3.8.5 改变经营方式的纳税筹划

生产企业出口自产货物，按规定可以免征增值税（实际上是零税率），相应的进项税额抵减应纳增值税税额，未抵减完的部分予以退还。

企业为了合理避税，可以改变自身的经营方式。改变经营方式有很多种方法，比如成为供货商、代销、经销等。尤其是出口货物的企业，可以利用这种方式减少缴纳的增值税，从而获得更多利润。

案例 3-18

华盛公司为生产型中外合资企业，主要生产甲产品及经销乙产品，具有进出口经营权。该公司在国外有长期稳定的客户，每月对乙产品的需求量是 100 万件。该产品工艺比较简单，华盛公司未自行生产，而是从 A 加工厂购进后再将其销售给 B 外贸公司，由 B 外贸公司出口至国外客户（该公司不愿办理烦琐的出口手续，通过外贸公司出口）。该公司业务的有关情况如下。

（1）乙产品的制造成本为 225 万元。其中，材料成本为 200 万元（不含税价，且能全部取得 13% 的增值税专用发票）。A 加工厂以 250 万元的不含税价格将乙产品销售给华盛公司，其当月利润为 25 万元，进项税额为 26（200×13%）万元，销项税额为 32.5（250×13%）万元，应纳增值税税额为 6.5（32.5-26）万元。

（2）华盛公司以 250 万元的不含税价格购进乙产品，以 275 万元的不含税价格售出乙产品。该公司当月进项税额为 32.5（250×13%）万元，当月销项税额 35.75（275×13%）万元，应纳增值税税额为 3.25 万元，利润为 25 万元。

（3）B 外贸公司以 275 万元的不含税价（含税价 310.75 万元）购进乙产品，因华盛公司销售非自产货物无法开具税收缴款书，因此 B 外贸公司无法办理出口退税，购进成本应是含税价 310.75 万元，出口售价为 325 万元，利润为 14.25 万元，不缴税，不退税。

（4）乙产品适用的征税率和退税率均为 13%。

试对此进行纳税筹划。

【筹划方案】

根据华盛公司的实际情况，可选择以下方案进行纳税筹划。

方案一：改变华盛公司中间经销商的地位，变成华盛公司为 B 外贸公司向 A 加工厂代购乙产品，按照规范的代购程序由 A 加工厂直接将乙产品卖给 B 外贸公司，而华盛公司为 B 外贸公司代购货物应向其索取代理费。按该方案运作后，由于 A 加工厂属于生产型企业，其销售给 B 外贸公司的自产货物可开具税收缴款书，所以 B 外贸公司可凭该税收缴款书办理出口退税。具体操作如下。

（1）A 加工厂用 200 万元的价格购料加工后，以 250 万元的不含税价格开具增值税专用发票销售给 B 外贸公司，同时提供给 B 外贸公司税收缴款书。A 加工厂的进项税额为 26 万元，销项税额为 32.5 万元，应纳增值税额为 6.5 万元。

（2）华盛公司向 B 外贸公司收取 71.75 万元代购货物的代理费，应缴纳 4.06 [71.75÷(1+6%)×6%] 万元的增值税，利润为 67.69 万元。

（3）B 外贸公司以 250 万元的不含税价格购入货物，同时支付华盛公司 71.75 万元代理费。出口售价为 325 万元，利润为 3.25 万元，同时购货时应支付 32.5 万元的进项税额，货物出口后能取得32.5万元的出口退税，因此应纳增值税额为零。

按此方案，A加工厂和B外贸公司的利润及税负未变，而华盛公司利润增至67.69万元。

方案二：将华盛公司改为A加工厂的供货商，由华盛公司购入乙产品的原材料，并加上自己应得的利润后将原材料销售给A加工厂，再由A加工厂生产出成品后销售给B外贸公司，同时提供税收缴款书，由B外贸公司办理出口退税。具体操作如下。

（1）华盛公司以200万元的不含税价格购入材料，取得增值税专用发票，然后以271.75万元的不含税价将产品销售给A加工厂。当月进项税额为26万元，销项税额为35.328万元，应纳增值税税额为9.328万元，利润为71.75万元。

（2）A加工厂以271.75万元的不含税价购进产品，以321.75万元的不含税价将产品销售给B外贸公司，利润为50万元，进项税额为35.328万元，销项税额为41.828万元，应纳增值税税额为6.5万元，税负及利润额未改变。

（3）B外贸公司以310.75万元的不含税价购进产品，出口售价为325万元，利润为14.25万元，购货时支付的进项税额40.398万元在货物出口后可全额退税。因此，增值税税负为零，未发生变化。

按此方案，A加工厂和B外贸公司的利润及税负未变，但华盛公司的利润增至71.75万元，增值税税负增加了6.078（9.328-3.25）万元。

方案三：华盛公司以A加工厂应得利润25万元的额度整体租赁A加工厂生产乙产品的设备（含人工费等），将自购材料加工成成品后直接出口，使乙产品变成自产自销。这种方式下，华盛公司出口应享受生产企业的"免、抵、退"政策。由于购进200万元的材料相应取得26万元进项税额，该产品以325万元报关出口后可退增值税26万元，因此应纳增值税税额是零，其成本是250万元，销售价为325万元，利润为75万元。

【筹划总结】

以上三个方案中，经营方式的改变解决了一个根本问题，就是整个环节可以办理出口退税了。方案三最优，如果销量能够增长，出口离岸价能够提高，那么华盛公司应该选择方案三。

3.8.6 增值税"加计抵减"新政策的纳税筹划

3.8.6.1 税法相关规定

（1）加计抵减的期限和比例

自2019年4月1日至2021年12月31日，允许生产、生活性服务业纳税人按照当期可抵扣进项税额加计抵减应纳税额（以下简称加计抵减政策）。生产性服务业的加计抵扣比例为10%，生活性服务业的加计抵扣比例为15%。

生产、生活性服务业纳税人是指提供邮政服务、电信服务、现代服务、生活服务（以下简称四项服务）取得的销售额占全部销售额的比重超过50%的纳税人。

纳税人确定适用加计抵减政策后，当年内不再调整，以后年度是否适用，根据上年度销售额计算确定。

（2）加计抵减的起始期

①生产性服务业2019年3月31日前设立的纳税人，自2018年4月至2019年3月期

间的销售额（经营期不满 12 个月的，按照实际经营期的销售额）符合上述规定条件的，自 2019 年 4 月 1 日起适用 10% 加计抵减政策。

2019 年 4 月 1 日后设立的纳税人，自设立之日起 3 个月的销售额符合上述规定条件的，自登记为一般纳税人之日起适用 10% 加计抵减政策。

②生活性服务业 2019 年 9 月 30 日前设立的纳税人，自 2018 年 10 月至 2019 年 9 月期间的销售额（经营期不满 12 个月的，按照实际经营期的销售额）符合上述规定条件的，自 2019 年 10 月 1 日起适用 15% 加计抵减政策。

2019 年 10 月 1 日后设立的纳税人，自设立之日起 3 个月的销售额符合上述规定条件的，自登记为一般纳税人之日起适用 15% 加计抵减政策。

（3）计提加计抵减额的规定和计算

纳税人可计提但未计提的加计抵减额，可在确定适用加计抵减政策当期一并计提。纳税人应按照当期可抵扣进项税额的 10% 或 15% 计提当期加计抵减额，计算公式如下：

$$当期计提加计抵减额 = 当期可抵扣进项税额 \times 10\% 或 15\%$$

3.8.6.2 纳税筹划案例分析

案例 3-19

某平面设计公司符合进项税加计抵减的销售额比例条件。2020 年 12 月该公司取得不含增值税销售额 300 万元，发生进项税 12 万元，由于管理不善发生设计用具丢失，需作进项税额转出 1 万元。试为该公司进行纳税筹划。

【筹划方案】

（1）纳税筹划前的税负分析。

$$该公司当期抵减前应纳增值税 = 300 \times 6\% - (12-1) = 7（万元）$$

（2）纳税筹划后的税负分析。

由于该公司符合进项税加计抵减的销售额比例，所以应当计算其可抵扣金额。

$$申报表加计抵减额 = (12-1) \times 10\% = 1.1（万元）$$

$$该公司当期抵减后应纳增值税 = 7 - 1.1 = 5.9（万元）$$

【筹划总结】

企业应根据自身性质合理运用加计抵减政策，减少其应纳的增值税。

3.8.7 增值税结算方式的纳税筹划

3.8.7.1 税法相关规定

根据《增值税暂行条例》第十九条的规定，增值税纳税义务发生时间包括以下几个。

①发生应税销售行为，为收讫销售款项或者取得索取销售款项凭据的当天，先开具发票的，为开具发票的当天；

②进口货物，为报关进口的当天；

③增值税扣缴义务发生时间为纳税人增值税纳税义务发生的当天。

根据《增值税暂行条例实施细则》第三十八条的规定，收讫销售款项或者取得索取销售款项凭据的当天，按销售结算方式的不同，具体分为以下几种。

①采取直接收款方式销售货物，不论货物是否发出，均为收到销售款项或者取得索取销售款凭据的当天；

②采取托收承付和委托银行收款方式销售货物，为发出货物并办妥托收手续的当天；

③采取赊销和分期收款方式销售货物，为书面合同约定的收款日期的当天，无书面合同的或者书面合同没有约定收款日期的，为货物发出的当天；

④采取预收款方式销售货物，为发出货物的当天，但生产销售生产日期超过12个月的大型机器设备、船舶、飞机等货物，为收到预收款或者书面合同约定的收款日期的当天；

⑤委托其他纳税人代销货物，为收到代销单位的代销清单或者收到全部或者部分货物的当天。未收到代销清单及货款的，为发出代销货物满180天的当天；

⑥销售应税劳务，为提供劳务同时收讫销售款或者取得索取销售款凭据的当天；

⑦纳税人发生除将货物交付其他单位或者个人代销和销售代销货物以外的视同销售行为，为货物移送的当天。

3.8.7.2 纳税筹划案例分析

案例 3-20

甲公司委托乙公司代销一批货物。甲公司于2020年1月1日发出货物，2020年12月1日收到乙公司的代销清单和全部货款113万元。甲公司是按月缴纳增值税的企业。试为甲公司进行纳税筹划。

【筹划方案】

甲公司应当在发出代销货物满180天的当天计算增值税的纳税义务，即2020年6月28日计算增值税，应纳增值税=113÷（1+13%）×13%=13（万元）。甲公司应当在7月14日之前缴纳13万元的增值税（如有进项税额，可以抵扣进项税额后再缴纳）。

【筹划总结】

经过纳税筹划，甲公司为了避免在发出货物满180天时产生增值税的纳税义务，可以在发出货物179天时，即2020年6月27日，要求乙公司退还代销的货物，然后在2020年6月28日于乙公司重新办理代销货物手续。这样，甲公司就可以在实际收到代销清单及113万元的货款时计算13万元的增值税销项税额。

3.9 筹划风险与控制

3.9.1 纳税人筹划中的主要风险及其控制

从2009年1月1日起，我国开始实施新的《增值税暂行条例》，修订后的增值税条例删除了有关不得抵扣购进固定资产进项税额的规定，允许纳税人一次性抵扣购进固定资产的进项税额，对小规模纳税人不再设置工业和商业两档征收率，将征收率统一降至3%。因此，增值税转型改革及小规模征收率的降低为企业利用增值税纳税人身份筹划提供了广阔空间，但同时应注意筹划涉及的税收风险以及如何对风险进行有效的防范与控制。

(1) 违法违规风险

实务中，许多纳税人达到了增值税一般纳税人标准，但是从税负角度来看，往往保持小规模纳税人身份更为合算，于是许多企业采取"注销—登记—再注销"的反复操作，成为"长不大的小规模纳税人"。还有的企业规模已经超过一般纳税人规模，但为了仍然按小规模纳税人简易计税，在开票方面采取"化整为零"的策略，让他人代开发票、虚开发票等，逃避税务机关的监控。其实，这些做法蕴藏着巨大的违法违规筹划风险。按《增值税暂行条例实施细则》第三十四条第二款规定，除本细则第二十九条规定外，纳税人销售额超过小规模纳税人标准，未申请办理一般纳税人认定手续的，应按销售额依照增值税税率计算应纳税额，不得抵扣进项税额，也不得使用增值税专用发票。企业应充分重视违反政策的风险，积极进行事前税负测量，不能为了节税，乱用小规模纳税人身份。

案例 3-21

甲公司是 2018 年开业的原煤开采企业，为增值税一般纳税人，增值税税负在 9.5% 左右（实缴增值税/主营业务收入）。乙公司是甲公司新近收购并控股的原煤开采企业，该公司在 2019 年 1 月上旬刚注册，是增值税小规模纳税人，增值税税负为 3%（实缴增值税/主营业务收入）。两公司同在一个县内，相距 30 千米。为最大限度降低税收成本，公司股东提出了纳税筹划方案。针对乙公司作为小规模纳税人增值税实际税负低于甲公司一般纳税人税负的实际情况，甲公司可以将客户分为两类，第一类是需要增值税专用发票的一般纳税人客户，第二类是不需要增值税专用发票的小规模纳税人客户。

甲公司把第二类客户的业务交由乙公司负责生产并销售，以此来达到降低增值税税负的目的。对于第二类客户，因其不需要增值税专用发票，不同的销售主体（一般纳税人或小规模纳税人）含税定价相同，其成本不会发生变化。但因小规模纳税人的税负率为 3%，故乙公司销售比甲公司销售有优势，增值税税负下降 6.5 个百分点。

例如，2019 年某中学从甲公司购入原煤价税共计 500 万元，甲公司的收入为 442.48（500÷1.13）万元。如果改由乙公司销售给该中学，乙公司的收入为 485.44（500÷1.03）万元。以销售含税额 500 万元计算，转移给乙公司销售后可增加利润 42.96 万元。

该方案看似完美，但《增值税暂行条例实施细则》第二十八条规定，条例第十一条所称小规模纳税人的标准为：从事货物生产或者提供应税劳务的纳税人，以及以从事货物生产或者提供应税劳务为主，并兼营货物批发或者零售的纳税人年应征增值税销售额（以下简称应税销售额）在 500 万元以下（含本数，下同）的；第三十四条第二款规定除本细则第二十九条规定外纳税人销售额超过小规模纳税人标准，未申请办理一般纳税人认定手续的，应按销售额依照增值税税率计算应纳税额，不得抵扣进项税额，也不得使用增值税专用发票。

据此，上述乙公司销售额达到 500 万元就必须办理一般纳税人认定手续，而且根据《增值税暂行条例实施细则》第三十三条规定，除国家税务总局另有规定外，纳税人一经认定为一般纳税人后，不得转为小规模纳税人。可知此纳税人身份具有不可逆转性。

如果乙公司的销售额超过500万元而未申请办理一般纳税人认定手续，后果是十分严重的。乙公司的销售将按13%缴纳增值税，而且没有相应的进项税额可以抵扣，增值税税负将达到13%。

假设某工业企业账簿记载销售收入460万元，为小规模纳税人，当年缴纳税款13.8万元。经税务稽查部门稽查，发现该企业少计50万元收入，该企业当年的销售收入为510万元，超过了500万元的认定标准，而该企业未申请一般纳税人认定手续。根据《增值税暂行条例实施细则》第三十四条第二款规定，企业须补税：52（510×13%－13.8）万元，而不是补税1.5（50×3%）万元。

所以，虽然小规模纳税人的征收率降至3%，很多企业会有成为小规模纳税人的动力，但如果企业对新的条例把握不好，对视同销售收入等处理不当，造成税法上认可的销售收入超过500万元但企业未及时申报办理一般纳税人手续的，则需要补税。

(2) 片面性风险

实务中，纳税人在进行纳税人身份筹划时，没有从整体和全局的角度考虑风险，缺乏对筹划方案的综合全盘考虑。片面性风险在纳税人身份筹划上表现在以下几个方面：一是往往侧重从税负的角度进行分析，而忽略了企业所处的经营环境管理成本、发展阶段、产业链环节、出口退税等其他重要因素；二是往往只重视增值税税负测算，而忽略了不同纳税人身份适用不同的计税方法导致的税后净利润差别；三是只考虑筹划方案对自身带来的利益，忽视了利益相关方的影响。企业在进行纳税人身份筹划时，应综合考虑各个影响因素，选择涉税整体利益最大化的最佳方案。

3.9.2　征税范围筹划中的主要风险及其控制

"营改增"改革给不同行业带来不同的政策变动筹划风险。例如，从行业税负来看，小规模纳税人大多由原实行的5%营业税税率降为适用3%的增值税征收率，且以不含税销售额为计税依据，税负下降超过40%。部分现代服务业（有形动产租赁除外）虽然"营改增"税率由5%上升到6%，但转化成一般纳税人之后可以抵扣进项税额，所以大部分现代服务业纳税人税负均有不同程度的下降。而个别行业一般纳税人税负增加，比如交通运输业一般纳税人整体税负上升，其主要原因是交通运输业从原营业税的3%，提高到增值税的9%，企业可抵扣的进项税额有限，导致行业整体税负上升。企业应关注税制改革对企业自身利益的影响，积极进行相关筹划。

3.9.3　计税依据筹划中的主要风险及其控制

(1) 错误筹划风险

销售环节应注意价外费用筹划中的正确操作。实务中，许多企业对各种代收代垫款项并没有进行正确的纳税处理，又没有进行适当的纳税筹划，从而埋下税务风险与隐患。按会计制度规定，大多价外收费一般不在"产品销售收入"或"商品销售收入"科目中核算，而在"其他应付款""营业外收入"等科目中核算。这样，企业在实务中常出现对价外收费虽然在相应科目中进行了会计核算，但遗漏核算其销售税额；有的企业则既不按会计核算要求进行收入核算，又不按规定核算销项税额，而是将发生的价外收费直接冲减有关费用科目，这些做法都是逃避纳税的错误行为，是要受到处罚的。因此，纳税人对价外收费应按税法规定并按销售额计税予以高度重视，严格核查项价外收费，保证做到正确计税和会计核算。

采购环节筹划需要重点注意以下问题：选择的商家是否符合开具增值税专用发票的条件，在签订合同时是否就已明确需开具增值税专用发票，取得的发票是否符合抵扣条件，是否能在规定期限内取得可抵扣发票并及时传递，汇总开具的增值税专用发票与后附清单是否相符，取得的发票是否能够及时认证，不符合抵扣条件的是否能及时准确转出进项税额。另外，采购进项抵扣不能为多扣税而"张冠李戴"。

案例 3-22

北京某汽车 4S 店 2019 年度销售的汽车收入近 1 000 元，但售价与进价差距不大，扣除必要的成本后，几乎没有什么盈利。而事实上，该店 2019 年年底收到授权厂商拨付的广告费补助 22 万元、促销补贴 12 万元。

近年来，厂家返利已经成为汽车 4S 店经营业务的特色之一。通俗地讲，厂家返利就是汽车 4S 店以厂家制定的全国统一销售价格销售后，厂家直接依据销售规模或销售数量定额给予汽车 4S 店的奖励。厂家返利名目繁多，一般包括实销奖、达标奖、广告费支援、促销费补助、建店补偿等，返利方式既有资金返利，也有实物返利。不管是资金还是实物，按照税法规定，汽车 4S 店收到厂家返利后，必须按规定缴纳相应的增值税，而不能将其全部作为利润支配。但不少汽车 4S 店在这一点上处理不当，有意无意地逃避缴纳税款，税务风险极高。

税收专家表示，汽车 4S 店内部需加强财务管理，依法进行税务处理，同时规范经营方式，合理筹划，依法纳税，保证行业持续健康发展。

（2）方案选择风险

在各种促销方案筹划中，存在方案选择风险，即当纳税人选择一种筹划方案而放弃其他筹划方案可能带来的收益所存在的风险。如前所述，纳税筹划主要利用各种销售方式或采购方式中税法政策法规的差异或弹性通过不同方案进行分析、比较和综合判断，选择最为有利的方案。然而，不同方案具有各自的优缺点，受多种因素影响，纳税人选择的未必就是最优方案，而且最优方案也不是一成不变的。因此，企业的各种购销行为筹划中，不可避免地存在方案选择风险。对此，纳税人应有充分的估计，选择涉税整体利益最大化的方案，并及时进行动态调整。

案例 3-23

据商务部监测，在"国庆黄金周"中，全国各地车市十分火爆。北京、重庆、南京、西安等地的汽车 4S 店销售量增长比例均超过 50%，一些紧俏车型甚至出现断货。为了在异常激烈的市场竞争中扩大销售量，4S 店会推出各种形式的促销活动，既可以是降价销售，也可以是赠送礼品，还可以是赠送保险服务或维修保养服务。采用不同的促销方式，面临的税负是不同的，如果选择不当，就可能产生方案选择风险。

（3）认定差异风险

在各种促销方式中，税法仅是对符合条件的价格折扣给予按折扣之后的金额计税的规定，而其他众多促销方式，如实物折以旧换新、还本销售等，都必须全额纳税。于是，筹划的重点常常是将不能差额课税的促销销售方式巧妙地转化为可以差额课税的价格折扣，这样的操作在得到主管税务机关的认可方面存在着极大的税务风险。对此，纳税人应充分重视，规范操作，积极沟通，有效化解相关筹划风险。

(4) 政策变动风险

面对"营改增"，纳税人需要关注税负的变化，还要进一步关注税后利润的变化。税负的变化和税后利润的变化是不完全统一的，有的企业税负轻了，但是税后利润也减少了；有的企业税负重了，但是税后利润反而增多了。企业在测算税制改革的影响时，一定要测算税后利润变化，从而根据税后利润变化与企业上下游客户谈判，争取有利的交易价格。

对于"营改增"企业而言，"营改增"影响的不仅仅是货物和劳务税，也引起收入和成本费用的变化，进而影响企业的税后利润。因此，分析改革对税负的影响，应综合考虑营业税、增值税及因税前扣除和营业收入变化对企业利润的影响。

近年来我国增值税的税率变动较为频繁，纳税人应关注增值税的税率变动，避免产生政策变动的风险。

案例 3-24

假定交通运输劳务提供方甲公司当月因购进燃料承担的增值税进项税额是 10 元，当月为乙公司提供运输劳务的营业收入是 400 元，当月缴纳营业税 12 元。其他可税前扣除的成本、费用是 78 元。交通运输劳务接受方乙公司是增值税一般纳税人，当月支付的运费是 400 元，抵扣进项税额 28 元。假定改革后，交通运输业适用 9% 的税率，含税的运费仍是 400 元。

按照上述数据，改革前，甲公司当月应纳税所得额为 300 (400-10-12-78) 元，应纳企业所得税 75 元，税后利润 225 元。改革后，甲公司应纳增值税 23.03 [400÷(1+9%)×9%-10] 元，应纳税所得额 288.97 [400÷(1+9%)-78] 元，应纳企业所得税 72.24 元，税后利润为 216.73 (288.97-72.24) 元，税后利润减少了 8.27 元。

甲公司税后利润的下降主要是由税负的增加引起的。改革前，甲公司按 3% 的税率缴纳营业税 12 元，改革后虽然可以抵扣进项税额，但缴纳的增值税为 29.64 元。综合考虑进项税额、营业税对企业所得税的影响，甲公司改革后税负总体有所增加。

甲公司在成本不变的情况下，为了抵消改革带来的不利影响，可以通过涨价的方式，保持税后利润不变。那么涨价多少才能保持税后利润不变呢？

假设应涨价 X 元，即价格达到 $(400+X)$ 元后，税后利润保持不变。可以根据以下公式中求出 X 值：$[(400+X)÷(1+9\%)-78]×75\%=225$，求出 $X=12.02$ 元。

也就是说，甲公司将含税价格上涨到 412.02 元，可以保持与改革前相同的税后利润水平。接下来的问题是接受甲公司劳务的乙公司会同意涨价吗？这就需要甲公司从税负变化的角度去说服乙公司。

乙公司改革前支付 400 元运费，可以抵扣进项税额 28 元，所得税税前扣除为 372 元；改革后其可以抵扣的进项税额提高到 33.03 元，在销项税额不变的情况下，可以少缴增值税 5.03 (33.03-28) 元。双方可以通过谈判实现利益共享。

3.10 增值税实务疑难解答

【实务释疑1】我公司既有简易计税项目,又有一般计税项目,营改增后购进办公用不动产既用于简易计税项目,又用于一般计税项目,能否抵扣进项税额?

答:根据《中华人民共和国增值税暂行条例》的规定,下列项目的进项税额不得从销项税额中抵扣:用于简易计税方法计税项目、免征增值税项目、集体福利或者个人消费的购进货物、劳务、服务、无形资产和不动产。其中涉及的固定资产、无形资产、不动产,仅指专用于上述项目的固定资产、无形资产(不包括其他权益性无形资产)、不动产。因此,纳税人营改增后购进办公用不动产,能够取得增值税专用发票,并且不是专用于简易计税办法计税项目的(既用于简易计税项目,又用于一般计税项目),按照规定可以抵扣进项税额。

【实务释疑2】我公司为一家制种企业,请问销售种子是否免税?

答:根据《国家税务总局关于制种行业增值税有关问题的公告》(国家税务总局公告2010年第17号)的规定,制种企业在下列生产经营模式下生产销售种子,属于农业生产者销售自产农业产品,应根据《中华人民共和国增值税暂行条例》有关规定免征增值税:(1)制种企业利用自有土地或承租土地,雇佣农户或雇工进行种子繁育,再经烘干、脱粒、风筛等深加工后销售种子;(2)制种企业提供亲本种子委托农户繁育并从农户手中收回,再经烘干、脱粒、风筛等深加工后销售种子。该公告自2010年12月1日起施行。

【实务释疑3】我公司是一家从事电力产品经营的企业,现有部分用户需要临时用电,与我公司签订了临时用电协议,并缴纳了一定数额的保证金,我公司将逾期未退还的保证金作为"营业外收入"。请问逾期未退还的保证金是否应作为价外费用计算缴纳增值税?

答:根据《电力产品增值税征收管理办法》(国家税务总局令第10号)第三条规定,电力产品增值税的计税销售额为纳税人销售电力产品向购买方收取的全部价款和价外费用,但不包括收取的销项税额。价外费用是指纳税人销售电力产品在目录电价或上网电价之外向购买方收取的各种性质的费用。供电企业收取的电费保证金,凡逾期(超过合同约定时间)未退还的,一律并入价外费用计算缴纳增值税。

【实务释疑4】我公司是一家工业企业,在促销过程中采购了一些礼品(如皮包、水杯等)送给客户,请问购进礼品的进项税额能否抵扣?

答:根据《增值税暂行条例实施细则》第四条规定,单位或者个体工商户将自产、委托加工或者购进的货物无偿赠送其他单位或者个人的行为,视同销售货物,须计算销项税额,因此,购进货物的进项税额相应地可以抵扣。

【实务释疑5】我公司购买货物并取得供应商开具的增值税专用发票,但供应商却委托另一个公司收款,即我公司作为购货方将货款支付给另一个公司。请问我公司取得的增值税专用发票上的进项税额能否抵扣?

答:根据《国家税务总局关于加强增值税征收管理若干问题的通知》(国税发〔1995〕15号)第一条第(三)项规定,纳税人购进货物或应税劳务,支付运输费用,所支付款项的单位必须与开具抵扣凭证的销货单位、提供劳务的单位一致,才能申报抵扣进项税额,否则不予抵扣。

【实务释疑6】我公司为一般纳税人，本年6月购买的用于企业内部职工食堂的炊具设备，其进项税额能否抵扣？

答：根据《增值税暂行条例》的规定，下列项目的进项税额不得从销项税额中抵扣：用于简易计税方法计税项目、免征增值税项目、集体福利和个人消费的购进货物、劳务、服务、无形资产和不动产。根据上述规定，企业内部职工食堂的炊具设备属于集体福利，所以其进项税额不得抵扣。

【实务释疑7】我公司因地震发生的原材料损失是否属于非正常损失？需要做进项税额转出吗？

答：根据《增值税暂行条例》第十条第（二）项规定，非正常损失的购进货物，以及相关的劳务和交通运输服务的进项税额不得从销项税额中抵扣。同时根据《增值税暂行条例实施细则》第二十四条规定，《增值税暂行条例》第十条第（二）项所称非正常损失是指因管理不善造成被盗、丢失、霉烂变质的损失。《营业税改征增值税试点实施办法》第二十八条规定，非正常损失是指因管理不善造成货物被盗、丢失、霉烂变质，以及因违反法律法规造成货物或者不动产被依法没收、销毁、拆除的情形。因地震发生的原材料损失，属于自然灾害造成的损失，不属于《增值税暂行条例》及其实施细则规定的非正常损失范围，不作进项税额转出处理。

【实务释疑8】我公司为增值税一般纳税人，向小规模纳税人销售货物时能否开具增值税专用发票？

答：根据《增值税暂行条例》第二十一条规定，纳税人发生应税销售行为，应当向索取增值税专用发票的购买方开具增值税专用发票，并在增值税专用发票上分别注明销售额和销项税额。

属于下列情形之一的，不得开具增值税专用发票。

（1）应税销售行为的购买方为消费者个人的。

（2）发生应税销售行为适用免税规定的。

根据《增值税专用发票使用规定》第十条规定，商业企业一般纳税人零售的烟、酒、食品、服装、鞋帽（不包括劳保专用部分）、化妆品等消费品不得开具增值税专用发票。税法并没有明确规定一般纳税人不得向小规模纳税人开具增值税专用发票。如果增值税一般纳税人向小规模纳税人的销售行为不属于上述规定的不得开具增值税专用发票的情形，在购买方索取的情况下，增值税一般纳税人可以向小规模纳税人开具增值税专用发票。但因小规模纳税人不能抵扣进项税额，所以一般纳税人通常向小规模纳税人开具增值税普通发票。

【实务释疑9】我公司为一家建筑公司，为增值税一般纳税人。我公司提供建筑服务适用简易计税方法计税，是否需要备案？

答：根据《国家税务总局关于国内旅客运输服务进项税抵扣等增值税征管问题的公告》（国家税务总局公告2019年第31号）的规定，提供建筑服务的一般纳税人按规定适用或选择适用简易计税方法计税的，自2019年10月1日起不再实行备案制。以下证明材料无须向税务机关报送，改为自行留存备查：①为建筑工程老项目提供的建筑服务，留存《建筑工程施工许可证》或建筑工程承包合同；②为甲供工程提供的建筑服务、以清包工方式提供的建筑服务，留存建筑工程承包合同。因此，提供建筑服务适用简易计税，不再需要备案。

引例解答

方案一：让利（折扣）20%销售。

在这种方式下，公司销售100元的商品只收取80元，成本为70元。

应纳的增值税=（80-70）÷（1+13%）×13%=1.15（元）

利润总额=（80-70）÷（1+13%）-6=2.85（元）

应纳企业所得税=2.85×25%=0.71（元）

净利润=2.85-0.71=2.14（元）

方案二：赠送20%的购物券。

在这种方式下，相当于公司赠送20元商品。赠送行为视同销售，应计算销项税额，缴纳增值税。

赠送商品成本=20×（1-30%）=14（元）

应纳的增值税=（100-70）÷（1+13%）×13%+（20-14）÷（1+13%）×13%=3.45+0.69=4.14（元）

利润总额=（100-70）÷（1+13%）-14÷（1+13%）-6=26.55-12.39-6=8.16（元）

由于赠送的商品成本及应纳的增值税不允许在企业所得税前扣除，则：

应纳企业所得税=[（100-70）÷（1+13%）-6]×25%=20.55×25%=5.14（元）

净利润=8.16-5.14=3.02（元）

综合比较，华润公司应该选择方案二。

本章小结

增值税是我国的第一大税种，有其自身的特征。根据财务状况的不同，增值税纳税人分为一般纳税人和小规模纳税人，各自有规定的税率和应纳税额的计算方法。在我国境内销售和进口货物、提供劳务、销售服务、无形资产和不动产，均属于增值税的纳税范围；此外还有视同销售或提供劳务行为或兼营行为的纳税范围特别规定。计算增值税，要注意不同情况下增值税纳税义务的确认、销项税额的计算、准予抵扣进项税额与不得抵扣进项税额的区分和计算，确定应纳税所得额。

知识链接

增值税税率的变化对消费者的影响是综合性的，覆盖范围广阔，不仅涉及衣食住行、日常生活，也在纵深改变整个社会消费环境，渗透于消费者购买行为全过程。增值税改革，不仅仅是一项税制改革，更超越税制本身，不仅是减轻负担、疏解民生焦虑的惠民之举，同时也是促进结构调整、催生发展内生动力的有效措施。

章节小测试

一、单项选择题

1. 不得从销项税额中抵扣的进项税额是（　　）。
   A. 增值税一般纳税人购进小规模纳税人购买的农产品
   B. 从海关取得的完税凭证上注明的增值税额
   C. 从销售方取得的增值税专用发票上注明的增值税额
   D. 非正常损失的在产品所耗用的购进货物

2. 20×1年2月，境外公司为我国A企业提供技术咨询服务，A企业向其支付含税价款200万元，该境外公司在境内未设立经营机构，则A企业应当扣缴的增值税税额为（　　）万元。
   A. 0　　　　　B. 5.83　　　　　C. 11.32　　　　　D. 12

3. 商业企业一般纳税人零售下列货物，可以开具增值税专用发票的是（　　）。
   A. 烟、酒　　　B. 办公用品　　　C. 化妆品　　　D. 食品

4. 企业发生的下列行为中，需要计算缴纳增值税的是（　　）。
   A. 取得存款利息　　　　　　　　B. 获得保险赔偿
   C. 取得中央财政补贴　　　　　　D. 取得贷款利息

5. 根据增值税法律制度的规定，企业发生下列行为中，不属于视同销售货物行为的是（　　）。
   A. 将购进的货物作为投资提供给其他单位
   B. 将自产的货物用于集体福利
   C. 将委托加工的货物分配给股东
   D. 将购进的货物用于个人消费

6. 根据增值税法律制度的规定，下列各项中，属于免税项目的是（　　）。
   A. 超市销售保健品　　　　　　　B. 外贸公司进口供残疾人专用的物品
   C. 商场销售儿童玩具　　　　　　D. 外国政府无偿援助的进口物资

7. 下列各项中，不属于混合销售行为的是（　　）。
   A. 某电脑制造公司在销售电脑的同时又为该客户提供运输服务
   B. 某建材商店在销售建材的同时又为其他客户提供装饰服务
   C. 某邮政企业销售集邮商品的同时又为客户提供邮政服务
   D. 某塑钢门窗销售商店在销售外购塑钢门窗的同时又为该客户提供安装服务

8. 下列关于增值税纳税义务发生时间的表述中，不正确的是（　　）。
   A. 纳税人提供应税劳务的，为提供劳务同时收取销售款项或者取得索取销售款项凭据的当天
   B. 纳税人采取委托银行收款方式销售货物的，为发出货物并办妥托收手续的当天
   C. 纳税人采取直接收款方式销售货物的，为发出货物的当天
   D. 纳税人进口货物的，为报关进口的当天

9. 下列各项中说法中，正确的是（　　）。
   A. 采取折扣销售方式的，销售额为扣除折扣后的金额

B. 采取还本销售方式的，不得从销售额中减除还本支出
C. 采取以旧换新方式的，销售额为实际收取的全部价款
D. 采取以物易物方式的，以实际收取的差价款为销售额

10. 下列情况中，外购货物发生的进项税额准予抵扣的是（　　）。
A. 将外购货物用于免征增值税项目　　B. 将外购货物用于交际应酬消费
C. 将外购货物用于对外捐赠　　　　　D. 将外购货物用于简易计税项目

二、多项选择题

1. 企业在产品销售过程中，在应收一时无法收回或部分无法收回的情况下，可选择（　　）结算方式避免垫付税款。
A. 赊销　　　　　B. 托收承付　　　C. 分期收款　　　D. 委托收款

2. 下列促销方式中，按照促销后的价格计入销售额的有（　　）。
A. 折扣销售　　　B. 销售折扣　　　C. 销售折让　　　D. 实物折扣

3. 以下农产品中，采用9%税率的有（　　）。
A. 干姜　　　　　　　　　　　　　B. 麦芽
C. 人发　　　　　　　　　　　　　D. 符合规定的巴氏杀菌乳

4. 下列各项中，增值税进项税额不得抵扣的有（　　）。
A. 甲公司将外购的房屋作为集体宿舍，以福利方式供员工住宿
B. 乙公司因违法经营被强令烧毁一批货物造成的损失
C. 丙公司用外购的机器设备作为出资投资给其他公司
D. 丁公司接受某银行的贷款服务

5. 下列关于增值税纳税地点的表述中，正确的有（　　）。
A. 固定业户应当向其机构所在地的主管税务机关申报纳税
B. 非固定业户销售货物或者应税劳务，应当向销售地或者劳务发生地的主管税务机关申报纳税
C. 进口货物，应当向报关地海关申报纳税
D. 扣缴义务人应当向其机构所在地或者居住地的主管税务机关申报缴纳其扣缴的税款

三、判断题

1. 增值税属于价内税。　　　　　　　　　　　　　　　　　　　　（　　）
2. 进口货物，纳税义务发生时间为报关进口的当天。　　　　　　　（　　）
3. 销售折扣和折扣销售都是按照折扣后的金额作为销售额。　　　　（　　）
4. 个人销售自建自用住房免征增值税。　　　　　　　　　　　　　（　　）
5. 淀粉的增值税税率为9%。　　　　　　　　　　　　　　　　　　（　　）

四、简答题

1. 简述混合销售和兼营行为的区别。
2. 准予从销项税额中抵扣的进项税额有哪些？
3. 简述增值税起征点和免征额。
4. 简述代销与经销的纳税筹划。

五、思考题

1. 如何看待增值税的纳税筹划？

2. 各种折扣下纳税筹划的重点是什么？主要筹划方向和方法有哪些？

3. 怎样做好增值税混合销售和兼营行为的纳税筹划？

4. 视同销售行为有哪些？

六、案例分析题

1. 某制药企业是增值税一般纳税人，于2019年8月以20 000元的价格购进货物。该企业从一般纳税人处购进货物，可获得2 301（20 000÷1.13×13%）元的增值税进项税额抵扣。该企业从小规模纳税人处购进货物，可获得583（20 000÷1.03×3%）元的增值税进项税额抵扣。该企业从个体工商业户处购进货物实际净损失达2 288（2 301−583）元。请进行增值税的纳税筹划。

2. 某人计划开办一家生产型企业，预计年含税销售额为140万元，会计核算制度比较健全，符合一般纳税人的条件，进项税额为13万元，一般纳税人适用的增值税税率为13%，差额征税；小规模纳税人适用的征收率为3%，全额征税。在两种标准下，该企业的增值税适用何种方式计征呢？该企业是认定一般纳税人，还是认定小规模纳税人好呢？对此进行纳税筹划。

3. A公司是一个服装生产企业。假设该公司每套服装的不含税售价为200元，成本为150元。2019年，A公司销售服装100万件，可抵扣的增值税进项税额为1 000万元。B公司是专门从事服装零售的大型企业，A公司的服装全部由B公司负责销售。B公司相应的企业所得税税前的除流转税外的扣除项目的金额为1 000万元。A公司和B公司适用的企业所得税税率均为25%，增值税税率为13%，城市维护建设税税率为7%，教育费附加为3%，B公司代销手续费的增值税税率为6%。对此纳税筹划。

第 4 章 消费税纳税筹划

🎯 知识目标

1. 了解消费税的基本法律制度。
2. 熟悉并掌握消费税的征税范围、纳税筹划的基本方法。
3. 掌握消费税的征收范围、税目、税率、计税依据及纳税环节。
4. 掌握各种纳税方案的设计。
5. 掌握不同纳税方案的应纳税款的计算。
6. 理解与消费税纳税筹划的风险与控制。

🎯 能力目标

1. 熟练掌握消费税应纳税额的计算。
2. 能运用理论知识对经济业务进行纳税筹划。
3. 能规避公司的税务风险。

🎯 素质目标

1. 熟悉相关的法律制度,关注最新税法政策,提高政治、法律意识。
2. 提升辩证思维和使命担当,传承团队精神和奉献精神。
3. 具备良好的职业道德素养和心理素质,树立正确的世界观、人生观、价值观,并能对消费税进行纳税筹划。

知识框架图

消费税纳税筹划 →
- 消费税概述
- 生产环节的纳税筹划
- 改变加工方式的纳税筹划
- 连续生产和委托加工应税行为的纳税筹划
- 包装物押金的纳税筹划
- 兼营行为的纳税筹划
- 应税消费品视同销售的纳税筹划
- 利用消费税计税依据的纳税筹划
- 延长纳税期限的纳税筹划
- 进口环节的纳税筹划
- 出口环节的纳税筹划
- 消费税税收优惠及其他方面的纳税筹划
- 消费税纳税筹划风险与控制
- 消费税实务疑难解答

引 例

消费税纳税筹划中的平衡点

企业纳税筹划中的平衡点是指在两种不同情况下企业税负、成本、税后利润或企业价值（应根据不同情况而定）相同的分界点。因为在分界点上下企业利益一般存在较大差别，所以寻找与计算平衡点成为税务筹划的重要方法之一。由于消费税税率差别大、跳跃性强，因此平衡点的计算比较多。本章将重点讲解企业经营方式选择中的消费税纳税筹划问题。

在外购未税与已税原材料、自行加工与委托加工以及消费品价格制定中的平衡点应分别如何计算？

引例解析见本章最后部分。

4.1 消费税概述

4.1.1 消费税的概念和特点

4.1.1.1 消费税的概念

消费税是指对在我国境内从事生产、委托加工及进口应税消费品的单位和个人征收的一种流转税,是对特定的消费品和消费行为在特定环节征收的一种间接税。

4.1.1.2 消费税的特点

消费税具有以下特点。

①消费税征税项目具有选择性。消费税以税法规定的特定产品为征税为对象,即国家可以根据宏观产业政策和消费政策的要求,有目的、有重点地选择一些消费品征收消费税,以适当地限制某些特殊消费品的消费需求。

②按不同的产品设计不同的税率,同一产品同等纳税。

③消费税是价内税,是价格的组成部分。

④消费税实行从价定率、从量定额以及从价从量复合计征三种方法征税。应纳税额按以下公式计算:

$$实行从价定率办法计算的应纳税额 = 销售额 \times 适用税率$$
$$实行从量定额办法计算的应纳税额 = 销售数量 \times 单位税额$$

⑤消费税征收环节具有单一性。

⑥消费税税收负担具有转嫁性,最终都转嫁到消费者身上。

4.1.2 消费税的征税范围

消费税的征税范围总体来说包括生产、委托加工、进口、零售等环节。其中,生产应税消费品的销售环节是消费税征收的主要环节;指定环节一次性缴纳,其他环节不再缴纳。委托加工应税消费品是指委托方提供原料和主要材料,受托方只收取加工费和代垫部分辅助材料加工的应税消费品。委托加工的应税消费品收回后,再继续用于生产应税消费品销售的,其加工环节缴纳的消费税款可以扣除。进口环节缴纳的消费税由海关代征。零售环节征收消费税的金银首饰仅限于金基、银基合金首饰以及金、银和金基、银基合金的镶嵌首饰。

4.1.3 消费税的税目及税率

消费税的税目包括:①烟;②酒;③高档化妆品;④贵重首饰及珠宝玉石;⑤鞭炮、焰火;⑥成品油;⑦摩托车;⑧小汽车;⑨高尔夫球及球具;⑩高档手表;⑪游艇;⑫木制一次性筷子;⑬实木地板;⑭电池;⑮涂料。

消费税税率属于差别税率,具体采用比例税率、定额税率和复合税率三种形式。消费税税率和全国平均成本利润率如表4-1所示。

表 4-1　消费税税率和全国平均成本利润率

税目	定额税率	比例税率	全国平均成本利润率
一、烟			
1. 卷烟			
（1）甲类卷烟（生产或进口环节）	0.003 元/支	56%	10%
（2）乙类卷烟（生产或进口环节）	0.003 元/支	36%	5%
（3）批发环节	0.005 元/支	11%	
2. 雪茄烟		36%	5%
3. 烟丝		30%	5%
二、酒			
1. 白酒			
（1）粮食白酒	0.5 元/500 克或 500 毫升①	20%	10%
（2）薯类白酒	0.5 元/500 克或 500 毫升	20%	5%
2. 黄酒	240 元/吨		
3. 啤酒			
（1）甲类啤酒	250 元/吨		
（2）乙类啤酒	220 元/吨		
4. 其他酒		10%	5%
三、高档化妆品		15%	5%
四、贵重首饰及珠宝玉石			
1. 金银首饰、铂金首饰和钻石及钻石饰品		5%	6%
2. 其他贵重首饰和珠宝玉石		10%	6%
五、鞭炮、焰火		15%	5%
六、成品油			
1. 汽油			
（1）含铅汽油	1.52 元/升②		
（2）无铅汽油	1.52 元/升		
2. 石脑油	1.52 元/升		
3. 溶剂油	1.52 元/升		
4. 润滑油	1.52 元/升		
5. 柴油	1.2 元/升		
6. 航空煤油	1.2 元/升		
7. 燃料油	1.2 元/升		
七、摩托车			
1. 气缸容量为 250 毫升的		3%	6%
2. 气缸容量为 250 毫升以上的		10%	6%

---

①　1 毫米＝1 立方厘米。
②　1 升＝1 立方分米。

续表

税目	定额税率	比例税率	全国平均成本利润率
八、小汽车			
1. 乘用车			
（1）排气量（汽缸容量，下同）≤1.0升		1%	8%
（2）1升<排气量≤1.5升		3%	8%
（3）1.5升<排气量≤2.0升		5%	8%
（4）2.0升<排气量≤2.5升		9%	8%
（5）2.5升<排气量≤3.0升		12%	8%
（6）3.0升<排气量≤4.0升		25%	8%
（7）排气量>4.0升		40%	8%
2. 中轻型商用客车		5%	5%
3. 超豪华小汽车（零售环节）		10%	
九、高尔夫球及球具		10%	10%
十、高档手表［销售价格（不含增值税）每只在10 000（含）元以上］		20%	20%
十一、游艇		10%	10%
十二、木制一次性筷子		5%	5%
十三、实木地板		5%	5%
十四、电池 　（无汞原电池、金属氢化物镍蓄电池、锂原电池、锂离子蓄电池、太阳能电池、燃料电池和全钒液流电池免征）		4%	
十五、涂料 　［施工状态下挥发性有机物含量低于420克/升（含）免征］		4%	

注1：甲类卷烟调拨价70元（不含增值税）/条以上（含70元）；乙类卷烟调拨价70元（不含增值税）/条以下。

2：甲类啤酒每吨啤酒出厂价格（含包装物及包装物押金）在3 000元（含3 000元，不含增值税）以上，娱乐业、饮食业自制啤酒；乙类啤酒每吨啤酒出厂价格在3 000元（不含3 000元，不含增值税）以下。

4.1.4 消费税的计税依据

从价定率计税方法下应纳税额计算公式为：
$$应纳税额 = 销售额 \times 比例税率$$
从量定额计税方法下应纳税额计算公式为：
$$应纳税额 = 销售数量 \times 定额税$$
从价从量复合计税方法下应纳税额计算公式为：
$$应纳税额 = 销售额 \times 比例税率 + 销售数 \times 定额税率$$

4.1.5 消费税应纳税额的计算

(1) 纳税人自产自用的应税消费品

纳税人自产自用的应税消费品,按照纳税人生产的同类消费品的销售价格计算纳税;没有同类消费品销售价格的,按照组成计税价格计算纳税。

实行从价定率办法计算纳税的组成计税价格计算公式:

$$组成计税价格 = (成本+利润) \div (1-比例税率)$$

实行复合计税办法计算纳税的组成计税价格计算公式:

$$组成计税价格 = (成本+利润+自产自用数量 \times 定额税率) \div (1-比例税率)$$

(2) 委托加工的应税消费品

委托加工的应税消费品,按照受托方的同类消费品的销售价格计算纳税;没有同类消费品销售价格的,按照组成计税价格计算纳税。

实行从价定率办法计算纳税的组成计税价格计算公式:

$$组成计税价格 = (材料成本+加工费) \div (1-比例税率)$$

实行复合计税办法计算纳税的组成计税价格计算公式:

$$组成计税价格 = (材料成本+加工费+委托加工数量 \times 定额税率) \div (1-比例税率)$$

(3) 进口的应税消费品

进口的应税消费品,按照组成计税价格计算纳税。

实行从价定率办法计算纳税的组成计税价格计算公式:

$$组成计税价格 = (关税完税价格+关税) \div (1-消费税比例税率)$$

实行复合计税办法计算纳税的组成计税价格计算公式:

$$组成计税价格 = (关税完税价格+关税+进口数量 \times 消费税定额税率) \div (1-消费税比例税率)$$

4.1.6 消费税的纳税环节

消费税的征税范围包括生产、委托加工、进口、零售、移送使用应税消费品及卷烟批发,分别在相应的环节征税。

(1) 对生产应税消费品在生产销售环节征税

生产应税消费品销售是消费税征收的主要环节,因为一般情况下,消费税具有单一环节征税的特点,对于大多数消费税应税商品而言,在生产销售环节征税以后,流通环节不再缴纳消费税。纳税人生产应税消费品,除了直接对外销售应征收消费税外,如将生产的应税消费品换取生产资料、消费资料、投资入股、偿还债务,以及用于继续生产应税消费品以外的其他方面,都应缴纳消费税。

另外,工业企业以外的单位和个人的下列行为,也应视为应税消费品的生产行为,按规定征收消费税:①将外购的消费税非应税产品作为消费税应税产品对外销售的;②将外购的低税率应税产品以高税率应税产品对外销售的。

(2) 对委托加工应税消费品在委托加工环节征税

委托加工应税消费品是指委托方提供原料和主要材料,受托方只收取加工费和代垫部分辅助材料加工的应税消费品。由受托方提供原材料或其他情形的一律不能视同加工应税消费品。委托加工的应税消费品收回后,再继续用于生产应税消费品销售且符合现行政策规定的，其加工环节缴纳的消费税款可以扣除。

（3）对进口应税消费品在进口环节征税

单位和个人进口属于消费税征税范围的货物，在进口环节要缴纳消费税。为了减少征税成本，进口环节缴纳的消费税由海关代征。

（4）对零售应税消费品在零售环节征税

经国务院批准，自1995年1月1日起，金银首饰消费税在生产销售环节征收改为在零售环节征收。改在零售环节征收消费税的金银首饰仅限于金基、银基合金首饰及金、银和金基、银基合金的镶嵌首饰，零售环节适用税率为5%，在纳税人销售金银首饰、钻石及钻石饰品时征收。

（5）对移送使用应税消费品在移送使用环节征税

如果企业在生产经营的过程中，将应税消费品移送用于加工非应税消费品，则应对移送部分的应税消费品征收消费税

（6）对批发卷烟在卷烟的批发环节征税

与其他消费税应税商品不同的是，卷烟除了在生产销售环节征收消费税外，还在批发环节征收一次。纳税人兼营卷烟批发和零售业务的，应当分别核算批发和零售环节的销售额、销售数量；未分别核算批发和零售环节销售额、销售数量的，按照全部销售额、销售数量计征批发环节消费税。纳税人之间销售的卷烟不缴纳消费税。卷烟批发企业的机构所在地、总机构与分支机构不在同一地区的，由总机构申报纳税。卷烟消费税在生产和批发两个环节征收后，批发企业在计算纳税时不得扣除已含的生产环节的消费税税款。

4.2　生产环节的纳税筹划

4.2.1　税法相关规定

《消费税暂行条例》第一条规定："在中华人民共和国境内生产、委托加工和进口本条例规定的消费品的单位和个人，以及国务院确定的销售本条例规定的消费品的其他单位和个人，为消费税的纳税人，应当依照本条例缴纳消费税。"基于此规定，纳税人从事应税消费品生产销售的，其纳税环节一般是应税消费品的生产销售环节；且纳税人用于换取生产资料和消费资料、投资入股和抵偿债务、支付代购手续费以及在销售之外另付给购货方或中间人作为奖励和报酬的应税消费品，也属于销售范畴；纳税人将自产自用应税消费品用于连续生产应税消费品以外的其他方面，应在移送使用环节纳税；委托加工应税消费品的纳税环节确定在委托方提货时，由受托方代收代缴税款；进口的应税消费品，纳税环节确定在报关进口环节。但是，对于金银首饰则改在零售环节课征，即我国的消费税除金银首饰改在零售环节课税以外，其他应税消费基本在生产制作环节课税。

4.2.2　纳税筹划案例分析

案例 4-1

某化妆品生产厂家生产的高档化妆品，假设正常生产环节的售价为每套400元，适用

消费税税率为15%，则该厂应纳消费税为60（400×15%）元。生产成本为X，则该企业税前利润为（400-60-X）元。请提出该厂的纳税筹划方案。

【筹划方案】

倘若该厂设立一个独立核算的分公司负责对外销售，向该分公司供货时价格定为每套200元，则该厂在转移产品时须缴纳消费税为：200×15%＝30（元）。

该厂向分公司转移价格200元。该分公司对外零售商品时不需要缴纳消费税，没有消费税负担。生产成本为X，则该企业（包括分公司）税前利润为：400-30-X＝370-X（元）。通过这种纳税筹划，该企业每套商品少纳消费税30元。

【筹划总结】

可见，以较低的销售价格将应税消费品销售给独立核算的销售分公司，由于处在销售环节，只缴纳增值税不缴纳消费税，可使纳税人的整体消费税税负下降，但这种方法并不影响纳税人的增值税税负。

案例 4-2

某小汽车生产厂生产气缸容量在2.0升以上至2.5升（含2.5升）的小汽车；正常小汽车的出厂价为128 000元/辆，适用税率为9%。而该厂分设了独立核算的经销部，经销部供货时价格定为98 000元/辆，当月出厂小汽车200辆。请分析分设经销部后该企业的消费税税负变化。

【筹划方案】

厂家直接销售，应纳消费税额为：128 000×200×9%＝2 304 000（元）；由经销部销售，应纳消费税额为：98 000×200×9%＝1 764 000（元）。

【筹划总结】

由此，企业可节省消费税：2 304 000-1 764 000＝540 000（元）。

案例 4-3

某生产企业生产应税消费品，当月生产A型消费品成本36万元，对外销售不含增值税价格为80万元。当月生产B型消费品成本14万元，发给企业职工。该消费品消费税税率为10%，全国平均成本利润率为5%。对外销售应纳消费税＝800 000×10%＝80 000（元）；自产自用应纳消费税＝140 000×（1+5%）/（1-10%）×10%＝16 333.33（元）增值税销项税额＝140 000×（1+5%）/（1-10%）×13%＝21 233.33（元）。该生产企业应如何进行纳税筹划？

【筹划方案】

在分摊共同费用时，尽量减少B型消费品成本，增加A型消费品成本。比如，将B型消费品成本4万元转移到A型，则A型消费品成本40万元，此时，

B型消费品成本10万元对外销售应纳消费税＝800 000×10%＝80 000（元）

自产自用应纳消费税＝100 000×（1+5%）/（1-10%）×10%＝11 666.67（元）

增值税销项税额＝100 000×（1+5%）/（1-10%）×13%＝15 166.67（元）

【筹划总结】

通过筹划，节省消费税46 666.66（16 333.33-11 666.67）元，节省增值税6 066.66（21 233.33-15 166.67）元。

案例 4-4

某卷烟生产企业，购进烟丝用于生产卷烟。2021 年 5 月初库存外购应税烟丝金额 50 万元（不含增值税，下同），当月又外购应税烟丝金额 500 万元，月末库存烟丝金额 30 万元，其余被当月生产卷烟领用。当月销售卷烟 4 万标准条，每标准条 200 元。该企业外购烟丝有两种渠道：向工业企业购买，向商业企业购买。假定两种渠道烟丝质量与价格相同。请进行纳税筹划，确认选择哪种渠道可节省消费税。

【筹划方案】

方案一：如果向工业企业购买烟丝，可抵扣购进烟丝已纳消费税，外购烟丝可抵扣的消费税=（500 000+5 000 000-300 000）×30%＝1 560 000（元）；该卷烟每标准条 200 元，属于甲类卷烟，销售卷烟应纳消费税＝40 000×0.6+40 000×200×56%－1 560 000＝2 944 000（元）。

方案二：如果向商业企业购买烟丝，不得抵扣购进烟丝已纳消费税。销售卷烟应纳消费税＝40 000×0.6+40 000×200×56%＝4 504 000（元）。

【筹划总结】

选择向工业企业购买烟丝，可节省消费税 156 万元。

4.3 改变加工方式的纳税筹划

4.3.1 税法相关规定

《消费税暂行条例》规定：委托加工的应税消费品由受托方（个人除外）在向委托方交货时代收代缴税款；委托加工的应税消费品，委托方用于连续生产应税消费品的，已纳税款准予按规定抵扣。由此看出，委托加工的应税消费品与自行加工的应税消费品的税基是不同的。委托加工时，受托方（个人除外）代收代缴税款，税基为组成计税价格或同类产品销售价格；自行加工时，税基为产品销售价格。

4.3.2 纳税筹划案例分析

案例 4-5

A 公司是一家生产高档化妆品的企业，现有一批价值为 100 万元的原材料需加工后出售，预计该批高档化妆品的对外售价为 380 万元。高档化妆品消费税税率为 15%，适用的企业所得税税率为 25%，城市维护建设税税率为 7%，教育费附加征收率为 3%。A 公司可选择的加工方式有以下两种。

(1) 委托 B 公司加工，收回后直接销售。全部委托加工的成本为 155 万元（不含增值税），而 B 公司无同类消费品销售价格，按组成计税价格代扣代缴消费税。

(2) 自行加工，全部加工费为 80 万元。

请为 A 公司进行纳税筹划。

【筹划方案】

假设某企业加工销售应税消费品，消费税税率为 R，应交消费税及城市维护建设税、

教育费附加为 CT，无论采用何种加工方式，最终售价 S 相同（经过市场分析，该售价最具竞争力），加工中的材料成本 C 相等（购货渠道一致）。该企业地处市区，城市维护建设税和教育费附加合计为10%，企业所得税税率为 T，企业所得税为 EIT，税后净利润为 NP。若采用委托加工方式，受托方无同类消费品销售价格。在计算消费税的同时还应计算增值税，但增值税作为价外税，与加工方式无关，不会影响企业的税后净利润，故下文的讨论不予涉及。

前面提及，多数研究观点认为，无论加工费为多少，只要满足应税消费品的计税价格低于收回后的直接出售价格，就认为全部委托加工方式最佳。假设全部委托加工费为 F_1，则有：$(C+F_1) \div (1-R) < S$，即采用委托加工方式生产应税消费品应满足的条件：$F_1 < S \times (1-R) - C$。但事实上，此限定条件并未充分考虑，消费税和加工费对企业利润的综合影响，难免得出错误的结论。为得出科学的纳税筹划方案，下面进行量化推导。

(1) 全部委托加工。假设全部委托加工费为 F_1。收回全部产品时已代扣代缴的消费税及城市维护建设税、教育费附加为 $CT_1 = (C+F_1) \div (1-R) \times R \times (1+10\%)$。

由于收回后直接销售，所以企业销售时无须再交消费税。

应交所得税 $EIT_1 = [S - C - F_1 - (C+F_1) \div (1-R) \times R \times (1+10\%)] \times T$

税后净利润 $NP_1 = [S - C - F_1 - (C+F_1) \div (1-R) \times R \times (1+10\%)] \times (1-T)$

(2) 部分委托加工。假设委托加工费为 F_2，继续自行加工发生加工费支出 F_3。收回部分加工产品时：

已代扣代缴消费税及城市维护建设税、教育费附加 $CT_代 = (C+F_2) \div (1-R) \times R \times (1+10\%)$

继续加工后销售应交消费税及城市维护建设税、教育费附加 $CT = S \times R \times (1+10\%) - CT_代$

所以，实际应交消费税及城市维护建设税、教育费附加 $CT_2 = S \times R \times (1+10\%)$

应交所得税 $EIT_2 = [S - C - F_2 - F_3 - S \times R \times (1+10\%)] \times T$

税后净利润 $NP_2 = [S - C - F_2 - F_3 - S \times R \times (1+10\%)] \times (1-T)$

(3) 自行加工。假设发生全部自行加工费支出 F_4。

应交消费税及城市维护建设税、教育费附加 $CT_3 = S \times R \times (1+10\%)$

应交所得税 $EIT_3 = [S - C - F_4 - S \times R \times (1+10\%)] \times T$

税后净利润 $NP_3 = [S - C - F_4 - S \times R \times (1+10\%)] \times (1-T)$

究竟哪一种加工方式能给企业带来最大的利润呢？我们对其进行平衡点分析。

比较全部委托加工和自行加工。

令 $NP_1 = NP_3$，则 $[S - C - F_1 - (C+F_1) \div (1-R) \times R \times (1+10\%)] \times (1-T) = [S - C - F_4 - S \times R \times (1+10\%)] \times (1-T)$。

得出：$F_1 = [(F_4 + 1.1R \times S) \times (1-R) - 1.1R \times C] \div (1+0.1R)$。

当 $F_1 = [(F_4 + 1.1R \times S) \times (1-R) - 1.1R \times C] \div (1+0.1R)$ 时，两种加工方式给企业带来的税后净利润相等，加工方式选择无差异。

当 $F_1 < [(F_4 + 1.1R \times S) \times (1-R) - 1.1R \times C] \div (1+0.1R)$ 时，全部委托加工方式给企业带来较大的税后净利润，为较优加工方式；反之，自行加工方式较优。

比较部分委托加工和自行加工，同理。

令 $NP_2 = NP_3$，则 $[S - C - F_2 - F_3 - S \times R \times (1+10\%)] \times (1-T) = [S - C - F_4 - S \times$

$R \times (1 + 10\%)] \times (1 - T)$。

得出：$F_2 + F_3 = F_4$。即，当 $F_2 + F_3 = F_4$ 时，两种加工方式给企业带来的税后净利润相等，加工方式选择无差异；当 $F_2 + F_3 < F_4$ 时，部分委托加工方式给企业带来较大的税后净利润，为较优加工方式；反之，自行加工方式较优。

简而言之，在平衡点处，两种加工方式的税后净利润相同；在平衡点以上时，自行加工方式较优；在平衡点以下时，部分或全部委托加工方式较优。

根据上述分析，本案例的筹划方案具体如下：

该企业的全部委托加工成本 $F_1 = 110$ 万元 $< S \times (1 - R) - C = 380$ 万元 $\times (1 - 30\%) - 100$ 万元 $= 166$ 万元，采用全部委托加工方式似乎更佳。

但实际上，并未达到企业利润最大化的目的，并非最佳选择，现计算如下。

方案一：采用全部委托加工方式。

收回化妆品时已代扣代缴的消费税及城市维护建设税、教育费附加为：

$CT_1 = (100 + 155) \div (1 - 15\%) \times 15\% \times (1 + 10\%) = 49.5$（万元）

由于收回后直接销售，所以企业销售时无须再交消费税。应交所得税为：

$EIT_1 = (380 - 100 - 155 - 49.5) \times 25\% = 18.875$（万元）

税负合计 $= 49.5 + 18.875 = 68.875$（万元）

税后净利润 $NP_1 = 380 - 100 - 155 - 68.375 = 56.625$（万元）

方案二：采用自行加工方式。

应交消费税及城市维护建设税、教育费附加为：

$CT_3 = 380 \times 15\% \times (1 + 10\%) = 62.7$（万元）

应交所得税为：

$EIT_3 = (380 - 100 - 80 - 62.7) \times 25\% = 34.325$（万元）

税负合计 $= 62.7 + 34.325 = 97.025$（万元）

税后净利润 $NP_3 = 380 - 100 - 80 - 97.025 = 102.975$（万元）

【筹划总结】

通过对比可以看出，尽管全部委托加工方式的税负水平比自行加工方式的税负水平低，但由于其过多地支付了外部加工费，企业实际利润水平反而比自行加工方式的利润水平低，实际上并非最佳选择。究其原因，主要是没有综合考虑外部加工费对税后净利润的影响。

根据前面的推导，该企业若采用全部委托加工方式，必须满足的条件是：

$F_1 < [(F_4 + 1.1R \times S) \times (1 - R) - 1.1R \times C] \div (1 + 0.1R)$

即，$F_1 < [(80 + 1.1 \times 15\% \times 380) \times (1 - 15\%) - 1.1 \times 15\% \times 100] \div (1 + 0.11 \times 15\%) = 103.25$ 万元

而本例中，外部加工费 155 万元超过了平衡点，因此企业采用自行加工方式更优。

总之，在对加工方式进行纳税筹划时，不能片面地强调减轻税负，只有综合考虑消费税以及加工费水平，才能得出切实可行的筹划方案，以实现企业利润最大化。

案例 4-6

甲公司委托乙公司将一批价值 200 万元的烟叶加工成半成品烟丝，协议规定加工费 150 万元；加工的烟丝运回甲公司后，继续加工成成品雪茄烟，加工成本、分摊费用共计 200 万元，该批产成品售价 1 500 万元。假设烟丝消费税税率为 30%，雪茄烟消费税税

率为36%，企业所得税税率为25%。请对甲公司进行纳税筹划。

【筹划方案】

方案一：委托加工的应税消费品烟丝收回后，在本企业继续加工成另一种应税消费品雪茄烟并销售。在计算消费税的同时，还应计算增值税（作为价外税，它与加工方式无关，这里不涉及）。甲公司向乙公司支付加工费的同时，向受托方支付其代收代缴的消费税计算如下。

消费税组成计税价格=（200+150）÷（1-30%）=500（万元）

应纳消费税=500×30%=150（万元）

甲公司销售产品后，应纳消费税=1 500×36%-150=390（万元）

甲公司的税后利润=（1 500-200-150-200-150-390）×（1-25%）=307.5（万元）

方案二：委托加工的消费品收回后，直接对外销售。

如果委托加工收回的应税消费品运回后，委托方不再继续加工，而是直接对外销售。仍以上为例，如果甲公司委托乙公司将烟叶加工成产成品雪茄烟，烟叶成本不变，加工费用为300万元；加工完毕，运回甲公司后，甲公司对外售价仍为1 500万元。

甲公司向乙公司支付加工费的同时，向其支付代收代缴的消费税为（200+300）÷（1-36%）×36%=281.25（万元），由于甲公司的销售价格高于委托加工的计税成本为（200+300）÷（1-36%）=781.25（万元）。所以需要继续缴纳消费税1 500×36%-281.25=258.75（万元）。

甲公司的税后利润=（1 500-200-300-281.25-258.75）×（1-25%）=345（万元）

【筹划总结】

两种方案相比较，在原料成本相同、最终售价相同的情况下，后者显然比前者对企业有利得多，税后利润多37.5万元。由于在一般情况下，后一种情况支付的加工费比前一种情况支付的加工费（即向受托方支付加上自己发生的加工费之和）要少。对受托方来说，不论哪种情况，代收代缴的消费税都与其盈利无关，只有收取的加工费与其盈利有关。

4.4 连续生产和委托加工应税行为的纳税筹划

4.4.1 税法相关规定

《消费税暂行条例》第四条第一款规定："纳税人生产的应税消费品，于纳税人销售时纳税。纳税人自产自用的应税消费品，用于连续生产应税消费品的，不纳税；用于其他方面的，于移送使用时纳税。"本条第二款规定："委托加工的应税消费品，除受托方为个人外，由受托方在向委托方交货时代收代缴税款。委托加工的应税消费品，委托方用于连续生产税消费品的，所纳税款准予按规定抵扣。"

《消费税暂行条例实施细则》第六条第一款规定："条例第四条第一款所称用于连续生产应税消费品，是指纳税人将自产自用的应税消费品作为直接材料生产最终应税消费品，自产自用应税消费品构成最终应税消费品的实体。"本条第二款规定："条例第四条第一款所称用于其他方面，是指纳税人将自产自用应税消费品用于生产非应税消费品、在建工程、管理部门、非生产机构、提供劳务、馈赠、赞助、集资、广告、样品、职工福利、奖励等方面。"

《消费税暂行条例实施细则》第七条规定:"条例第四条第二款所称委托加工的应税消费品,是指由委托方提供原料和主要材料,受托方只收取加工费和代垫部分辅助材料加工的应税消费品。对于由受托方提供原材料生产的应税消费品,或者受托方先将原材料卖给委托方,然后再接受加工的应税消费品,以及由受托方以委托方名义购进原材料生产的应税消费品,不论在财务上是否作销售处理,都不得作为委托加工应税消费品,而应当按照销售自制应税消费品缴纳消费税。委托加工的应税消费品直接出售的,不再缴纳消费税。委托个人加工的应税消费品,由委托方收回后缴纳消费税。"

4.4.1.1 可抵扣的情况

从以上税法条款可以看出,有关消费税抵扣的规定主要体现在以下两个方面。

(1)生产企业从商业企业购进应税消费品连续生产应税消费品

《国家税务总局关于进一步加强消费税纳税申报及税款抵扣管理的通知》(国税函〔2006〕769号)第二条规定:"①从商业企业购进应税消费品连续生产应税消费品,符合抵扣条件的,准予扣除外购应税消费品已纳消费税税款。②主管税务机关对纳税人提供的消费税申报抵扣凭证上注明的货物,无法辨别销货方是否申报缴纳消费税的,可向销货方主管税务机关发函调查该笔销售业务缴纳消费税情况,销货方主管税务机关应认真核实并回函。经销货方主管税务机关回函确认已缴纳消费税的,可以受理纳税人的消费税抵扣申请,按规定抵扣外购项目的已纳消费税。"

(2)扣除外购或委托加工收回应税消费品已纳消费税

《国家税务总局关于印发〈消费税若干具体问题的规定〉的通知》(国税发〔1993〕156号)、《国家税务总局关于消费税若干征税问题的通知》(国税发〔1994〕130号)、《国家税务总局关于用外购和委托加工收回的应税消费品连续生产应税消费品征收消费税问题的通知》(国税发〔1995〕94号)和《财政部、国家税务总局关于调整和完善消费税政策的通知》(财税〔2006〕33号)的相关规定,企业用外购或委托加工收回的以下应税消费品连续生产应税消费品的,可以扣除外购或委托加工收回应税消费品已纳消费税税款。

①外购已税烟丝生产的卷烟。
②外购已税高档化妆品生产的高档化妆品。
③外购已税珠宝玉石生产的贵重首饰及珠宝玉石。
④外购已税鞭炮焰火生产的鞭炮焰火。
⑤外购已税杆头、杆身和握把为原料生产的高尔夫球杆。
⑥外购已税木制一次性筷子为原料生产的木制一次性筷子。
⑦外购已税实木地板为原料生产的实木地板。
⑧以外购已税汽油、柴油、石脑油、燃料油、润滑油用于连续生产应税成品油(新改)。

4.4.1.2 可抵扣金额的计算

上述当期准予扣除外购或委托加工收回的应税消费品已纳消费税税款的计算公式如下。

公式 1：

当期准予扣除的外购应税消费品已纳税款 = 当期准予扣除的外购应税消费品买价或数量 × 外购应税消费品的适用税率或税额

当期准予扣除的外购应税消费品买价或数量 = 期初库存的外购应税消费品的买价或数量 + 当期购进的应税消费品的买价或数量 − 期末库存的外购应税消费品的买价或数量

公式 2：

当期准予扣除的委托加工应税消费品已纳税款 = 期初库存的委托加工应税消费品已纳税款 + 当期收回的委托加工应税消费品已纳税款 − 期末库存的委托加工应税消费品已纳税款

需要指出的是，外购已税消费品的买价是不含增值税的。纳税人用外购或委托加工收回的已税珠宝玉石生产的改在零售环节征收消费税的金银首饰（镶嵌首饰）、钻石首饰，在计税时，一律不得扣除外购或委托加工收回的珠宝玉石的已纳税款。

4.4.2 纳税筹划案例分析

案例 4-7

某卷烟厂于 2×19 年 10 月购入一批价值为 150 万元的烟叶，先由 A 车间自行加工成烟丝，加工费合计 120 万元。然后，再由 B 车间加工成甲类卷烟 1 000 箱，每箱 100 条，每条 200 支，加工费用合计 100 万元，该批卷烟最终实现销售额 1 000 万元。甲类卷烟的税率为 56% 加 0.003 元/支。假设不考虑城市维护建设税和教育费附加，请进行纳税筹划。

【筹划方案】

根据《消费税暂行条例》的规定，纳税人自行加工的应税消费品，用于连续生产应税消费品的，不纳税。也就是说，用企业生产出的烟丝为原材料，继续加工生产出卷烟，烟丝不纳消费税，只有生产出的卷烟征收消费税；但是直接对外销售的烟丝还是应该征收消费税，如果将 A 车间加工成的烟丝直接对外销售，应就烟丝征收消费税。但该卷烟厂是将烟丝继续加工成卷烟，因此只有卷烟缴纳消费税。

【筹划总结】

应纳消费税税额 = 1 000×56% + 1 000×100×200×0.003÷10 000 = 560+6 = 566（万元）；

税后利润 =（1 000−150−120−100−566）×（1−25%）= 48（万元）。

案例 4-8

2×19 年 9 月 2 日，甲企业委托乙企业生产烟丝一批，甲企业提供的加工材料成本 60 000 元，乙企业收取加工费 20 000 元（不含增值税）。对于受托加工的烟丝，乙企业没有同类消费品的销价可作参考。乙企业在向甲企业交货时，代收代缴消费税。甲企业收回委托加工烟丝后用于继续生产卷烟。已知该企业期初库存的委托加工烟丝价值 50 万元，期末库存的委托加工烟丝价值 30 万元。请问甲企业 2×19 年 9 月可抵扣的税款为多少？

【筹划方案】

由于乙企业没有同类消费品的销价可作参考，因此，应按税法规定的组成计税价格计算代收代缴消费税。甲企业收回烟丝用于连续生产卷烟，可按当月生产领用烟丝数量计算可抵扣的消费税税额。

【筹划总结】

乙企业代收代缴消费税为：

代收消费税＝（材料成本＋加工费）÷（1－消费税税率）×消费税税率
　　　　　＝（60 000＋20 000）÷（1－30%）×30%＝34 285.71（元）。

案例 4-9

甲公司是一家酒类生产企业，为增值税一般纳税人。本年 8 月 10 日，甲公司接到一笔生产 500 吨 A 品牌白酒的业务，议定单价为 20 000 元/吨，销售价格合计 1 000 万元，要求在本年 10 月 10 日前交货。由于交货时间比较紧迫，甲公司有四种生产方案可供选择。方案一：委托乙公司加工成酒精，然后由甲公司生产成 A 品牌白酒销售。即甲公司将价值 250 万元的原料委托乙公司加工成酒精，双方协议约定的加工费为 150 万元，加工成 300 吨酒精运回甲公司以后，再由甲公司加工成 500 吨 A 品牌白酒销售，每吨售价 2 万元。甲公司的加工成本以及应该分摊的相关费用合计 70 万元。方案二：委托乙公司加工成高纯度白酒，然后由甲公司生产成 A 品牌白酒销售。即甲公司将价值 250 万元的原料委托乙公司加工成高纯度白酒，双方协议约定的加工费为 180 万元，加工成 400 吨高纯度白酒运回甲公司以后，再由甲公司加工成 500 吨 A 品牌白酒销售，每吨售价 2 万元。甲公司的加工成本以及应该分摊的相关费用合计 40 万元。方案三：利用委托加工环节直接加工成最终产品（A 品牌白酒），收回后直接销售（全部委托加工方式）。即甲公司将酿酒原料交给乙公司，由乙公司完成所有的生产制作过程，甲公司从乙公司收回的产品就是指定的 A 品牌白酒，协议约定的加工费为 220 万元。产品运回后以原价直接销售。方案四：甲公司自己完成 A 品牌白酒的生产制作过程。即甲公司自己生产 A 品牌白酒，发生的生产成本恰好等于委托乙公司负责全部生产制作过程时的加工费，即 220 万元。以上价格均为不含增值税价格。假设不考虑城市维护建设税和教育费附加，且受托方均无同类消费品的销售价格。请对上述业务进行纳税筹划。

【筹划思路】

为了避免重复征税，原来的白酒消费税政策规定，外购或者委托加工所缴纳的消费税，用于连续生产应税消费品的，可以按规定抵扣。这个规定类似于增值税的抵扣原理，所以无论生产环节多少，消费税的税收负担都不会增加。但为了调整白酒产业，税法规定，自 2001 年 5 月 1 日起，一方面，对外购或委托加工已税酒和酒精生产的酒，其外购酒及酒精已纳税款或委托代收代缴税款不再予以抵扣；另一方面，还要从量征收消费税（酒精除外）。这样就造成消费税负担增加，而且生产环节越多，税收负担增加的幅度越大。因此，生产像白酒这样的应税消费品时应当注意尽量避免委托加工成半成品后收回继续加工成白酒的生产方式。但自 2014 年 12 月 1 日起，由于取消对酒精征收消费税的政策，因此委托加工成酒精后收回继续加工成白酒的环节，不需要再缴纳消费税。这样，企业就不用避免委托加工成酒精后收回继续加工成白酒的生产方式，但仍需避免委托加工成酒类半成品（例如高度白酒）后收回继续加工成白酒（例如低度白酒）的生产方式。

【筹划过程】

方案一：委托乙公司加工成酒精，然后由甲公司生产成A品牌白酒销售。即甲公司将价值250万元的原料委托乙公司加工成酒精，双方协议约定的加工费为150万元，加工成300吨酒精运回甲公司后，再由甲公司加工成500吨A品牌白酒销售，每吨售价2万元。甲公司的加工成本以及应该分摊的相关费用合计70万元。

（1）甲公司在向乙公司支付加工费的同时，由于自2014年12月1日起，酒精不再缴纳消费税，因此在委托加工酒精这一环节不需要由受托方针对酒精代收代缴消费税。

（2）甲公司销售白酒后，甲公司应纳消费税=1 000×20%+500×1 000×2×0.5÷10 000=250（万元）。

（3）甲公司税后利润=（1 000-250-150-70-250）×（1-25%）=210（万元）。

方案二：委托乙公司加工成高纯度白酒，然后由甲公司生产成A品牌白酒销售。即甲公司将价值250万元的原料委托乙公司加工成高纯度白酒，双方协议约定的加工费为180万元，加工成400吨高纯度白酒运回甲公司后，再由甲公司加工成500吨A品牌白酒销售，每吨售价2万元。甲公司的加工成本以及应该分摊的相关费用合计40万元。

（1）甲公司在收回委托加工的产品时，向受托方乙公司支付由其代收代缴的消费税。

消费税组成计税价格=（250+180+400×1 000×2×0.5÷10 000）÷（1-20%）=587.5（万元）

甲公司向乙公司支付由乙公司代收代缴的消费税=587.5×20%+400×1 000×2×0.5÷10 000=157.5（万元）

（2）甲公司销售白酒后，甲公司应纳消费税=1 000×20%+500×1000×2×0.5÷10 000=250（万元）。

（3）在委托加工高纯度白酒的方式下，甲公司向乙公司支付由乙公司代收代缴的消费税157.5万元，并缴纳消费税250万元，则甲公司税后利润=（1 000-250-180-40-157.5-250）×（1-25%）=91.88（万元）。

方案三：利用委托加工环节直接加工成最终产品（A牌白酒），收回后直接销售（全部委托加工方式）。即甲公司将酿酒原料交给乙公司，由乙公司完成所有的生产制作过程，甲公司从乙公司收回的产品就是指定的A品牌白酒，协议约定的加工费为220万元。产品运回后以原价直接销售。

（1）甲公司在收回委托加工的产品时，向受托方乙公司支付由其代收代缴的消费税。

消费税组成计税价格=（250+220+500×1 000×2×0.5÷10 000）÷（1-20%）=650（万元）

甲公司向乙公司支付由乙公司代收代缴的消费税=650×20%+500×1 000×2×0.5÷10 000=180（万元）

（2）委托方将收回的应税消费品以不高于受托方的计税价格出售的，为直接出售，不再缴纳消费税；委托方以高于受托方的计税价格出售的，不属于直接出售，需按照规定申报缴纳消费税，在计税时准予扣除受托方已代收代缴的消费税。

由于1 000万元大于650万元，因此属于委托方以高于受托方的计税价格出售的情况，不属于直接出售，需按照规定申报缴纳消费税，在计税时准予扣除受托方已代收代缴的消费税。

甲公司应纳消费税=1 000×20%+500×1 000×2×0.5÷10 000-180=70（万元）

(3) 在全部委托加工的方式下，甲公司向乙公司支付由乙公司代收代缴的消费税180万元，并缴纳消费税70万元，则甲公司税后利润＝（1 000-250-220-180-70）×（1-25%）＝210（万元）。

方案四：甲公司自己完成A品牌白酒的生产制作过程。即甲公司自己生产A品牌白酒，发生的生产成本恰好等于委托乙公司负责全部生产制作过程时的加工费，即220万元。

甲公司应纳消费税＝1 000×20%＋500×1 000×2×0.5÷10 000＝250（万元）

甲公司税后利润＝（1 000-250-220-250）×（1-25%）＝210（万元）

以上四种方案的税负及税后利润的比较，如表4-2所示。

表4-2　甲公司四种筹划方案的税负及税后利润比较　　　　　　　　　　单位：万元

备选方案	甲公司向乙公司支付由乙公司代收代缴的消费税	甲公司应纳消费税	消费税合计	税后利润
方案一	0	250	250	210
方案二	157.5	250	407.5	91.88
方案三	180	70	250	210
方案四	0	250	250	210

【筹划结论】

由表4-2可知，若以实现税负最小化以及税后利润最大化为纳税筹划目标，则应当优先选择方案一、方案三和方案四，其次是方案二。对于酒类生产企业来说，可以得到以下结论：第一，尽量避免委托加工成酒类半成品后收回继续加工的方式；第二，若必须采用委托加工成酒类半成品后收回继续加工的方式，可以考虑通过合并上游企业来降低消费税税负。

4.5　包装物押金的纳税筹划

4.5.1　包装物不随同产品出售，采取收取包装物押金的方式

4.5.1.1　税法相关规定

《消费税暂行条例实施细则》第十三条规定："应税消费品连同包装物销售的，无论包装物是否单独计价以及在会计上如何核算，均应并入应税消费品的销售额中缴纳消费税。如果包装物不作价随同产品销售，而是收取押金，此项押金则不应并入应税消费品的销售额中征税。但对因逾期未收回的包装物不再退还的或者已收取的时间超过12个月的押金，应并入应税消费品的销售额，按照应税消费品的适用税率缴纳消费税。对既作价随同应税消费品销售，又另外收取包装物的押金，凡纳税人在规定的期限内没有退还的，均应并入应税消费品的销售额，按照应税消费品的适用税率缴纳消费税。"

《消费税暂行条例》第六条规定："销售额为纳税人销售应税消费品向购买方收取的全部价款和价外费用。"《消费税暂行条例实施细则》第十四条规定："条例第六条所称价外费用，是指价外向购买方收取的手续费、补贴、基金、集资费、返还利润、奖励费、违约金、滞纳金、延期付款利息、赔偿金、代收款项、代垫款项、包装费、包装物租金、储

备费、优质费、运输装卸费以及其他各种性质的价外收费。"

4.5.1.2 纳税筹划案例分析

♛ **案例 4—10**

某焰火厂为增值税一般纳税人，2×19 年 6 月销售焰火 100 000 箱，每箱价值 226 元，采取包装物作价随同产品一起销售的方式，即包装物价值为 22.6 元/件，以上价格均为含税价格。假设企业包装物自身的成本为 14 元/件。焰火的增值税税率和消费税税率分别为 13%、15%，不考虑企业所得税的影响。该企业对此销售行为应当如何进行纳税筹划？

【筹划方案】

（1）纳税筹划前的税负分析

包装物作价随同产品销售的，应并入应税消费品的销售额中征收增值税和消费税。

与包装物有关的销售收入 = 100 000×22.6÷（1+13%）= 2 000 000（元）

与包装物有关的销售成本 = 100 000×14 = 1 400 000（元）

与包装物有关的增值税销项税额 = 100 000×22.6÷（1+13%）×13% = 260 000（元）

与包装物有关的消费税 = 100 000×22.6÷（1+13%）×15% = 300 000（元）

与包装物有关的利润 = 2 000 000−1 400 000−300 000 = 300 000（元）

（2）纳税筹划后的税负分析

采取收取包装物押金的方式，即企业对每件包装物单独收取押金 23.4 元，则此项押金不并入应税消费品的销售额中征税。这又分为两种情况。

①包装物押金 1 年内退还。根据税法的规定，对销售货物的包装物不作价并收取押金的，在规定的时间内（最长在 1 年以内）退还的，该押金不需要并入销售额中计增值税和消费税，即企业与包装物有关的销售收入为 0。

与包装物有关的销售成本 = 100 000×14 = 1 400 000（元）

与包装物有关的增值税销项税额为 0，与包装物有关的消费税为 0。

与包装物有关的利润 = 0−1 400 000−0 = −1 400 000（元）

与筹划前相比，企业减少了 170（−1 400 000−300 000）万元的利润。

②包装物押金 1 年内未退还。在这种情况下，一年后企业：

与包装物有关的销售收入 = 100 000×22.6÷（1+13%）= 2 000 000（元）

与包装物有关的销售成本 = 100 000×14 = 1 400 000（元）

补缴与包装物有关的增值税销项税额 = 100 000×22.6÷（1+13%）×13%
= 260 000（元）

补缴与包装物有关的消费税 = 100 000×22.6÷（1+13%）×15% = 300 000（元）

与包装物有关的利润 = 2 000 000−1 400 000−300 000 = 300 000（元）

与筹划前相比，企业利润都是 30 万元，但是，与包装物有关的增值税和消费税（合计 56 万元）是在一年以后补缴的，延缓了企业的纳税时间，获取了资金的时间价值，为企业的生产经营提供了便利。

【筹划总结】

企业可以考虑在情况允许时，不将包装物作价随同产品出售，而是采用收取包装物押金的方式，并对包装物的退回设置一些条款（如包装物如有损坏则没收全部押金），以保证包装物押金不被退回,就可以缓缴税款。

案例 4-11

某烟花厂生产一批烟花共 1 万箱,每箱销售额 360 元(不含增值税),其中包含包装物价款 60 元(不含增值税)。该烟花厂如何进行纳税筹划?

【筹划方案】

方案一:如果应税消费品连同包装物销售,包装物应并入销售额计算消费税。应纳消费税 = 360×10 000×15% = 540 000(元)。

方案二:如果该烟花厂以每箱 300 元的价格销售,同时每箱收取 67.8 [60×(1+13%)] 元的包装物押金。应纳消费税 = 300×10 000×15% = 450 000(元)

【筹划总结】

当包装物在 12 个月内退回,则退还包装物押金,不用补缴消费税,节省消费税 9 万元。当包装物超过 12 个月未退回,则不退还包装物押金,应补缴消费税 9 万元,则推迟交税 12 个月。

4.5.2 采用变"收取包装物租金"为"收取包装物押金"

4.5.2.1 税法相关规定

根据税法的规定,包装物租金属于价外费用,凡随同销售应税消费品向购买方收取的价外费用,无论其会计上如何核算,均应并入销售额计算应纳税额。而对增值税一般纳税人向购买方收取的价外费用,应视为含增值税收入,在征税时换算为不含税收入再并入销售额。如果包装物不收取包装物租金,而是收取押金,则此项押金不应并入应税消费品的销售额中纳税。但对因逾期未收回的包装物不再退还的或者已收取的时间超过 12 个月的押金,应并入应税消费品的销售额中,按照应税消费品的适用税率缴纳消费税。

对既作价连同应税消费品销售又另外收取押金的包装物的押金,凡纳税人在规定的期限内没有退还的,均应并入应税消费品的销售额中,按照应税消费品的适用税率缴纳消费税。

从 1995 年 6 月 1 日起,对酒类(黄酒、啤酒除外)生产企业销售酒类产品而收取的包装物押金,无论押金是否返还及在会计上如何核算,均需并入酒类产品的销售额中,依据酒类产品的适用税率计征消费税。

基于此规定,包装物押金不并入销售额计算应纳税额,而包装物租金应并入销售额计算应纳税额。因此采用变"收取包装物租金"为"收取包装物押金"并对包装物的退回设置一些条款以保证包装物押金不被退回的方式,更有利于节税。

4.5.2.2 纳税筹划案例分析

案例 4-12

甲公司 2×19 年 1 月销售摩托车 20 000 辆,每辆价值 2 260 元(含增值税),另外采取收取包装物租金的方式,收取包装物租金 226 元/个。假设企业包装物的自身成本为 140 元/个。摩托车的增值税税率和消费税税率分别为 13%、3%,不考虑企业所得税的影响。该企业应当如何进行纳税筹划?

【案例方案】

(1) 纳税筹划前的税负分析

由于包装物租金属于价外费用,应视为含增值税收入,在征税时应换算为不含税收入再并入销售额。

企业与包装物有关的租金收入=20 000×226÷(1+13%)=4 000 000(元)

企业与包装物有关的成本=20 000×140=2 800 000(元)

企业与包装物有关的增值税销项税额=20 000×226÷(1+13%)×13%=520 000(元)

企业与包装物有关的消费税=20 000×226÷(1+13%)×3%=120 000

企业与包装物有关的利润=4 000 000-2 800 000-120 000=1 080 000(元)

(2) 纳税筹划后的税负分析

如采取单独收取包装物押金的形式,由于包装物押金收取时不并入应税消费品的销售额中征税,这又分为两种情况。

①包装物押金1年内退还。

企业与包装物有关的收入为0。

企业与包装物有关的成本=20 000×140=2 800 000(元)

企业与包装物有关的增值税销项税额为0。

企业与包装物有关的消费税为0。

企业与包装物有关的利润=0-2 800 000=-2 800 000(元)

企业与纳税筹划前相比,企业减少了3 880 000(-2 800 000-1 080 000)元的利润。

②包装物押金1年内未退还。

一年以后企业与包装物有关的收入=20 000×226÷(1+13%)=4 000 000(元)

与包装物有关的销售费用=20 000×140=2 800 000(元)

补缴与包装物有关的增值税销项税额=20 000×226÷(1+13%)×13%=520 000(元)

补缴与包装物有关的消费税=20 000×226÷(1+13%)×3%=120 000(元)

与包装物有关的利润=4 000 000-2 800 000-120 000=1 080 000(元)

与纳税筹划前相比,企业利润都是108万元。但是,与包装物有关的增值税和消费税(合计64万元)是在一年以后补缴的,延缓了企业的纳税时间。可见,企业对包装物收取押金且在规定的期限内不被退回比采用收取包装物租金的方式更能节税。

【筹划总结】

对包装物进行纳税筹划的关键是,包装物既不作价随同产品销售,也不收取包装物租金,而是采用收取包装物押金的形式,并对包装物的退回设置条款,以保证包装物押金不被退回,保证企业获得最大的税后利润。

4.6 兼营行为的纳税筹划

4.6.1 税法相关规定

《消费税暂行条例》第三条规定:"纳税人兼营不同税率的应当缴纳消费税的消费品(以下简称应税消费品),应当分别核算不同税率应税消费品的销售额、销售数量;未分别核算销售额、销售数量,或者将不同税率的应税消费品组成成套消费品销售的,从高适用税率。"同时,《消费税暂行条例实施细则》第四条规定:"条例第三条所称纳税人兼营不同税率的应当缴纳消费税的消费品,是指纳税人生产销售两种税率以上的应税消费品。"

4.6.2 纳税筹划案例分析

案例4-13

某酒厂2×19年6月生产并销售粮食白酒100吨,实现销售收入50万元;同时销售其他酒50吨,实现销售收入10万元。按照规定,粮食白酒应在缴纳20%从价税的基础上再缴纳每500克0.5元的从量税,其他酒则按照销售价格的10%缴纳消费税。

【筹划方案】

如果该企业将所销售的白酒和其他酒的销售数量和销售额分别核算,则应缴纳的消费税=500 000×20%+100×1 000×0.5×2+100 000×10%=210 000(万元)。

如果该企业没有将两种产品分别核算,那么其应从高适用税率,即将全部产品按照粮食白酒纳税,则企业该月应缴纳消费税=(500 000+100 000)×20%+(100+50)×1 000×0.5×2=270 000(元),比原来增加了6万元的消费税负担。

【筹划总结】

由于消费税是城市维护建设税和教育费附加的计税基数,假设城市维护建设税税率和教育费附加率分别为7%和3%。则企业在合同中和财务上分别核算产品销售数量和销售额的比没有进行分别核算的,则少缴纳企业所得税=6×(1+7%+3%)×25%=1.65(万元)。加上节省的消费税,总共可以节省实际税负7.65万元。

案例4-14

某化妆品公司生产并销售系列化妆品和护肤护发品,其中销路较好的几种产品的出厂价分别为口红40元、眼影60元、粉饼50元、洗面奶30元。另外,该企业新开发润肤霜出厂价为70元。公司为了促进润肤霜的销售,将以上产品每样一件组成化妆品礼盒销售,售价250元/套。请进行纳税筹划。

【筹划方案】

由于以上产品中前三种属于化妆品,后两种为普通护肤护发品,不属于消费税征收范围。如果以上产品各销售一件,则企业应缴纳消费税22.5(150×15%)元。

现在该公司为推销其新产品润肤霜,打算将前述几种产品与润肤霜组成节日礼品套装销售,出厂价仍为各个品种出厂价之和,即250元。但此时,由于根据《消费税暂行条例》第二条的规定,这些化妆品的消费税率是15%,企业每销售一套以上产品,所缴纳的消费税是37.5(250×15%)元。通过纳税筹划,企业的消费税税负降低15元。

【筹划总结】

这是"成套"销售消费品的纳税筹划。由于现行消费税采取单环节课征制度,除金银首饰在零售环节征收外,其余均只在生产、委托加工或进口环节征税。因此,在出厂之后再将不同税率产品组成成套消费品,就不必再按照较高税率缴纳消费税。在生产、委托加工或进口环节,实行"成套"消费品组合时应注意两点。

(1)如果消费品是同类的,如各种化妆品系列,而且是消费税率不同的消费品,则不能进行成套销售;如果不同产品的消费税税率都一样,则可以进行成套销售。

(2) 对于不可以实行"成套"消费品销售的产品,可以在分别销售各种产品的同时,向零售商提供相应的礼盒包装物。当消费者在零售环节购买以上产品时,可以根据需要选择是否使用礼盒。

案例 4-15

某酒业有限公司生产不同品种的酒,主要包括粮食白酒、薯类白酒、啤酒、果酒。借春节市场旺销之际,公司于 2019 年 1 月推出了"组合装礼品酒"的促销活动,将粮食白酒、薯类白酒和果木酒组成成套的礼品酒销售,该月共取得不含增值税的销售收入 612 万元,与上月销售收入大体持平,其中销售粮食白酒 12 吨、薯类白酒 8 吨、啤酒 55 吨,但 1 月公司应纳消费税税款却比上月增加了 3 万多,这是为什么呢?

【筹划方案】

我国现行消费税对白酒、黄酒、啤酒、其他酒等子目,分别规定适用不同的税率。具体来说,白酒采用定额税率和比例税率,其中定额税率为每 500 克 0.5 元,比例税率为 20%;其他酒采用比例税率,税率为 10%;而黄酒、啤酒采用定额税率,黄酒税额为 240 元/吨;啤酒税额为乙类啤酒 220 元/吨、甲类啤酒 250 元/吨。

在这个案例中,某酒业有限公司生产不同税率的产品,包括粮食白酒、薯类白酒和啤酒,属于兼营行为。同时,该公司将这些适用不同税率的应税消费品组成成套消费品销售,不能分别核算销售额。因此,应当从高适用税率,即适用粮食白酒的 20% 的税率,则应缴纳的消费税税额 = 620 000×20% +(12+8)×2 000×0.5+5×2 000×0.5 = 124 000 + 20 000+5 000 = 149 000(元)。

如果该公司不将这些适用不同税率的酒组合成成套的礼品酒且分别核算销售额,则需将各种类型的酒各自的销售额与其所适用的税率相乘,计算出该类酒应纳消费税额。此时,假设 1 月该公司销售粮食白酒 20 万元、薯类白酒 16 万元、果木 26 万元,则应缴纳的消费税税额 = 360 000×20% +(12+8)×2 000×0.5+260 000×10% = 72 000+20 000+26 000 = 118 000(元)。

通过以上计算可以看出,分开计算需要缴纳的消费税额比组成成套礼品酒销售,可以节约税款 31 000 元。

【筹划总结】

如果消费品是不同类的,即应征消费税的消费品和不征消费税的消费品,不能在一起进行"成套"销售,但是可以通过独立核算的销售公司进行产品的组合销售。例如,卷烟厂可以在产品出厂后,在再次批发销售之前,将卷烟与其他产品(打火机、钱夹等)组成礼盒,适当加价后销售。通过将"成套"环节后移,避免就礼盒中非消费税应税产品缴纳消费税。

4.7 应税消费品视同销售的纳税筹划

4.7.1 税法相关规定

《消费税暂行条例》第七条规定:"纳税人自产自用的应税消费品,按照纳税人生产的同类消费品的销售价格计算纳税;没有同类消费品销售价格的,按照组成计税价格计算纳税。"

实行从价定率办法计算纳税的组成计税价格计算公式为：

组成计税价格＝（成本+利润）÷（1-比例税率）

实行复合计税办法计算纳税的组成计税价格计算公式为：

组成计税价格＝（成本+利润+自产自用数量×定额税率）÷（1-比例税率）

企业应尽可能避免将自产自用的应税消费品用于行政机构或管理部门，或用于馈赠、赞助、集资、广告、职工福利等方面，以减少企业的运行成本，因为企业将自产的应税消费品用于这方面，不仅无法取得应有的销售收入，而且要依税法缴纳相应的增值税和消费税等，增加了企业税负。

4.7.2 纳税筹划案例分析

案例4-16

某化妆品有限责任公司是一家经营各种化妆品、护肤护发品的合资企业，2019年5月该公司共生产各类化妆品和护肤护发品价值30万元，但由于产品市场定位欠佳，预计该月仅能销售化妆品及护肤护发品共15万元。为了避免产品积压，该公司决定将部分剩余的化妆品馈赠给协作企业，并加大广告宣传的力度。①用化妆品和护肤护发品做成礼品盒馈赠给协作企业，价值3万元；②企业赞助当地电视台举办的大型歌舞晚会用化妆品，价值5万元；③广告样品用化妆品，总计价值0.4万元；④将化妆品分配给本公司职工，共计价值2万元；⑤销售化妆品10万元、护肤护发品6万元。

月末进行纳税申报时，公司财务人员计算应纳消费税为1.5（10×15%）万元。但是经税务机关审核，实际应纳税额为3.06（3×15%+5×15%+0.4×15%+2×15%+10×15%）万元。公司对此不服，认为公司将产品馈赠、赞助，或作为广告样品时，并未销售取得收入，不应缴纳消费税，并提出行政复议。

【筹划方案】

问题的关键在于将本公司的产品馈赠、赞助给他人，或者将产品作为广告样品时，是否属于销售行为，是否应征消费税。对此，我国消费税税法中有明确规定。

根据相关税法规定，该化妆品有限公司为了避免存货积压，将产品馈赠给协作企业、作为福利分给职工以及作为广告样品或赞助文艺演出，虽然是无偿的，没有获得任何形式的收入，但均属于税法视同销售的规定范围，因而必须依法缴纳消费税。

因此，该公司的操作虽然防止了产品积压，但无形中也增加了公司的税收负担。

案例4-17

某摩托车生产企业当月对外销售同型号的摩托车时共有3种价格，以4 000元的单价销售50辆，以4 500元的单价销售10辆，以4 800元的单价销售5辆。该厂当月以20辆同型号的摩托车与甲企业换取原材料，双方按当月的平均销售价来确定摩托车的价格。该摩托车气缸容量在250毫升以上。

【筹划思路】

纳税人用于换取生产资料和消费资料、投资入股和抵偿债务等方面的应税消费品，应当以纳税人同类应税消费品的最高销售价格作为计税依据计算消费税。因此，如果纳税人存在以应税消费品换取生产资料和消费资料、投资入股和抵偿债务等方面的业务,则可以先销售,再做买入、入股或者债务处理,避免以最高价格计算消费税,从而降低消费税税负。

【筹划方案】

方案一:摩托车生产企业用20辆摩托车与甲企业换取生产资料,则摩托车生产企业用20辆摩托车换取生产资料应纳消费税=4 800×20×10%=9 600(元)。

方案二:摩托车生产企业先销售20辆摩托车给甲企业,再购入甲企业的原材料,则当月摩托车加权平均销售价格=(4 000×50+4 500×10+4 800×5)÷(50+10+5)=4 138.46(元),摩托车生产企业应纳消费税额=4 138.46×20×10%=8 276.92(元)。

【筹划总结】

方案二较方案一节省消费税1 323.08(9 600-8 276.92)元,故摩托车生产企业应选择方案二。同理,在以应税消费品投资入股、抵偿债务等业务中进行类似的筹划方式。

4.8 利用消费税计税依据的纳税筹划

4.8.1 税法相关规定

按照现行消费税法规定,消费税应纳税额的计算分为从价计征、从量计征和从价从量复合计征三种方法。

(1)从价计征

在从价计征方法中,销售额为纳税人销售应税消费品向购买方收取的全部价款和价外费用。销售,是指有偿转让应税消费品的所有权。有偿,是指从购买方取得货币、货物或者其他经济利益。价外费用,是指价外向购买方收取的手续费、补贴基金、集资费、返还利润、奖励费、违约金、滞纳金、延期付款利息、赔偿金、代收款项、代垫款项、包装费、包装物租金、储备费、优质费、运输装卸费及其他各种性质的价外收费。

(2)从量计征

在从量计征方法中,销售数量是指纳税人生产、加工和进口应税消费品的数量,具体有以下规定。

①销售应税消费品的,为应税消费品的销售数量;

②自产自用应税消费品的,为应税消费品的移送使用数量;

③委托加工应税消费品的,为纳税人收回的应税消费品数量;

④进口的应税消费品,为海关核定的应税消费品进口征税数量。

(3)从价从量复合计征

从价从量复合计征方法中,应纳税额等于应税销售数量乘以定额税率再加上应税销售额乘以比例税率。现行消费税的征税范围中,只有卷烟、白酒采用复合计征方法。

生产销售卷烟、白酒从量定额计税依据为实际销售数量。进口、委托加工、自产自用卷烟、白酒从量定额计税依据分别为海关核定的进口征税数量、委托方收回数量、移送使用数量。

纳税人生产的应税消费品于纳税人销售时纳税。纳税人自产自用的应税消费品,用于连续生产应税消费品的,不纳税;用于其他方面的,于移送使用时纳税。

用于连续生产应税消费品,是指纳税人将自产自用的应税消费品作为直接材料生产最终应税消费品,自产自用应税消费品构成最终应税消费品的实体。用于其他方面,是指纳税人将自产自用的应税消费品用于生产非应税消费品、在建工程、管理部门、非生产机构、提供劳务、馈赠、赞助、集资、广告、样品、职工福利、奖励等方面。

纳税人自产自用的应税消费品,按照纳税人生产的同类消费品的销售价格计算纳税;没有同类消费品销售价格的,按照组成计税价格计算纳税。

4.8.2 纳税筹划案例分析

案例 4-18

某酒业有限公司生产各类品种的酒,针对不同消费者的需求,其经营范围主要包括粮食白酒、各种药酒等。两种产品的消费税税率分别为20%、10%。2018年该酒业公司粮食白酒的销售额为400万元,销售量为10万千克;药酒销售额为600万元,销售量为8万千克。但该酒业公司没有分别核算。2019年该酒业公司的生产销售情况与上年度基本相同。目前,该公司有两套方案可供选择:方案一,统一核算粮食白酒和药酒的销售额;方案二,分别核算粮食白酒和药酒的销售额。从节税的角度,该酒业公司如何进行纳税筹划?

【筹划方案】

方案一:统一核算粮食白酒和药酒的销售额。在该方案下,根据现行消费税法律制度的规定,企业生产经营适用两种不同税率的应税消费品应当分别核算,未分别核算的,从高税率。该公司纳税情况计算如下。

酒类应纳消费税=(400+600)×20%+(10+8)×1=218(万元)

酒类应纳城市维护建设税和教育费附加=218×10%=21.8(万元)

累计应纳税额=218+21.8=239.8(万元)

方案二:分别核算粮食白酒和药酒的销售额。根据现行消费税法律制度的规定,企业生产经营适用两种不同税率的应税消费品应当分别核算,分别核算后可以适用各自的税率。在该方案下,该公司纳税情况计算如下。

粮食白酒应纳消费税=400×20%+10×1=90(万元)

粮食白酒应纳城市维护建设税和教育费附加=90×10%=9(万元)

药酒应纳消费税=600×10%=60(万元)

药酒应纳城市维护建设税和教育费附加=60×10%=6(万元)

累计应纳税额=90+9+60+6=165(万元)

【筹划总结】

方案二比方案一节税74.8(239.8-165)万元;通过计算比较,该公司应当选择方案二,即分别核算各类酒的销售额。

案例 4-19

甲公司为一家摩托车生产企业,本年7月对外销售同型号的摩托车时共有3种价格,以6 000元的单价销售500辆,以6 500元的单价销售200辆,以7 000元的单价销售100辆。当月以300辆同型号的摩托车对乙公司进行投资,双方按当月的加权平均销售价格确定投资金额。以上价格均不含增值税。此类摩托车的消费税税率为10%。请对上述业务进行纳税筹划。

【筹划思路】

纳税人自产的应税消费品用于换取生产资料和消费资料、投资入股或抵偿债务等方面，应当以纳税人同类应税消费品的最高销售价格作为计税依据。实际上，当纳税人用应税消费品换取生产资料和消费资料、投资入股或抵偿债务时，一般是按照双方的协议价或评估价确定的，而协议价往往是市场的平均价。如果以同类应税消费品的最高销售价格作为计税依据，会加重纳税人的负担。可以考虑采取先销售应税消费品给对方，然后再以现金进行易物（入股、抵债）的方式，降低消费税税负。

【筹划方案】

方案一：甲公司直接以300辆摩托车对乙公司进行投资。

应纳消费税=7 000×300×10%=210 000（元）

方案二：甲公司先按照当月的加权平均价格将这300辆摩托车销售给乙公司，再以收到的现金对乙公司进行投资。

应纳消费税=（6 000×500+6 500×200+7 000×100）÷（500+200+100）×300×10%=187 500（元）

【筹划总结】

由此，方案二比方案一少缴纳消费税2.25（21-18.75）万元，因此，应当选择方案二。通过先销售后投资的方式，多了一道环节，却降低了计税依据，从而降低了消费税税负。

案例4-20

甲公司是一家化妆品生产企业，为增值税一般纳税人。本年中秋节将至，甲公司将自产的特制高档化妆品（假设此种类高档化妆品不对外销售，且无市场同类产品价格）作为福利发放给职工。此批高档化妆品的成本为850万元（若采用成本控制，可以将成本降至765万元），成本利润率为5%，消费税税率为15%。请对上述业务进行纳税筹划。

【筹划方案】

对于自产自用的应税消费品用于其他方面需要纳税的情况，若无市场同类商品售价，则其成本直接影响组成计税价格，从而影响消费税税额。企业通过降低成本可以达到降低组成计税价格的目的，从而减轻消费税税负。

方案一：维持该批产品成本不变。

组成计税价格=850×（1+5%）÷（1-15%）=1 050（万元）

应纳消费税=1 050×15%=157.5（万元）

方案二：甲公司通过成本控制将成本降为765万元。

组成计税价格=765×（1+5%）÷（1-15%）=945（万元）

应纳消费税=945×15%=141.75（万元）

【筹划总结】

方案二比方案一少缴纳消费税15.75（157.5-141.75）万元，若以实现税负最小化为纳税筹划目标，则应当选择方案二。在涉及多种产品成本费用分配的情况下，企业可以选择合理的成本分配方法，将成本合理地、较多地分摊到不需要计缴消费税的产品上，相应地压缩需要通过计算组成计税价格来计缴消费税的产品的成本，进而降低消费税税负。

4.9 延长纳税期限的纳税筹划

4.9.1 税法相关规定

《消费税暂行条例实施细则》第八条规定，消费税纳税义务发生时间，按照以下规定进行。

①纳税人销售应税消费品的，按不同的销售结算方式分为以下几种情况。

A. 采取赊销和分期收款结算方式的，为书面合同约定的收款日期的当天；书面合同没有约定收款日期或者无书面合同的，为发出应税消费品的当天。

B. 采取预收货款结算方式的，为发出应税消费品的当天。

C. 采取托收承付和委托银行收款方式的，为发出应税消费品并办妥托收手续的当天。

D. 采取其他结算方式的，为收讫销售款或者取得索取销售款凭据的当天。

②纳税人自产自用应税消费品的，为移送使用的当天。

③纳税人委托加工应税消费品的，为纳税人提货的当天。

④纳税人进口应税消费品的，为报关进口的当天。

《消费税暂行条例》第十四条规定："消费税的纳税期限分别为1日、3日、5日、10日、15日、1个月或者1个季度。纳税人的具体纳税期限，由主管税务机关根据纳税人应纳税额的大小分别核定；不能按照固定期限纳税的，可以按次纳税。纳税人以1个月或者1个季度为1个纳税期的，自期满之日起15日内申报纳税；以1日、3日、5日、10日或者15日为1个纳税期的，自期满之日起5日内预缴税款，于次月1日起15日内申报纳税并结清上月应纳税款。"第十五条规定："纳税人进口应税消费品，应当自海关填发海关进口消费税专用缴款书之日起15日内缴纳税款。"

生产企业可利用采取赊销和分期收款结算方式来销售消费产品，以延期纳税，赢得资金的时间价值。

4.9.2 纳税筹划案例分析

案例4-21

某化妆品有限责任公司成立于2019年8月8日，是一家生产香粉、口红、指甲油、胭脂等日用化妆品的企业。由于处于成立初期，所以该企业实行市场领先的原则，立足于占有市场。该公司在开业的4个月里发生了以下几笔比较大的业务。

2019年8月18日，公司与甲商场签订了一笔化妆品销售合同，销售金额为300万元，货物于8月18日、2020年2月18日、2020年6月18日，平均分三批发给商场，货款于每批货物发出后2个月内支付。公司的会计已于2019年8月底将300万元的销售额计算缴纳消费税。

2019年8月20日，公司与乙商场签订了一笔化妆品销售合同，货物价值180万元并于2019年8月26日发出，货款于2020年6月30日支付。公司的会计已于2019年8月底将180万元的销售额计算缴纳消费税。

2019年11月8日，公司与丁商场签订一笔销售合同，合同标的为100万元，货物于2020年4月30日前发出。考虑到支持该化妆品有限责任公司的生产，丁商场已将该货款先汇到公司的账上。公司的会计已于2019年11月底将100万元的销售额计算缴纳消费税。

到了2019年年底，公司的刘经理发现，企业的应收账款累计已经有1 000多万元，由于大量的业务事实上没有实现，而税收却要先行缴纳，企业的现金流量出现了较大的负值，公司的资金周转出现了严重的问题，但是又不知道问题的根源在哪里。请对该公司进行纳税筹划。

【筹划方案】

现对以上几笔业务从税收的角度进行具体分析（为简化起见，这里不考虑增值税和其他税费问题）。

（1）对于第一笔业务，合同没有明确销售方式，公司会计人员依法对其按直接销售业务处理，并于业务发生的当月底计提并缴纳消费税45（300×15%）万元。如果公司的销售人员在与甲商场签订该笔业务的销售合同时，明确"分期收款结算方式销售"业务。那么，该笔业务的纳税义务就可以向后推迟。将"销售合同规定的收款日期"作为纳税义务实现的时间，企业就可以将第一笔15万元消费税向后推迟2个月，第二笔15万元消费税向后推迟8个月，最后的15万元消费税向后推迟12个月。

（2）对于第二笔业务，如果公司的销售人员在与甲商场签订该笔业务的销售合同时，明确"赊销"业务。那么，该笔业务的纳税义务27（180×15%）万元就可以向后推迟10个月。

（3）对于第三笔业务，如果公司的销售人员在与甲商场签订该笔业务的销售合同时，明确采用"预收款结算方式"，则该笔业务的纳税义务15（100×15%）万元就可以向后推迟最长5个月的时间。

案例 4-22

甲公司为一家高档化妆品生产企业，现向A客户赊销高档化妆品一批，不含增值税价格为4 000万元，合同中约定的收款日期为本年7月31日。高档化妆品的消费税税率为15%，甲公司消费税纳税期限为1个月，同期银行存款利率为3%。请对上述业务进行纳税筹划。

【筹划思路】

纳税人可以充分利用消费税纳税义务发生时间和纳税期限的有关规定，合理延迟纳税义务发生时间，从而充分利用资金的时间价值。

【筹划方案】

方案一：合同中该笔款项的收款时间仍确定为本年7月31日。

则7月份为纳税义务发生时间，甲公司须于8月15日之前缴纳税款。假设8月10日缴纳税款，则8月10日缴纳消费税税额=4 000×15%=600（万元）。

方案二：经与客户协商，将合同中该笔款项的收款时间定为本年8月1日。

则8月份为纳税义务发生时间，甲公司须于9月15日之前缴纳税款。假设9月10日缴纳税款，则折现到8月10日的消费税税额=600÷（1+3%÷12）=598.5（万元）。

【筹划总结】

方案二比方案一的纳税支出现值少 1.5（600-598.5）万元，因此，应当选择方案二。通过合同中将赊销收款日期延迟 1 天，从而使纳税义务发生时间延迟一个月，进而充分利用了资金的时间价值。若同时考虑增值税及城市维护建设税和教育费附加，则节税效果更加明显。

4.10 进口环节的纳税筹划

4.10.1 税法相关规定

根据规定，进口货物采用以成交价格为基础的完税价格。进口货物的完税价格包括货物的货价、货物运抵我国输入地点起卸前的运输及相关费用、保险费。对于价格不符合成交条件或成交价格不能确定的进口货物，由海关估价确定。

4.10.2 纳税筹划案例分析

案例 4-23

甲公司是一家国外的汽车生产企业，乙公司为甲公司在中国的销售公司。乙公司先以每辆 120 万元的关税完税价格从甲公司进口汽车 10 辆，然后再以每辆 200 万元的价格（不含增值税）将其全部销售给中国的丙公司，关税税率为 15%，消费税税率为 25%。假设不考虑乙公司国内销售环节的城市维护建设税和教育费附加。请对上述业务进行纳税筹划。

【筹划思路】

进口货物的关税完税价格越小，越能降低进口关税以及进口环节的增值税和消费税。企业可以通过与中国境内关联方之间进行转让定价的方式来降低关税完税价格，从而降低进口环节相关税负。

【筹划方案】

方案一：乙公司先以每辆 120 万元的关税完税价格从甲公司进口汽车 10 辆，然后再以每辆 200 万元的价格（不含增值税）将其全部销售给中国的丙公司。

乙公司进口环节应纳关税 = 120×10×15% = 180（万元）

乙公司进口环节应纳消费税 =（120×10+180）÷（1-25%）×25% = 460（万元）

乙公司进口环节应纳增值税 =（120×10+180）÷（1-25%）×13% = 239.2（万元）

公司销售给丙公司汽车应纳增值税 = 200×10×13% - 239.2 = 20.8（万元）

乙公司税负合计 = 180+460+239.2+20.8 = 900（万元）

方案二：乙公司先以每辆 90 万元的关税完税价格从甲公司进口汽车 10 辆，然后再以每辆 200 万元的价格（不含增值税）将其全部销售给中国的丙公司。

乙公司进口环节应纳关税 = 90×10×15% = 135（万元）

乙公司进口环节应纳消费税 =（90×10+135）÷（1-25%）×25% = 345（万元）

乙公司进口环节应纳增值税=（90×10+135）÷（1-25%）×13%=179.4（万元）

乙公司销售给丙公司汽车应纳增值税=200×10×13%-179.4=80.6（万元）

乙公司税负合计=135+345+179.4+80.6=740（万元）

【筹划总结】

通过筹划，发现方案二比方案一少缴纳关税45（180-135）万元，少缴纳消费税115（460-345）万元，少缴税合计160（900-740）万元。因此，应当选择方案二。由于关税完税价格的调整应在价格符合成交条件的前提下进行，纳税筹划应当合法合理，否则有可能被海关估价确定。

案例4-24

有进出口经营权的某外贸公司，2020年3月份从国外进口卷烟320箱（每箱250条，每条200支），支付买价2 000 000元，支付到达我国海关前的运输费用120 000元、保险费用80 000元。该批进口卷烟适用最惠国税率，进口关税税率为25%。该外贸公司如何进行纳税筹划？

【筹划思路】

在一定条件下，进口卷烟既可按甲类卷烟申报进口，也可按乙类卷烟申报进口，合理申报进口卷烟类型，可降低消费税税负，节省消费税。

【筹划方案】

如果该外贸公司按甲类卷烟申报进口：

每条关税完税价格 = (2 000 000 + 120 000 + 80 000) ÷ 320 ÷ 250 = 27.5(元)

每条组成计税价格 = [27.5 × (1 + 25%) + 0.6] ÷ (1 - 56%) = 79.49(元) ≥ 70(元)

应纳消费税 = 320 × 250 × 0.6 + 320 × 250 × 79.49 × 56% = 3 609 152(元)

如果该外贸公司按乙类卷烟申报进口：

每条组成计税价格 = [27.5 × (1 + 25%) + 0.6] ÷ (1 - 36%) = 54.65(元) < 70(元)

应纳消费税 = 320 × 250 × 0.6 + 320 × 250 × 54.65 × 36% = 1 621 920(元)

【筹划总结】

该外贸公司选择按乙类卷烟申报进口，可大幅节省进口消费税，节省消费税1 987 232（3 609 152 - 1 621 920）元。

下面构建一个筹划模型。卷烟两档比例税率，实质上构成两级全额累进税率，临界点是70元。设卷烟进口关税税率为 t_g，倒算进口卷烟临界点每条关税完税价格 BG_1、BG_2。

$BG_1 = [70 × (1 - 56\%) - 0.6]/(1 + t_g) = 30.2/(1 + t_g)$

$BG_2 = [70 × (1 - 36\%) - 0.6]/(1 + t_g) = 44.2/(1 + t_g)$

卷烟现行进口关税最惠国税率为25%，普通税率为180%。以最惠国税率25%为例，当 $t_g = 25\%$ 时，$BG_1 = 24.16$，$BG_2 = 35.36$。

也就是说，在卷烟进口关税税率为25%的情况下，当进口卷烟每条关税完税价格处于[24.16，35.36]元的区间时，纳税人既可按甲类卷烟申报进口，也可按乙类卷烟申报进口；选择按乙类卷烟申报进口，可大幅节省进口消费税。当然，进口卷烟每条关税完税价格小于24.16元时，只能按乙类卷烟申报进口；进口卷烟每条关税完税价格大于或等于35.36元时，只能按甲类卷烟申报进口。

4.11 出口环节的纳税筹划

4.11.1 税法相关规定

出口的应税消费品办理退税后,发生退关,或者国外退货进口时予以免税的,报关出口者必须及时向其机构所在地或者居住地主管税务机关申报补缴已退的税款。纳税人直接出口的应税消费品办理免税后,发生退关或者国外退货,进口时予以免税的,经机构所在地或者居住地主管税务机关批准,可暂不办理补税,待其转为国内销售时,再申报补缴消费税。

4.11.2 纳税筹划案例分析

案例 4-25

甲公司是一家钟表生产企业,为增值税一般纳税人。本年7月,甲公司出口一批高档手表,价款800万元,消费税税率为20%,办理出口免税手续后因故发生退货,所退货物将于本年12月销售给国内一商场。假设1个月的市场利率为1%。城市维护建设税税率为7%,教育费附加征收率为3%。请对上述业务进行纳税筹划。

【筹划思路】

企业可以在发生退货时经机构所在地或者居住地主管税务机关批准,暂不办理补税,待到转为国内销售时,再申报补缴消费税。

【筹划方案】

方案一:本年7月退货时申报补缴消费。

应纳消费税=800×20%=160(万元)

应纳城市维护建设税及教育费附加=160×(7%+3%)=16(万元)

应纳税额合计=160+16=176(万元)

应纳税额合计现值为176万元。

方案二:本年12月转为国内销售时申报补缴消费税。

应纳消费税=800×20%=160(万元)

应纳城市维护建设税及教育费附加=160×(7%+3%)=16(万元)

应纳税额合计=160+16=176(万元)

方案二和方案一应纳税额一样,但可以延期5个月纳税,应纳税额合计现值 = 176 × $(P/F, 1\%, 5)$ = 176 × 0.951 5 = 167.464(万元)。

【筹划总结】

方案二比方案一应纳税额合计现值少8.536(176-167.464)万元。因此,应选择方案二。当企业发生出口货物退关或者退货时,可以采用适当方法延迟补税的时间,在一定时期内占用消费税税款,充分利用资金的时间价值。

4.12 消费税税收优惠及其他方面的纳税筹划

4.12.1 分立内部销售组织,制定内部转移价格

生产应税消费品销售是消费税征收的主要环节,大部分情况下,消费税是单一环节征税,对大多数消费税应税商品而言,在生产销售环节征税以后,流通环节不用再缴纳消费税。

纳税人生产应税消费品,除了直接对外销售应征收消费税外,如将生产的应税消费品换取生产资料、消费资料,投资入股,偿还债务,以及用于继续生产应税消费品以外的其他方面都应缴纳消费税。

因此,应税消费品生产企业可以将销售部门设为独立的销售公司,以合理、较低的销售价格销售给销售公司,从而减少应纳消费税税额。而独立核算的销售部门,由于处在销售环节,只缴纳增值税,不缴纳消费税,筹划的结果是集团的整体消费税税负下降,增值税税负保持不变。

应当注意的是,由于独立核算的销售部门与生产企业之间存在关联关系,根据《中华人民共和国税收征收管理法》,中国企业或者外国企业在中国境内设立的从事生产、经营的机构、场所与其关联企业之间的业务往来,应当按照独立企业之间的业务往来收取或者支付价款、费用。不按照独立企业之间的业务往来收取或者支付价款、费用,而减少其应纳税的收入或者所得额的,税务机关有权进行合理调整。因此,企业销售给下属专设销售机构的价格应当参照社会的平均销售价格而定。

案例 4-26

某手表公司(增值税一般纳税人)当月生产并销售某型号手表100只,每只销售价格为11 000元(不含增值税)。当地附加税费率为10%。请对该公司的销售业务进行税收筹划。

【筹划思路】

手表厂将销售部独立,设立全资销售子公司(增值税一般纳税人),手表厂将每只手表以9 990元的出厂价(不含增值税)卖给销售公司,销售公司以每只11 000元的价格(不含增值税)对外销售。

根据统一调度模型,不考虑设立公司增加的成本,集团内部定价的高低不影响整个集团的税前利益,筹划前后整个集团税前利益不变。

由于增值税是全环节纳税,并且前面环节缴纳的增值税可以在后面环节抵扣,筹划前后整个集团的增值税及附加税费不变。

【筹划方案】

方案一:该公司以每只手表11 000元(不含增值税)的价格对外销售,则该公司应纳消费税及其附加=11 000×100×20%×(1+10%)=242 000(元)

方案二:手表厂将销售部门独立,设立全资销售子公司(增值税一般纳税人),手表厂将每只手表以9 990元的出厂价(不含增值税)卖给销售公司,销售公司再以每只

11 000 元的价格（不含增值税）对外销售。

由于手表厂每只手表的销售价格未达到 10 000 元，不属于高档手表，不在消费税征税范围内，无须缴纳消费税。

【筹划总结】

方案二较方案一节约消费税 242 000 元。不考虑企业所得税，整个集团当月税后利益增加 242 000 元。单一环节税收如果存在起征点，当商品销售价格在起征点以下，不纳税；当商品销售价格达到起征点，应纳税。处于纳税环节的公司可运用征税范围筹划技术，将公司的销售部门独立，设立销售子公司，将内部价格控制在起征点以下，母公司无须纳税；而子公司不处于纳税环节，也无须纳税，从而实现整个集团纳税最小化。该案例中，手表消费税在单一环节征收，在生产出厂环节纳税，而且手表消费税存在起征点，运用统一调度模型可达到显著的筹划效果。

4.12.2 通过企业合并，递延纳税环节

由于消费税针对特定的纳税人，因此，可以通过企业的合并递延纳税时间。

①合并会使原来企业间的购销环节转变为企业内部的原材料转让环节，从而递延部分消费税税款。如果两个合并企业之间存在原材料供应关系，则在合并前，这笔原材料的转让关系为购销关系，应该按照正常的购销价格缴纳消费税税款；而在合并后，企业之间的原材料供应关系转变为企业内部的原材料转让关系，因此，这一环节不再缴纳消费税，而是递延至销售环节再征收。

②如果后一环节的消费税税率较前一环节的低，则可直接减轻企业的消费税税负。因为前一环节应该征收的税款延迟到后面环节再征收，如果后面环节税率较低，则合并前企业间的销售额，因在合并后适用了较低的税率而减轻了税负。

案例 4-27

某地区有两家大型酒厂 A 和 B，它们都是独立核算的法人企业。企业主要经营粮食类白酒，以当地生产的大米和玉米为原料进行酿造，按照消费税税法规定，应该适用 20% 的税率加征 0.5 元/500 克的定额税。企业 B 以企业 A 生产的粮食酒为原料，生产系列药酒，按照税法规定，适用 10% 的税率。企业 A 每年要向企业 B 提供 5 000 万千克的粮食酒，价值 2 亿元。经营过程中，企业 B 由于缺乏资金和人才，无法经营下去，准备破产。此时企业 B 欠企业 A 共计 5 000 万元货款。经评估，企业 B 的资产恰好也为 5 000 万元。企业 A 的领导人经过研究，决定对企业 B 进行收购。请为上述 A、B 公司进行纳税筹划。

【税法依据】

合并前，企业 B 的资产和负债均为 5 000 万元，净资产为 0，因此，按照现行税法规定，该购并行为属于以承担被兼并企业全部债务的方式实现吸收合并，不视为被兼并企业按公允价值转让、处置全部资产，不计算资产转让所得，不用缴纳所得税。

【筹划思路】

合并可以递延消费税部分税款。合并前，企业 A 向企业 B 提供的粮食酒每年应该缴纳的税款为：消费税 = 20 000×20% + 5 000×2×0.5 = 9 000（万元），增值税 = 20 000×13% = 2 600（万元）。而这笔税款的一部分合并后可以递延到药酒销售环节缴纳（消费税从价计

征部分和增值税），获得递延纳税的好处；另一部分税款（从量计征的消费税税款）则免于缴纳。由于粮食酒的消费税率为20%，而药酒的消费税税率为10%，因此，如果企业合并，税负将会大大减轻。

【筹划方案】

假定药酒的销售额为2.5亿元，销售数量为5 000万千克。

方案一：A、B公司未进行吸收式合并，则：

A厂应纳消费税＝20 000×20%＋5 000×2×0.5＝9 000（万元）

B厂应纳消费税＝25 000×20%＋5 000×2×0.5＝10 000（万元）

合计应纳税款＝9 000＋10 000＝19 000（万元）

方案二：A公司对B公司采用吸收式合并，则：

合并后应纳消费税税款＝25 000×20%＋5 000×2×0.5＝10 000（万元）

【筹划总结】

方案二较方案一节约消费税9 000（19 000－10 000）万元，故A公司应选择方案二。通过企业合并，递延纳税环节，应当从总体上考虑企业合并的税收和非税收的收益，而不是仅仅考虑税负的高低。

4.12.3　结合临界点降低售价，降低税率

卷烟实行两档比例税率，实质构成两级全额累进税率。其中，调拨价70元（不含增值税）/条以上（含70元）为甲类卷烟，调拨价70元（不含增值税）/条以下为乙类卷烟。

啤酒也是两档比例税率，其中，每吨啤酒出厂价格（含包装物及包装物押金）在3 000元（含3 000元，不含增值税）以上，以及娱乐业、饮食业自制啤酒均为甲类啤酒；每吨啤酒出厂价格在3 000元（不含3 000元，不含增值税）以下的，为乙类啤酒。

案例4-28

某卷烟厂为一般纳税人，每条（200支，下同）卷烟调拨价格为75元（不含增值税，下同）。当地附加税率为10%。该卷烟厂如何进行纳税筹划？

【筹划思路】

卷烟实行两档比例税率，实质上构成两级全额累进税率，调拨价格存在纳税禁区，纳税人应进行纳税筹划，避开调拨价格的纳税禁区，降低适用的比例税率。

【筹划方案】

每条卷烟调拨价格为75元，适用消费税比例税率56%，定额税率0.6元/条，每条应纳消费税及附加＝(0.6＋75×56%)×(1＋10%)＝46.86(元)；如果卷烟厂将每条调拨价格降为69元，则适用消费税比例税率36%，定额税率0.6元/条，每条应纳消费税及附加＝(0.6＋69×36%)×(1＋10%)＝27.98(元)。

通过筹划，收入减少6(75－69)元。

消费税及附加减少18.88(46.86－27.98)元。

本案例调拨价格不含增值税，无须考虑增值税，但要考虑增值税附加。增值税附加减少0.078[(75－69)×13%×10%]元。

通过筹划，税后收入增加12.958(18.88＋0.078－6)元。

下面构建筹划模型。卷烟实行两档比例税率，实质上构成两级全额累进税率，每条卷烟调拨价格存在纳税禁区。当每条卷烟调拨价格处于纳税禁区时，税后收入不能达到最大，不如将调拨价格降到临界点(70元)以下。

设每条(200支，下同)调拨价格S元(不含增值税)处于纳税禁区内，$S \geq 70$，附加税费率为a，则

$$S - 70 < (S \times 56\% - 70 \times 36\%) \times (1 + a) + (S - 70) \times 13\% \times a$$

解得：$70 \leq 570 \times [1 - 36\% \times (1 + a) - 13\% \times a][1 - 56\% \times (1 + a) - 13\% \times a]$

当$a = 10\%$时，$70 \leq S < 111.51$。

【筹划总结】

即当附加税费率为10%时，每条卷烟调拨价格处于70元至111.51元，为纳税禁区。当调拨价格处于纳税禁区时，不如将调拨价格降至70元以下。

案例4-29

某啤酒厂为一般纳税人，每吨啤酒出厂价格为3 010元（不含增值税，下同）。当地附加税费率为10%。该啤酒厂如何进行纳税筹划？

【筹划思路】

啤酒两档定额税率，实质上构成两级全额累进税率纳税人应进行纳税筹划，降低适用的定额税率。

【筹划方案】

每吨啤酒出厂价格为3 010，适用消费税定额税率250元/吨，每吨应纳消费税及附加＝250×（1+10%）＝275（元）。

如果啤酒厂将每吨啤酒出厂价格降为2 999元，则适用消费税定额税率220元/吨，每吨应纳消费税及附加＝220×（1+10%）＝242（元）。

通过筹划，收入减少11（3 010-2 999）元，消费税及附加减少33（275-242）元。

本案例出厂价格不含增值税，无须考虑增值税，但要考虑增值税附加，增值税附加减少0.14［（3 010-2 999）×13%×10%］元。

【筹划总结】

通过筹划，税后收入增加22.14（33+0.14-11）元。

下面构建筹划模型。啤酒两档定额税率，实质上构成两级全额累进税率，每吨啤酒出厂价格存在纳税禁区。当每吨啤酒出厂价格处于纳税禁区时，税后收入不能达到最大，不如将出厂价格降到临界点（3 000元）以下。

设每吨啤酒出厂价格S元(不含增值税)处于纳税禁区内，$S \geq 3 000$。设附加税费率为a，则：

$$S - 3 000 < (250 - 220) \times (1 + a) + (S - 3 000) \times 13\% \times a$$

解得：$3 000 \leq S < 3 000 + (250 - 220) \times (1 + a)/(1 - 13\% \times a)$

当$a = 10\%$时，$3 000 \leq S < 3 033.43$。即当附加税费率为10%时，每吨啤酒出厂价格处于3 000元至3 033.43元，为纳税禁区，当出厂价格处于纳税禁区时，不如将出厂价格降至3 000元以下。

4.13 消费税纳税筹划风险与控制

4.13.1 违法违规筹划风险与控制

纳税筹划以遵守税法为前提，违背税法、偷逃税收的安排不属于纳税筹划的范畴。纳税人假借纳税筹划之名，行偷逃税收之实，就存在法律风险，将受到法律的制裁，轻则受到行政处罚，重则受到刑事制裁。

案例 4-30

某烟厂主要产品是卷烟和烟丝。2019 年 3 月，销售卷烟 2 万条，每条售价 100 元（不含增值税，下同），合计售价 200 万元；另销售烟丝 50 万元。

【筹划方案】

为了少缴消费税，该烟厂在销售过程中，有 2 000 卷烟在开具销售发票时，发票联商品名称为"卷烟"，而记账联则为"烟丝"，售价 20 万元。会计核算时将这 20 万元记入"主营业务收入——烟丝"科目。该烟厂申报 3 月份消费税时，"卷烟"按 1.8 万条、销售额 180 万元申报，"烟丝"按销售额 70 万元申报。

该烟厂 3 月份申报缴纳消费税 = $1.8 \times 0.6 + 180 \times 56\% + 70 \times 30\% = 122.88$（万元）

2019 年 4 月，主管税务机关对该烟厂进行税务检查，调查账簿、实物，并进行外调，发现该烟厂将 2 000 条卷烟按烟丝处理。根据《中华人民共和国税收征收管理法》（中华人民共和国主席令第 49 号）第六十三条规定：纳税人伪造、变造、隐匿、擅自销毁账簿、记账凭证，或者在账簿上多列支出或者不列、少列收入，或者经税务机关通知申报而拒不申报或者进行虚假的纳税申报，不缴或者少缴应纳税款的，是偷税。对纳税人偷税的，由税务机关追缴其不缴或者少缴的税款、滞纳金，并处不缴或者少缴的税款百分之五十以上五倍以下的罚款；构成犯罪的，依法追究刑事责任。

主管税务机关认定该烟厂偷税，但未构成犯罪，决定追缴少缴的消费税及滞纳金，并处二倍罚款。

应纳消费税 = $2 \times 0.6 + 200 \times 56\% + 50 \times 30\% = 128.2$（万元）

应补消费税 = $128.2 - 122.88 = 5.32$（万元）

税收罚款 = $5.32 \times 2 = 10.64$（万元）

【筹划总结】

纳税人应对违法筹划风险进行控制，严格遵守税法，对经济活动的筹划安排限定在税法允许的范围之内，认真履行纳税义务，才可以规避违法风险，实现涉税零风险。

4.13.2 认定差异筹划风险与控制

避税筹划没有违法风险，但存在筹划风险，当筹划方案得不到税务机关的认可时，便产生了风险。政府和税务机关通过完善税法、堵塞漏洞进行反避税，对纳税人实施不具有合理商业目的的安排而减少税收的，税法有明文规定的，税务机关可进行特别纳税调整或核定征收。纳税人投入成本进行避税筹划，如果遭到税务机关特别纳税调整或核定征收而避税失败，则前功尽弃。

案例 4-31

某白酒生产企业下设销售子公司，白酒生产企业将生产的白酒全部销售给子公司，子公司再对外销售。2021 年 1—3 月每月销售白酒 1 万瓶（每瓶 500 克）。

【筹划方案】

为了降低税基，减少消费税，白酒生产企业以每瓶 100 元（不含增值税，下同）的价格销售给子公司，子公司再以每瓶 200 元的价格对外销售。

该企业每月申报缴纳消费税 = 10 000×0.5+100×10 000×20% = 205 000（元）

2019 年 4 月，主管税务机关对该企业进行税务检查。根据《中华人民共和国消费税暂行条例》规定：纳税人应税消费品的计税价格明显偏低且无正当理由的，由主管税务机关核定其计税价格。根据《消费税暂行条例实施细则》（财政部国家税务总局第 51 号令），应税消费品计税价格的核定权限规定如下：（1）卷烟、白酒和小汽车的计税价格由国家税务总局核定，送财政部备案；（2）其他应税消费品的计税价格由省、自治区和直辖市国家税务局核定；（3）进口的应税消费品的计税价格由海关核定。根据《国家税务总局关于加强白酒消费税征收管理的通知》（国税函〔2009〕380 号）：

白酒生产企业销售给销售单位的白酒，生产企业消费税计税价格低于销售单位对外销售价格（不含增值税，下同）70% 以下的，税务机关应核定消费税最低计税价格。

该白酒生产企业销售给子公司的价格为子公司对外销售价格的 50%，主管税务为定该企业计税价格明显偏低，国家税务总局根据该企业生产规模、白酒品牌、利润水平等情况核定其最低计税价格为子公司对外销售价格的 70%，即每瓶 140 元，并责令补缴 2019 年 1—3 月每月消费税.

每月应纳消费税 = 10 000×0.5+140×10 000×20% = 285 000（元）

每月应补消费税 = 285 000 − 205 000 = 80 000（元）

【筹划总结】

纳税人应对认定差异筹划风险进行控制。比如独立交易价格不是一个点，而是一个区间。纳税人避税应谨慎，不但要遵守税法，也要遵守反避税法，在一定区间内进行合法避税筹划。

4.13.3 政策变动风险与控制

纳税人没有掌握税法最新变动，将产生筹划风险。

案例 4-32

2019 年 6 月某高档化妆品生产公司欲将 50 万元（不含增值税，下同）的原材料加工成化妆品销售。现有以下两种方案可供选择。

方案一：委托某协作厂加工，支付加工费 37.5 万元，受托方没有同类化妆品销售价格。

方案二：企业自行生产，据测算，自行生产的人工费及分摊费用为 34 万元。

假设两种方案生产的化妆品品质没有差异，对外销售都可以实现销售收入 200 万元。

此案例消费税附加不重要，可不考虑。

【筹划方案】

这两种方案公司应纳消费税和税后毛利（主营业务收入-主营业务成本-税金及附加）计算如下。

方案一：该厂向受托方支付加工费的同时，向其支付代收代缴的消费税。

消费税组成计税价格＝（50+37.5）/（1-15%）＝102.94（万元）

应纳消费税＝102.94×15%＝15.44（万元）

公司根据《中华人民共和国消费税暂行条例实施细则》规定：委托加工的应税消费品直接出售的，不再缴纳消费税。该公司收回化妆品直接出售，不再缴纳消费税。

税后毛利＝200-50-37.5-15.44＝97.06（万元）

方案二：自行生产的应税消费品对外销售时，计算缴纳消费税。

应纳消费税＝200×15%＝30（万元）

税后毛利＝200-50-34-30＝86（万元）

该公司认为选择方案一，可以节省消费税14.56（30-15.44）万元，增加税后毛利11.06（97.06-86）万元，于是选择方案一，委托协作厂加工。

2019年7月，主管税务机关对该公司进行税务检查时，根据《财政部国家税务总局关于〈中华人民共和国消费税暂行条例实施细则〉有关条款解释的通知》（财法〔2012〕8号）：委托方将收回的应税消费品，以不高于受托方的计税价格出售的，为直接出售，不再缴纳消费税；委托方以高于受托方的计税价格出售的，不属于直接出售，需按照规定申报缴纳消费税，在计税时准予扣除受托方已代收代缴的消费税。因此，主管税务机关责令该公司补缴消费税。

应补缴消费税＝200×15%-15.44＝14.56（万元）

补缴消费税后，税后毛利＝97.06-14.56＝82.5（万元）

【筹划总结】

选择方案一，委托加工，补缴消费税后，节省消费税0元，减少税后毛利3.5万元。该公司没有考虑税法变动，筹划失败。纳税人应关注税法、税收政策及税法变动，防范风险，从而实现纳税筹划最终目标。

4.14 消费税实务疑难解答

【实务释疑1】本公司从事卷烟批发，按规定从2009年5月1日起缴纳批发环节的消费税，请问在计算应纳消费税时能否扣除生产厂家已经缴纳的消费税？

答：《财政部国家税务总局关于调整烟产品消费税政策的通知》（财税〔2009〕84号）规定，卷烟消费税在生产和批发环节征收后，批发企业在计算纳税时不得扣除已含的生产环节的消费税税款。因此，你公司在计算应纳消费税税款时不得扣除生产环节已经缴纳的消费税税款。

【实务释疑2】本公司为一家成品油批发企业，将外购的各种标号汽油与乙醇混掺制成乙醇汽油后对外销售，请问是否需要缴纳消费税？

答：《财政部国家税务总局关于提高成品油消费税税率的通知》（财税〔2008〕167号）规定，汽油是指用原油或其他原料加工生产的辛烷值不小于66的可用作汽油发动机燃料的各种轻质油。含铅汽油是指铅含量每升超过0.013克的汽油。汽油分为车用汽油和航空汽油。以汽油、汽油组分调和生产的甲醇汽油、乙醇汽油也属于税目征收范围。另外，《国家税务总局关于加强成品油消费税征收管理有关问题的通知》（国税函〔2008〕1072号）第一条规定，下列纳税人应于2009年1月24日前到所在地主管税务机关办理消费税税种管理事项：

（1）以原油以外的其他原料加工汽油、柴油、石脑油、溶剂油、航空煤油、润滑油和燃料油的；

（2）用外购汽油和乙醇调和乙醇汽油的。

因此，你公司将外购的各种标号汽油与乙醇混掺制成乙醇汽油后对外销售，需要缴纳消费税。

【实务释疑3】我公司为一家生产成品油的炼油厂，将自产的成品油用于本单位的班车（接送员工上下班），请问是否可以免缴消费税？

答：《财政部国家税务总局关于对成品油生产企业生产自用油免征消费税的通知》（财税〔2010〕98号）规定，从2009年1月1日起，对成品油生产企业在生产成品油过程中，作为燃料、动力及原料消耗掉的自产成品油，免征消费税。对用于其他用途或直接对外销售的成品油照章征收消费税。因此，你公司将自产成品油用于班车（接送员工上下班）不符合上述规定，应按规定缴纳消费税。

【实务释疑4】本年7月我公司与客户签订合同，按客户要求制造一艘机动游艇，工期18个月。本年7月收到预收款800万元，请问我公司收到该笔预收款项时是否需要缴纳消费税？

答：《消费税暂行条例实施细则》第八条第一款第二项规定，消费税纳税义务发生时间，采取预收货款结算方式的，为发出应税消费品的当天。因此，你公司采取预收款方式，应于完成机动游艇的建造、发出应税消费品时确认消费税纳税义务。

此外，《增值税暂行条例实施细则》第三十八条第四款规定，增值税纳税义务发生时间，采取预收货款方式销售货物，为货物发出的当天，但生产销售生产工期超过12个月的大型机械设备、船舶、飞机等货物，为收到预收款或者书面合同约定的收款日期的当天。因此，你公司应当在收到预收款时确认增值税纳税义务。

【实务释疑5】我公司的总公司在青岛，对当地主管税务机关负有消费税纳税义务，近期在青岛不同区又设立了几家分支机构，请问分支机构的消费税可以由总公司汇总缴纳吗？

答：《财政部国家税务总局关于消费税纳税人总分支机构汇总缴纳消费税有关政策的通知》（财税〔2012〕42号）规定，纳税人的总机构与分支机构不在同一县（市），但在同一省（自治区、直辖市）范围内，经省（自治区、直辖市）财政厅（局）、税务局审批同意，可以由总机构汇总向总机构所在地的主管税务机关申报缴纳消费税。

引例解答

1. 外购未税与已税原材料的平衡点分析

消费税制度规定，企业外购已税的原材料，其已纳税可以扣除（另有规定者除外），因此一些税务筹划的研究文献指出，企业外购已税的原材料比未税的原材料可能具有税收优势。事实上，外购已税的原材料一定是已经经过一定的加工程序的，对于企业而言，同样用途的原材料，如果购入未税的，一般意味着没有经过深加工、需要企业购入后自己进一步加工的原材料。前者可以扣税，但一般价格高一些；后者不可扣税，价格会低一些，但需要自己再付出一定的加工费。对于企业而言，加工到相同程度的同类原材料，两种情况下的付出成本对比就构成外购未税与已税的平衡点，计算公式为：

$$外购未税原材料 + 加工费 = 外购已税原材料 \times (1 - 扣税率)$$

当等式右边的值低于左边时，外购已税的原材料为优；反之，为劣。

2. 自行加工与委托加工的平衡点分析

委托加工可以分为加工成半成品和产成品，两者平衡点的计算是不同的。

这里首先假定购入的是没有经过加工的、未税的原材料，购入后需要在自行加工与委托加工之间决策，而委托加工收回的半成品，其已纳税额可以扣除。对于加工到相同程度的同类半成品而言，企业付出成本的对比可以构成一个平衡等式，计算公式为：

$$买入未税原材料 + 自行加工费 = 买入未税原材料 + 含税委托加工费 - 加工消费税$$

在消费税制度中，卷烟和啤酒的税率是根据对外售价全额累进的，因此在税率变化的临界点上，如何合理定价就十分重要。下面对啤酒的平衡点进行介绍。

根据消费税制度的规定，每吨啤酒出厂价在3 000元（不含3 000元，不含增值税）以下的，单位税额为220元/吨；啤酒无税价格在3 000元（含3 000元）以上的，单位税额为250元/吨。与卷烟类似，如果每吨价格只比3 000元高一点，加价可能也是不划算的，在征税临界点上也需要计算利润平衡点的加价幅度。

设税率临界点每吨的售价为P，在其基础上提高金额为S，成本为C，企业所得税税率为t，税后利润的平衡点为：

$$[P - C - 220 \times 1.1](1 - t) = [P + S - C - 250 \times 1.1](1 - t)$$

解得：$S = 33(元)$，也就是说，将每吨啤酒的价格提高到3 033元以上才划算。

本章小结

消费税是增值税的延伸税种，可以说是特殊的"增值税"。它与增值税的最大差别就在于按照含税价格核算应纳税额，属于价内税种。消费税很多税法要素和核算原理都类同于增值税，所以在纳税筹划的很多方面，可以沿用增值税的方法。但由于消费税保留了过去产品税的一些特征，相对税负较重，所以应格外引起纳税人的注意。利用征税环节进行价格转移和酒类企业的包装物筹划方法，应成为本章学习的重点。

知识链接

我国目前对鞭炮焰火、成品油、小汽车、电池等征收消费税，是为了贯彻节约资源和保护环境的基本国策，践行"绿水青山就是金山银山"的发展理念，坚持人与自然和谐共生。作为一名合法的社会公民，我们应从节约用水、用电、用纸，践行光盘行动，实行绿色出行等身边小事做起，实现与自然的和谐相处，为共同推动全球生态安全贡献力量。

章节小测试

一、单项选择题

1. 金银首饰、钻石及钻石饰品的消费税在（　　）征收。
   A. 批发环节　　　　B. 零售环节　　　　C. 委托加工环节　　　　D. 生产环节
2. 下列各项中，符合消费税纳税义务发生时间规定的是（　　）。
   A. 进口的应税消费品为取得进口货物的当天
   B. 自产自用的应税消费品为移送使用的当天
   C. 委托加工的应税消费品为支付加工费的当天
   D. 采取预收货款结算方式的为收取货款的当天
3. 适用消费税复合税率的税目有（　　）。
   A. 卷烟　　　　B. 烟丝　　　　C. 黄酒　　　　D. 啤酒
4. 适用消费税定额税率的税目有（　　）。
   A. 卷烟　　　　B. 烟丝　　　　C. 黄酒　　　　D. 白酒
5. 适用消费税比例税率的税目有（　　）。
   A. 卷烟　　　　B. 烟丝　　　　C. 黄酒　　　　D. 白酒
6. 下列选项中，不并入销售额征收消费税的是（　　）。
   A. 包装物销售　　　　B. 包装物租金
   C. 包装物押金　　　　D. 逾期未收回包装物押金

二、多项选择题

1. 下列物品中，属于消费税征收范围的有（　　）。
   A. 汽油和柴油　　　　B. 烟酒　　　　C. 小汽车　　　　D. 鞭炮、焰火
2. 下列税目中，适用消费税复合税率的有（　　）。
   A. 卷烟　　　　B. 雪茄　　　　C. 薯类白酒　　　　D. 粮食白酒
3. 下列税目中，适用消费税定额税率的有（　　）。
   A. 白酒　　　　B. 黄酒　　　　C. 啤酒　　　　D. 汽油
4. 消费税的税率分为（　　）。
   A. 比例税率　　　　B. 定额税率　　　　C. 复合税率　　　　D. 累进税率

三、判断题

1. 金银首饰的消费税在委托加工时收取。（　　）
2. 委托加工应税消费品以委托人为消费税的纳税义务人。（　　）
3. 我国现行消费税设置了14个税目。（　　）
4. 自行加工消费品比委托加工消费品承担的消费税负小。（　　）
5. 纳税人采取预收货款结算方式销售消费品的，其纳税义务发生时间为收取货款的当天。（　　）
6. 消费税采取"一目一率"的方法。（　　）
7. 消费税税率采取比例税率、定额税率和累进税率形式。（　　）
8. 用于投资的应税消费品应按照销售消费品计算缴纳消费税。（　　）
9. 包装物押金单独记账核算的不并入销售额计算缴纳消费税。（　　）

四、简答题

1. 消费税的税目和税率分别有哪些？
2. 企业转让定价的消费税纳税筹划方法是什么？
3. 企业如何改变生产方式进行消费税纳税筹划？
4. 包装物的增值税纳税规定是什么？如何对包装物进行纳税筹划？
5. 企业经营多种不同税率的消费税应税产品时，如何进行纳税筹划？

五、思考题

1. 如何看待消费税的纳税筹划？
2. 酒类企业纳税筹划的重点是什么？主要筹划方向和方法有哪些？
3. 怎样做好消费税兼营行为的纳税筹划？
4. 如何利用加工方式进行应税消费品的纳税筹划？
5. 对外购应税消费品用于连续生产应税消费品进行纳税筹划时应注意哪些问题？
6. 如何进行包装物及其押金的纳税筹划？

六、案例分析题

1. 村民张某自办发酵制作白酒的作坊，每月生产一吨白酒，但销售自酿50度散白酒每千克仅得5元，而且每天开车外出走村串巷很辛苦，销售量不足产量的1/4，很难回本，更难赚取利润了。两年不到已经库存积压15吨白酒，令张某愁苦难当，村民劝他卖掉酿酒设备和容器等，将白酒降价处理。你对此怎么看？请结合本章知识，为张某拟订一个可行的经营策划方案。

2. 某合资化妆品公司（一般纳税人）2020年4月发生以下业务：①购进香水精，取得增值税专用发票上注明价款30万元，本月货到并验收入库。②用上述购进的10万元香水精，委托一日化工厂加工高档化妆品，本月化妆品公司收回并支付加工费及增值税金，日化厂代收代缴了消费税，并开具了增值税专用发票，注明加工费6万元（包括代垫辅料1万元）。③该公司将收回高档化妆品的80%售给某特约经销商，开具增值税专用发票上注明价款40万元，货款已收到。④另领用外购香水精18万元，领用委托加工收回的高档化妆品2万元，生产成套高档化妆品售出，专用发票已开出，注明价款90万元，其中含护肤护发品和日用品销售额40万元。货已发出，并办妥银行托收手续。

要求：根据上述资料，按下列序号计算有关纳税事项，每问需计算出合计数。

(1) 计算化妆品公司应纳增值税和应交消费税税额（高档化妆品税率为15%）。
(2) 计算日化厂应纳增值税和应代收代缴消费税。
(3) 该笔业务是否具有足够的纳税筹划空间，怎样筹划才能减轻纳税负担？

3. 某日用化妆品厂，将生产的化妆品、护肤护发品、小工艺品等组成成套消费品销售。每套消费品由下列产品组成：化妆品包括一瓶香水120元、一瓶指甲油40元、一支口红60元；护肤护发品包括两瓶浴液100元、一瓶摩丝32元；化妆工具及小工艺品10元、塑料包装盒5元。高档化妆品消费税税率为15%，上述价格均不含税。要求：从纳税筹划角度，分析企业采用成套销售是否有利。

4. 甲公司委托乙公司将一批价值160万元的烟叶加工成烟丝，加工费120万元。甲公司将烟丝收回后继续加工成雪茄烟，发生加工成本152万元。该批雪茄烟售价1 120万元。烟丝消费税税率为30%，雪茄烟消费税税率为36%。如果甲公司将购入的烟叶自行加工成雪茄烟，加工成本共计300万元。要求：分析甲公司选择哪种加工方式更有利。

第5章 企业所得税纳税筹划

知识目标

1. 熟悉税法对企业所得税的有关规定。
2. 掌握企业所得税的最新优惠政策。
3. 掌握企业所得税的税率、纳税义务人以及税率。
4. 掌握与企业所得税优惠政策有关的纳税筹划。
5. 掌握与应纳税所得额有关的纳税筹划方案。
6. 理解与企业所得税纳税筹划的风险与控制。

能力目标

1. 熟练掌握企业所得税应纳税额的计算。
2. 能运用理论知识对经济业务进行纳税筹划。

素质目标

1. 熟悉相关的法律制度,关注最新税法政策,提高政治、法律意识。
2. 具备良好的职业道德素养和心理素质。
3. 树立正确的世界观、人生观、价值观。
4. 合法对企业所得税进行纳税筹划。

知识框架图

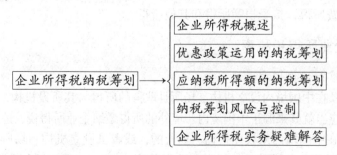

> **引 例**
>
> 某小微企业甲经营废旧物资回收加工业务已经 10 年,预计 2021 年度利润总额将会突破 500 万元;免征或者减征企业所得税的优惠政策早已过期,可能适用 25% 的税率,仅企业所得税就要缴纳 100 万元以上。如果你是税务师,怎样通过纳税筹划降低该小微企业的企业所得税?
>
> 引例解析见本章最后部分。

5.1 企业所得税概述

5.1.1 企业所得税概念

企业所得税是国家对企业和其他取得收入的组织生产经营所得和其他所得征收的一种所得税,是通过对一定时期内的生产经营收入减去必要的成本费用的余额征收的一种税。

5.1.2 企业所得税纳税义务人

企业所得税纳税义务人,是指在中华人民共和国境内的企业和其他取得收入的组织。《企业所得税法》第 1 条规定:除个人独资企业、合伙企业不适用《企业所得税法》外,凡在我国境内,企业和其他取得收入的组织(以下统称"企业")为企业所得税的纳税人,依照本法规定缴纳企业所得税。企业所得税纳税义务人包括居民企业和非居民企业。

居民企业,是指依法在中国境内成立,或者依照外国(地区)法律成立但实际管理机构在中国境内的企业。

非居民企业,是指依照外国(地区)法律成立且实际管理机构不在中国境内,但在中国境内设立机构、场所的,或者在中国境内未设立机构、场所,但有来源于中国境内所得的企业。

5.1.3 企业所得税征税对象

企业所得税的征税对象为纳税人从事生产经营的所得和其他所得,具体包括销售货物所得,提供劳务所得,转让财产所得,股息、红利等权益性投资所得,利息所得、租金所得、特许权使用费所得,接受捐赠所得和其他所得。

5.1.4 企业所得税税率

企业所得税实行比例税率。

居民企业以及在中国境内设立机构、场所且取得的所得与其所设机构、场所有实际联系的非居民企业,应当就其来源于中国境内、境外的所得缴纳企业所得税,适用税率为 25%。

非居民企业在中国境内未设立机构、场所的,或者虽设立机构、场所但取得的所得与其所设机构、场所没有实际联系的所得,适用税率为 20%,但实际征税时减按 10% 的税率征收企业所得税,以支付人为扣缴义务人。

5.1.5 企业所得税应纳税额

企业所得税的计税依据是应纳税所得额,即指企业每一纳税年度的收入总额,减去不征税收入、免税收入、各项扣除以及允许弥补的以前年度亏损后的余额,计算公式为:

应纳税所得额=收入总额-不征税收入-免税收入-各项扣除-允许弥补的以前年度亏损

5.2 优惠政策运用的纳税筹划

5.2.1 小微企业低税率优惠政策纳税筹划

5.2.1.1 税法相关规定

我们国家一直对小型微利企业(以下简称小微企业)的发展很重视,不仅在税法中规定了小微企业适用的优惠政策,还多次出台相关文件降低小微企业的实际税负。在税率上,《企业所得税法》第二十八条规定:符合条件的小微企业减按20%的税率征收企业所得税。根据税法规定,自2019年1月1日至2021年12月31日,对小型微利企业年应纳税所得额不超过100万元的部分,减按25%计入应纳税所得额,按20%的税率缴纳企业所得税;对年应纳税所得额超过100万元但不超过300万元的部分,减按50%计入应纳税所得额,按20%的税率缴纳企业所得税。其中,自2021年1月1日至2022年12月31日,对小型微利企业年应纳税所得额不超过100万元的部分,减按12.5%计入应纳税所得额,按20%的税率缴纳企业所得税。此外,对小微企业认定标准也大幅度调整,小型微利企业是指从事国家非限制和禁止行业,且同时符合年度应纳税所得额不超过300万元、从业人数不超过300人、资产总额不超过500万所得税三个条件的企业。

5.2.1.2 纳税筹划案例分析

▣ 案例5-1

甲公司从事交通运输业务,资产总额为700万元,从业人员60人。2019年该公司的税务审计显示其年度应纳税所得额为301万元,所以该公司不符合小型微利企业的标准,应按25%的基本税率缴纳所得税。同时,已知该公司有大量联运业务。请问公司应如何进行相应的纳税筹划?

【筹划思路】

甲公司是从事国家非限制和禁止行业,其小型微利企业身份的认定条件是年度应纳税所得额不超过300万元,从业人数不超过300人,资产总额不超过5 000万元。可以看出,甲公司之所以不能被认定为小型微利企业,原因仅在于其年度应纳税所得额比认定标准多出1万元。如果能结合公司的业务特点,将应纳税所得额进行压缩,还是有机会被认定为小型微利企业的。

【筹划方案】

(1)如果甲公司不采取任何措施,则应纳企业所得税为:301×25%=75.25(万元),

税后利润为：301-75.25＝225.75（万元）。

（2）甲公司有大量联运业务，如果公司和其联运公司协商，通过合理安排相互之间业务往来以增加对其联运公司的支付额，或提前在2019年多采购1万元的企业日常经营用品作为费用类项目在税前扣除，使得应纳税所得额减少到300万元，则符合小型微利企业的标准。筹划后应纳企业所得税为：100×25%×20%+（300-100）×50%×20%＝25（万元），税后利润为：300-25＝275（万元）。

甲公司通过筹划使得应纳企业所得税减少50.25（75.25-25）万元，企业的税后利润增加49.25（275-225.75）万元。需要注意的是，如果上例中实际应纳税所得额超出认定标准数额较多，则上述筹划操作容易有多列费用、少计收入之嫌，就会产生筹划风险。

【筹划总结】

上例的筹划操作主要是对企业所得税率临界点的应用。当处于税率等级边沿时纳税人应尽量降低应纳税所得额，或推迟收入实现，或增加扣除额，以适用较低的税率级次避免不必要的税款支出。现实中，应纳税所得额正好在300万元左右的情况毕竟是少数，但本案例提供的纳税筹划思路值得借鉴。当小型微利企业连续几年的应纳税所得额在300万元上下波动较大时，可以通过调整各年度的应纳税所得额，使其尽量均衡实现，以充分利用小型微利企业税收政策，降低企业所得税税负。

案例 5-2

甲工业企业资产总额为2 800万元，从业人员90人。该企业预计2019年、2020年实现的应纳税所得额分别为150万元、50万元。其中2019年12月可以实现50万元的应纳税所得额，请对上述业务进行纳税筹划。

【筹划方案】

方案一：2019年、2020年实现的应纳税所得额分别为150万元、50万元。

2019年应纳企业所得税＝100×25%×20%+（150-100）×50%×20%＝10（万元）

2020年应纳企业所得税＝50×25%×20%＝2.5（万元）

2019年和2020年应纳企业所得税合计＝10+2.5＝12.5（万元）

方案二：通过合理筹划，将2019年12月的50万元应纳税所得额延迟至2020年实现，2019年、2020年实现的应纳税所得额分别为100万元、100万元。

2019年应纳企业所得税＝100×25%×20%＝5（万元）

2020年应纳企业所得税＝100×25%×20%＝5（万元）

2019年和2020年应纳企业所得税合计＝5+5＝10（万元）

【筹划总结】

方案二比方案一少缴纳企业所得税2.5（12.5-10）万元，因此，应当选择方案二。绝对平均各年度的应纳税所得额较难实现，企业可以相对均衡地实现各年度的应纳税所得额，以降低企业所得税税负。

5.2.2 国家重点扶持的高新技术企业的纳税筹划

5.2.2.1 税法相关规定

国家需要重点扶持的高新技术企业减按15%的税率征收企业所得税。高新技术企业，是指在《国家重点支持的高新技术领域》内，持续进行研究开发与技术成果转化，形成企业核心自主知识产权，并以此为基础开展经营活动，在中国境内（不包括港、澳、台地区）注册的居民企业。高新技术企业须同时满足以下条件。

①企业申请认定时须注册成立一年以上。

②企业通过自主研发、受让、受赠、并购等方式，获得对其主要产品（服务）在技术上发挥核心支持作用的知识产权的所有权。

③对企业主要产品（服务）发挥核心支持作用的技术属于《国家重点支持的高新技术领域》规定的范围。

④企业从事研发和相关技术创新活动的科技人员占企业当年职工总数的比例不低于10%。

⑤企业近三个会计年度（实际经营期不满三年的按实际经营时间计算，下同）的研究开发费用总额占同期销售收入总额的比例符合如下要求：

A. 最近一年销售收入小于5 000万元（含）的企业，比例不低于5%；

B. 最近一年销售收入在5 000万元至2亿元（含）的企业，比例不低于4%；

C. 最近一年销售收入在2亿元以上的企业，比例不低于3%。

其中，企业在中国境内发生的研究开发费用总额占全部研究开发费用总额的比例不低于60%。

⑥近一年高新技术产品（服务）收入占企业同期总收入的比例不低于60%。

⑦企业创新能力评价应达到相应要求。

⑧企业申请认定前一年内未发生重大安全、重大质量事故或严重环境违法行为。

5.2.2.2 纳税筹划案例分析

案例5-3

甲公司职工总数为100人，本年具备国家需要重点扶持的高新技术企业认定的8个条件中的7个条件，只有第4个条件未满足，即从事研发和相关技术创新活动的科技人员9人，占企业当年职工总数不足10%。甲公司本年预计应纳税所得额为600万元。请对上述业务进行纳税筹划。

【筹划思路】

国家需要重点扶持的高新技术企业需同时满足以上8个条件。当企业满足其中部分条件时，可以通过努力使自身满足全部条件，以便成为国家需要重点扶持的高新技术企业，从而获取税收上的优惠。

【筹划方案】

方案一：从事研发和相关技术创新活动的科技人员为9人。

9/100＝9%＜10%，从事研发和相关技术创新活动的科技人员占企业当年职工总数的比例不足10%，则不能申请认定成为高新技术企业，适用的企业所得税税率为25%。

应纳企业所得税＝600×25%＝150（万元）

方案二：通过招聘增加2名从事研发和相关技术创新活动的科技人员，从而使从事研发和相关技术创新活动的科技人员增加至11人。

因为11/102＝10.78%＞10%，从事研发和相关技术创新活动的科技人员占企业当年职工总数的比例不低于10%，则可申请认定成为高新技术企业，适用的企业所得税税率为15%。

应纳企业所得税=600×15%＝90（万元）

【筹划总结】

方案二比方案一少缴纳企业所得税60（150-90）万元，因此，应当选择方案二。创造条件满足税收优惠政策的要求，是企业纳税筹划的一个重要方法。通过享受税收优惠政策，给企业带来节税收益。

5.2.3 运用注册地点优惠政策的纳税筹划

5.2.3.1 税法相关规定

在2011年1月1日至2020年12月31日期间，对设在西部地区的国家鼓励类产业的企业，减按15%的税率征收企业所得税。根据国家发改委2021年1月26日发布的《西部地区鼓励类产业目录》，西部地区鼓励企业仍然按15%税率征收企业所得税。

对在经济特区和上海浦东新区于2008年1月1日（含）之后完成登记注册的国家需要重点扶持的高新技术企业（以下简称新设高新技术企业），在经济特区和上海浦东新区内取得的所得，自取得第一笔生产经营收入所属纳税年度起，第1～2年免征企业所得税，第3～5年按照25%的法定税率减半征收企业所得税。

5.2.3.2 纳税筹划案例分析

案例5-4

甲公司本年年初欲投资设立一家专门从事固沙、保水、改土新材料生产（属于国家鼓励类产业）的乙公司。现有两种方案可供选择：一是在河北省设立；二是在陕西省（属于西部地区的范围）设立。假设乙公司设立在河北省，前5年预计每年盈利都为5 000万元，以后预计每年盈利都为6 000万元；假设乙公司设立在陕西省，前5年预计每年盈利都为4 800万元，以后预计每年盈利都为6 000万元。假设没有企业所得税纳税调整项目。请对上述业务进行纳税筹划。

【筹划方案】

方案一：在河北省设立。

乙公司前5年应纳企业所得税合计=5 000×25%×5=6 250（万元）

前5年税后利润合计=5 000×5-6 250=18 750（万元）

方案二：在陕西省设立。

若2021年之后我国西部地区的国家鼓励类产业减按15%的税率征收企业所得税的优惠政策继续执行。

乙公司前5年应纳企业所得税合计=4 800×15%×5=3 600（万元）

前5年税后利润合计=4 800×5-3 600=20 400（万元）

若2021年之后我国西部地区的国家鼓励类产业恢复按照25%的税率征收企业所得税。

乙公司前5年应纳企业所得税合计=4 800×15%×2+4 800×25%×3=5 040（万元）

前5年税后利润合计=4 800×5-5 040=18 960（万元）

【筹划总结】

若 2021 年之后我国西部地区的国家鼓励类产业减按 15% 的税率征收企业所得税的优惠政策继续执行，方案二比方案一前 5 年少缴纳企业所得税 2 650（6 250-3 600）万元，多获取税后利润 1 650（20 400-18 750）万元；若 2021 年之后我国西部地区的国家鼓励类产业恢复按照 25% 的税率征收企业所得税，方案二比方案一前 5 年少缴纳企业所得税 1 210（6 250-5 040）万元，多获取税后利润 210（18 960-18 750）万元。因此，无论 2021 年之后政策是否变化，均应当选择方案二。但是，在西部注册属于国家鼓励类产业的企业，虽然可享受西部大开发的税收优惠政策，有些时候却未必会获得较好的经营业绩。若决策不当，往往得不偿失。

◆ 案例 5-5

甲公司本年年初欲投资设立国家重点扶持的高新技术企业乙公司（独立的法人），现有两种方案可供选择。方案一：在广州市设立。方案二：在珠海经济特区设立。假设不论在哪里设立都不影响乙公司生产经营，其应纳税所得额预计每年均为 2 000 万元。请对上述业务进行纳税筹划。

【筹划方案】

方案一：在广州市设立。

乙公司前 5 年应纳企业所得税=2 000×15%×5=1 500（万元）

乙公司前 5 年税后利润=2 000×5-1 500=8 500（万元）

方案二：在珠海经济特区设立。

乙公司前 5 年应纳企业所得税=2 000×25%×50%×3=750（万元）

乙公司前 5 年税后利润=2 000×5-750=9 250（万元）

【筹划总结】

方案二比方案一前 5 年少缴纳企业所得税 750（1 500-750）万元，多获取税后利润 750（9 250-8 500）万元，若以实现税负最小化以及税后利润最大化为纳税筹划目标，则应当选择方案二。但仅考虑税负因素进行选址，在有些情况下可能会影响企业的生产经营。企业应当权衡利弊、综合考虑，做出最优决策。

5.2.4 投资行业选择的纳税筹划

5.2.4.1 税法相关规定

《增值税暂行条例》规定，农业生产者销售的自产农产品，免征增值税。企业所得税法及其实施案例规定，企业从事花卉、茶以及其他饮料作物和香料作物的种植取得的所得，减半征收企业所得税。

5.2.4.2 纳税筹划案例分析

◆ 案例 5-6

上海甲投资公司本年打算新上一个投资项目进行长期投资，投资预算支出为 5 000 万元。现有以下两种方案可供选择。方案一：投资兴办一个小电器生产企业，年销售额 5 400 万元，购进原材料 4 000 万元，均为含增值税价格，人工及其他各项费用 300 万元。

购进原材料已取得合法的增值税专用发票,并于当月认证通过。方案二:投资兴办一个茶叶种植农场,茶叶年销售收入4 800万元,种子等的购进金额3 400万元,人工及其他各项费用300万元。假设没有其他企业所得税纳税调整项目。请对上述业务进行纳税筹划。

【筹划方案】

方案一:投资兴办一个小电器生产企业,年销售额5 400万元,购进原材料4 000万元,均为含税价,人工及其他各项费用300万元。购进原材料已取得合法的增值税专用发票,并于当月认证通过。

应纳增值税=5 400/(1+13%)×13%-4 000/(1+13%)×13%=161.06(万元)

应纳城市维护建设税及教育费附加=161.06×(7%+3%)=16.11(万元)

企业利润总额=5 400/(1+13%)-4 000/(1+13%)-16.11-300=922.83(万元)

应纳企业所得税=922.83×25%=230.71(万元)

净利润=922.83-230.71=692.12(万元)

年投资净利润率=692.12/5 000×100%=13.84%

方案二:投资兴办一个茶叶种植农场,茶叶年销售收入4 800万元,种子等的购进金额3 400万元,人工及其他各项费用300万元。销售茶叶免征增值税,减半征收企业所得税。

应纳企业所得税=(4 800-3 400-300)×25%×50%=137.50(万元)

净利润=4 800-3 400-300-137.5=962.50(万元)

投资净利润率=962.50/5 000×100%=19.25%

【筹划总结】

方案二比方案一多获取净利润270.38(962.50-692.12)万元,因此应当选择方案二。投资者在进行投资之前,应事先进行规划,尽量选择国家鼓励的产业进行投资,获取相应的认证证书或批文,以充分享受税收优惠政策,减轻企业税负。相对于利用地区税收优惠的纳税筹划来说,利用产业税收优惠进行纳税筹划存在一定的系统性风险。在进入鼓励行业之前,投资者要对享受优惠的条件和限制性规定进行客观分析,对于需要政府或其他职能部门认定才能获得批准的产业优惠,投资者应当和政府部门做好沟通协商,以获得批准或资质,从而降低企业纳税风险,获取节税利益。

5.2.5 直接投资与间接投资的纳税筹划

5.2.5.1 税法相关规定

企业的下列收入为免税收入:①国债利息收入;②符合条件的居民企业之间的股息、红利等权益性投资收益;③在中国境内设立机构、场所的非居民企业从居民企业取得与该机构、场所有实际联系的股息、红利等权益性投资收益;④符合条件的非营利组织的收入。

5.2.5.2 纳税筹划案例分析

案例5-7

乙公司为中国居民企业,适用25%的企业所得税税率,现有闲置资金2 000万元,准备对外投资。现有两种方案可供选择:一是与其他公司联营,共同投资创建一个新的高新技术企业甲公司(在中国境内注册成立),乙公司拥有甲公司40%的股权,预计甲公司每年可盈利400万元,税后利润全部分配;二是乙公司用2 000万元购买国债,年利率为

8%。请对上述业务进行纳税筹划。

【筹划思路】

企业投资大体上有直接投资与间接投资两种方式。不同的投资方式下，其税负和税后收益一般是不同的，企业应以税后投资收益最大化为目标，比较不同方案下的税后投资收益的大小，然后做出合理的决策。

【筹划方案】

方案一：按税法规定，甲公司被认定为国家重点扶持的高新技术企业，适用15%的所得税税率。则乙公司分回税后股息=400×（1-15%）×40%=136（万元）。

我国对居民企业之间的股息红利性收益采取免税法。乙公司从甲公司取得的136万元股息，属于免税收入，乙公司取得实际投资收益136万元。

方案二：根据税法规定，企业投资国债获得的利息收入也属于免税收入，无须缴纳企业所得税。利息收入为税前收益，直接免税，乙公司获得的实际投资收益=2 000×8%=160（万元），比方案一多24万元（160-136）。

【筹划总结】

如果从税负角度考虑，乙公司应选择方案二。当然公司在选择投资方式时，应综合考虑各种因素，选择税负最低、收益最高的方案，以实现企业投资收益最大化的目标。

5.2.6 运用软件生产企业增值税即征即退政策

5.2.6.1 税法相关规定

软件生产企业实行增值税即征即退政策所退还的税款，由企业用于研究开发软件产品和扩大再生产的，不作为企业所得税应税收入，不征收企业所得税。增值税一般纳税人销售其自行开发生产的软件产品按13%的税率征收增值税后，对其增值税实际税负超过3%的部分实行即征即退政策。

5.2.6.2 纳税筹划案例分析

案例 5-8

甲软件生产企业于本年12月销售自行开发的软件产品一批，取得的增值税专用发票上注明不含税销售额为2 000万元，企业当期可抵扣进项税额为100万元。所退的增值税的用途有两种方案可供选择。方案一：将所退的增值税税款全部用于购买办公用品，其他来源资金用于研究开发软件产品和扩大再生产。方案二：将所退的增值税税款全部用于研究开发软件产品和扩大再生产，其他来源资金用于购买办公用品。请对上述业务进行纳税筹划。

【筹划方案】

方案一：将所退的增值税税款全部用于购买办公用品，其他来源资金用于研究开发软件产品和扩大再生产。

本年12月甲软件生产企业应缴纳的增值税=2 000×13%-100=160（万元）

实际税负率=160÷2 000×100%=8%>3%

本年12月甲软件生产企业应退增值税=160-2 000×3%=100（万元）

由于将所退的增值税税款100万元全部用于购买办公用品，因此所退增值税税款应作为企业所得税应税收入，缴纳企业所得税。

退税款部分应纳企业所得税=100×25%＝25（万元）

方案二：将所退的增值税税款全部用于研究开发软件产品和扩大再生产，其他来源资金用于购买办公用品。

由于将所退的增值税税款用于研究开发软件产品和扩大再生产，因此所退增值税税款不作为企业所得税应税收入，不征收企业所得税。所以本年12月甲软件生产企业针对退税款100万元不缴纳企业所得税。

【筹划总结】

方案二比方案一少缴纳企业所得税25（25-0）万元，若以实现税负最小化为纳税筹划目标，则应选择方案二。软件生产企业应当对资金进行合理的分配，尽量将实行增值税即征即退政策所退还的税款用于研究开发软件产品和扩大再生产，使这部分退还税款不作为企业所得税应税收入，不缴纳企业所得税。

5.2.7 自行研发与委托研发选择的纳税筹划

5.2.7.1 税法相关规定

企业开展研发活动中实际发生的研发费用，未形成无形资产计入当期损益的，在按规定据实扣除的基础上，在2018年1月1日至2020年12月31日期间再按照实际发生额的75%在税前加计扣除；形成无形资产的，在上述期间按照无形资产成本的175%在税前摊销。企业委托外部机构或个人进行研发活动所发生的费用按照费用实际发生额的80%计入委托方研发费用并计算加计扣除，受托方不得再进行加计扣除。委托外部研究开发费用实际发生额应按照独立交易原则确定。企业委托外部机构或个人进行研发活动所发生的费用，按照费用实际发生额的80%计入委托方研发费用并计算加计扣除。即企业委托外部机构或个人开展研发活动发生的费用，可按规定在税前扣除；加计扣除时按照研发活动发生费用的80%作为加计扣除基数。委托个人研发的，应凭个人出具的发票等合法有效凭证在税前加计扣除。

5.2.7.2 纳税筹划案例分析

案例5-9

甲公司现需得到某项新生产技术，有两种方案可供选择，方案一：甲公司自行研发，由于甲公司不擅长研发该生产技术，因此研发费用高达350万元，且未形成无形资产。方案二：甲公司委托有开发经验的乙技术研发公司研发，并支付研发费用300万元，且未形成无形资产。甲公司本年未扣除该技术相关费用的利润总额为1 500万元，且没有其他企业所得税纳税调整项目。请对上述业务进行纳税筹划。

【筹划思路】

与自行开展研发活动相比，委托外部机构或个人进行研发活动所发生的费用，只能按照费用实际发生额的80%做加计扣除基数。在研发支出相等的情况下，自行开展研发活动要优于委托他人开展研发活动；但若委托他人开展研发活动的研发支出较低，则可以通过测算来判断委托他人开展研发活动是否对本企业更加有利。

【筹划方案】

方案一：甲公司自行研发，由于甲公司不擅长研发该生产技术，因此研发费用高达

350万元，且未形成无形资产。

应纳税所得额＝1 500－350－350×75%＝887.5（万元）

应纳企业所得税＝887.5×25%＝221.875（万元）

税后利润＝1 500－350－221.875＝928.125（万元）

方案二：甲公司委托有开发经验的乙技术研发公司研发，并支付研发费用300万元，且未形成无形资产。

应纳税所得额＝1 500－300－300×80%×75%＝1 020（万元）

应纳企业所得税＝1 020×25%＝255（万元）

税后利润＝1 500－300－255＝945（万元）

【筹划总结】

方案二比方案一多缴纳企业所得税33.125（255－221.875）万元，但多获取税后利润16.875（945－928.125）万元。若以实现税负最小化为纳税筹划目标，则应当选择方案一；若以实现税后利润最大化为纳税筹划目标，则应当选择方案二。之所以税法只允许委托研发费用按照80%加计扣除，是因为企业自主研发费用和委托研发费用的构成是不同的，委托研发费用除了研发成本之外还包括研发利润，如果委托研发按照实际支付的研发费用全额享受优惠，那么研发利润部分也被加计扣除，这可能会导致税收优惠政策的滥用。

5.2.8 招聘残疾人员的纳税筹划

5.2.8.1 税法相关规定

企业安置残疾人员及国家鼓励安置的其他就业人员所支付的工资，可以在计算应纳税所得额时加计100%扣除。

5.2.8.2 纳税筹划案例分析

案例5-10

甲公司因生产规模扩大，本年计划招聘20名新员工，每年需要向新增加的20名员工支付60万元工资，本年甲公司预计实现扣除工资前的应纳税所得额200万元。请对上述业务进行纳税筹划。

【筹划方案】

方案一：招聘20名身体健全人员作为新员工。

应纳企业所得税＝（200－60）×25%＝35（万元）

方案二：在不影响企业正常生产经营的情况下，招聘20名残疾人员作为新员工。

应纳企业所得税＝（200－60×2）×25%＝20（万元）

【筹划总结】

方案二比方案一少缴纳企业所得税15（35－20）万元，若以实现税负最小化为纳税筹划目标，则应当选择方案二。企业可在不影响正常生产经营的前提下，招聘部分残疾人员。一方面，可以关爱社会弱势群体；另一方面，可以增加企业所得税税前扣除金额，降低企业所得税税负。

5.2.9 公司模式选择的纳税筹划

5.2.9.1 税法相关规定

根据规定，子公司和母公司不是同一法律主体，子公司的亏损不能并入母公司账户；而分公司和总公司是同一法律主体，其在经营中发生的亏损可以和总公司相抵。当总机构和分支机构面临的税收优惠政策不一致时，可以通过公司模式的选择，降低企业税负。

5.2.9.2 纳税筹划案例分析

（1）总机构不能享受税收优惠政策，而分支机构可以享受税收优惠政策

案例 5-11

假设东北煤炭企业集团预计2019年在北京投资一家高科技产业，且经相关部门认定为高新技术企业，可享受适用15%税率的税收优惠待遇。假设存在以下几种情况。

A. 总机构盈利1 000万元，高新技术企业盈利500万元。

【筹划方案】

方案一：北京高新技术企业若为子公司，企业集团应纳企业所得税=1 000×25%=250（万元），子公司应纳企业所得税=500×15%=75（万元），两者应纳企业所得税总额=325（万元）。

方案二：北京高新技术企业若为分公司，根据相关税收优惠政策，企业集团应纳企业所得税=（1 000+500）×50%×25%=187.5（万元），分公司在当地应纳企业所得税=（1 000+500）×50%×15%=112.5（万元），两者应纳税总额=112.5+187.5=300（万元）。按照"五五"比例，企业集团在当地预缴150万元，高新技术企业在当地预缴150万元。

【筹划总结】

选择设立分公司有利。

B. 总机构盈利1 000万元，高新技术企业亏损500万元。

【筹划方案】

方案一：北京高新技术企业若为子公司，企业集团应纳企业所得税=1 000×25%=250（万元），子公司应纳企业所得税=0（元），两者应纳税总额=250（万元）

方案二：北京高新技术企业若为分公司，根据相关税收优惠政策，企业集团应纳企业所得税=（1 000-500）×50%×25%=62.5（万元），分公司在当地应纳企业所得税=（1 000-500）×50%×15%=37.5（万元），两者应纳税总额=37.5+62.5=100（万元）。按照"五五"比例，企业集团在当地预缴50万元，高新技术企业在当地预缴50万元。

【筹划总结】

选择设立分公司有利。

C. 总机构亏损500万元，高新技术企业盈利1 000万元。

【筹划方案】

方案一：北京高新技术企业若为子公司，企业集团应纳企业所得税=0（元），子公司应纳企业所得税=1 000×15%=150（万元），两者应纳税总额=150（万元）。

方案二：北京高新技术企业若为分公司，根据相关税收优惠政策，企业集团应纳企业所得税=（1 000-500）×50%×25%=62.5（万元），分公司在当地应纳企业所得税=

(1 000-500)×50%×15%=37.5（万元），两者应纳税总额=37.5+62.5=100（万元）。按照"五五"比例，企业集团在当地预缴50万元，高新技术企业在当地预缴50万元。

【筹划总结】

选择设立分公司有利。

(2) 总机构可以享受税收优惠政策，而分支机构不能享受税收优惠政策

案例 5-12

假设西北某电力企业集团2019年在北京成立一家分支机构。2019年可以享受西部地区15%税率的优惠政策，存在以下几种情况。

A. 总机构盈利1 000万元，分支机构盈利500万元。

方案一：北京分支机构若为子公司，企业集团应纳企业所得税=1 000×15%=150（万元），子公司应纳企业所得税=500×25%=125（万元），两者应纳税总额=275（万元）。

方案二：北京分支机构若为分公司，根据相关税收优惠政策，企业集团应纳企业所得税=（1 000+500）×50%×15%=112.5（万元），分公司在当地应纳企业所得税=（1 000+500）×50%×25%=187.5（万元），两者应纳税总额=112.5+187.5=300（万元）。按照"五五"比例，企业集团在当地预缴150万元，分支机构在当地预缴150万元。

结论：选择设立子公司有利。

B. 总机构盈利1 000万元，分支机构亏损500万元。

方案一：北京分支机构若为子公司，企业集团应纳企业所得税=1 000×15%=150（万元），子公司应纳企业所得税=0（元），两者应纳税总额=150（万元）。

方案二：北京分支机构若为分公司，根据相关税收优惠政策，企业集团应纳企业所得税=（1 000-500）×50%×15%=37.5（万元），分公司在当地应纳企业所得税=（1 000-500）×50%×25%=62.5（万元），两者应纳税总额=37.5+62.5=100（万元）。按照"五五"比例，企业集团在当地预缴50万元，分支机构在当地预缴50万元。

结论：选择设立分公司有利。

C. 总机构亏损500万元，分支机构盈利1 000万元。

方案一：北京分支机构若为子公司，企业集团应纳企业所得税=0（元），子公司应纳企业所得税=1 000×25%=250（万元），两者应纳税总额=250（万元）。

方案二：北京分支机构若为分公司，根据相关税收优惠政策，企业集团应纳企业所得税=（1 000-500）×50%×15%=37.5（万元），分公司在当地应纳企业所得税=（1 000-500）×50%×25%=62.5（万元），两者应纳税总额=37.5+62.5=100（万元）。按照"五五"比例，企业集团在当地预缴50万元，分支机构在当地预缴50万元。

结论：选择设立分公司有利。

【筹划总结】

当总分公司或者母子公司适用的税率不一致时，如果所设立的分支机构的税率比总机构要低，则一般选择分公司的形式可以使集团总体税负降低。但是如果分支机构的税率比总机构的税率要高，则要根据两者的盈利水平进行选择。因此，作为集团总部，在低税区究竟是选择设立分公司还是子公司，应视情况而定。一般来说，当企业扩大生产经营，需要到国外或外地设立分支机构时，由于分支机构在设立初期对投资税收环境不熟悉，而且

需要进行大量的投资，开支巨大，所以企业通常处于亏损状态，此时可考虑设立分公司或者选择与当地企业联营的方式。当分公司经营发生亏损时，可以与总部汇总纳税，冲减总公司利润以减轻总公司的负担。而当生产经营走向正轨后，再将各项目分公司注册为项目子公司，尤其在投资区域存在税收优惠政策时，便可以在盈利时保证能享受当地的税收优惠政策。

当然，这仅是一般情况，并不是绝对的。两种形式各有利弊，要综合考虑各种因素，比如设立公司的难易程度、纳税义务的承担、公司间亏损能否冲抵、承受的经营风险等。根据现行税法的分公司预缴规定，地方税务机关会干预企业的组织形式。比如，一家分公司生产经营情况较好，自己单独计算的应纳税额如果大于按照分摊预缴的税额，当地税务机关有可能要求分公司变成子公司；反之，税务机关有可能希望子公司变成分公司。对企业而言，子公司是独立纳税人，盈亏不能在企业间互抵，而分公司的盈亏是可以互抵的，从这一点看，纳税人可能希望设立分公司。

5.2.10 公司运营方式选择的纳税筹划

5.2.10.1 税法相关规定

根据税法规定，居民企业应当就其来源于中国境内、境外的所得缴纳企业所得税，适用基本税率25%；非居民企业在中国境内设立机构、场所的，应当就其所设机构、场所取得的来源于中国境内的所得，以及发生在中国境外，但与其所设机构、场所有实际联系的所得，缴纳企业所得税，适用基本税率25%；非居民企业在中国境内未设立机构、场所的，或者虽设立机构、场所但取得的所得与其所设机构、场所没有实际联系的，应当就其来源于中国境内的所得缴纳企业所得税，即预提所得税，适用低税率20%（但实际征税时适用10%的税率）。

5.2.10.2 纳税筹划案例分析

案例5-13

某企业现有两种运营方式：一是依照外国法律成立但使其实际管理机构在中国境内；二是依照外国法律成立且使其实际管理机构不在中国境内，且在中国境内不设立机构、场所。假设两种方式下每年来源于中国境内的应纳税所得额均为1 000万元，且没有来源于中国境外的所得。请对其进行纳税筹划。

【筹划方案】

方案一：依照外国法律成立但使其实际管理机构在中国境内，即成为居民纳税人，应纳企业所得税=1 000×25%=250（万元）

方案二：依照外国法律成立并使其实际管理机构不在中国境内，且在中国境内不设立机构、场所，即成为非居民纳税人，应纳企业所得税=1 000×10%=100（万元）

【筹划总结】

方案二比方案一节税150（250-100）万元，因此，应当采用第二种运营方式。但应当注意的是，依照外国法律成立并使其实际管理机构不在中国境内，且在中国境内不设立机构、场所，虽然会降低企业所得税税率，但必然会降低来源于中国境内的所得，企业应当权衡利弊，综合考虑，选择合适的运营方式。

5.2.11 企业组织形式选择的纳税筹划

5.2.11.1 税法相关规定

一般情况下,可以将企业分为三类,即公司企业、合伙企业和独资企业。不同的组织形式有着不同的税负水平,投资者在选择组建企业时需要考虑不同企业组织形式给企业带来的税负影响。

5.2.11.2 纳税筹划案例分析

案例 5-14

某企业预计每年可盈利 500 000 元,企业在设立之初有两个方案可供选择。

方案一:有五个合伙人,每人出资 100 000 元,订立合伙协议,设立合伙企业供选择。

方案二:设立有限责任公司,注册资本 500 000 元。

要求进行案例分析。

【筹划方案】

方案一:五个合伙人每人需缴纳个人所得税 20 250(500 000÷5×30%-9 750)元,五个合伙人合计纳税 101 250(20 250×5)元。

方案二:假设公司税后利润全部作为股利平均分配给五个投资者,则公司需缴纳企业所得税 125 000(500 000×25%)元。五个股东每人还需缴纳个人所得税 15 000〔(500 000-125 000)÷5×20%〕元,共计 75 000(15 000×5)元。两税合计 200 000 元。

【筹划总结】

成立公司制企业比设立合伙企业多承担所得税 98 750(200 000-101 250)元。

案例 5-15

假定 2019 年某个人独资企业与一人有限责任公司从业人数均为 30 人,资产总额为 300 万元,不考虑纳税调整项目,在未扣除投资者费用(工资)的情况下,年度利润均为 25 万元,个人独资企业和一人有限责任公司的投资者每月取得 13 000 元工资,经税务机关认定,一人有限责任公司的投资者取得的工资薪金支出合理,公司符合小型微企业的认定条件,适用的企业所得税税率为 20%,税后利润都用来分配股利。请进行纳税筹划。

【筹划方案】

方案一:个人独资企业应纳个人所得税=(250 000-24 000)×35%-6 750=72 350(元)

方案二:一人有限责任公司纳税情况。

投资者工资薪金应纳个人所得税=〔(13 000-2 000)×20%-375〕×12=21 900(元)

应纳企业所得税=(250 000-12×13 000)×20%=18 800(元)

股利应纳个人所得税=(250 000-12×13 000-18 800)×20%=15 040(元)

个人所得税与企业所得税合计=21 900+18 800+15 040=55 740(元)

【筹划总结】

通过比较可知,一人有限责任公司的税负低于个人独资企业的税负。

5.3 应纳税所得额的纳税筹划

应纳税所得额是企业所得税的计税依据。应纳税所得额为企业每一个纳税年度的收入总额,减除不征税收入、免税收入、各项扣除以及允许弥补的以前年度亏损后的余额。

应纳税所得额的计算以权责发生制为原则,属于当期的收入和费用,无论款项是否收付,均作为当期的收入和费用;不属于当期的收入和费用,即使款项已经在当期收付,均不作为当期的收入和费用。

5.3.1 收入总额的纳税筹划

5.3.1.1 税法相关规定

企业的收入总额包括以货币形式和非货币形式从各种来源取得的收入,具体有销售货物收入,提供劳务收入,转让财产收入,股息、红利等权益性投资收益,利息收入,租金收入,特许权使用费收入,接受捐赠收入和其他收入。对于应纳税所得额纳税筹划中,首先可以从收入总额入手,重点在于收入类纳税调整减少的项目的调整上。

(1) 权益法核算对初始投资成本调整产生的收益

权益法核算对初始投资成本调整产生的收益是指纳税人在权益法核算下,初始投资成本小于取得投资时应享有被投资单位可辨认净资产公允价值份额的,两者之间的差额在会计核算中计入取得投资当期的营业外收入的金额。税收规定对这部分收入不征税,减纳税所得额。

(2) 境外应税所得

境外应税所得是指纳税人来自境外的收入总额(包括生产经营所得和其他所得),扣除按税收规定允许扣除的境外发生的成本费用后的金额。境外所得补税在应纳税额计算中单独计算。

(3) 不征税收入

不征税收入包括财政拨款、行政事业性收费、政府性基金及其他不征税收入。企业的不征税收入用于支出所形成的费用,不得在计算应纳税所得额时扣除;企业不征税收入用于支出所形成的资产,其计算的折旧、摊销不得在计算应纳税所得额时扣除。如果会计处理将以上不征税收入记入"营业外收入"会计科目,企业所得税纳税调整时应作为不征税收入纳税调减。如果会计处理将以上不征税收入上缴财政,或按规定列入专项资金核算,则会计处理与企业所得税税法一致,无须进行纳税调整。

5.3.1.2 纳税筹划案例分析

案例 5-16

甲公司 2021 年营业外收入 720 万元中,有以下收入:①处置流动资产利得 25 万元;②债务重组利得 38 万元;③政府补助收入 30 万元。年终汇算清缴时,怎样进行纳税调整?

【筹划思路】

免税收入是指纳税人本年度发生的根据税收规定免征企业所得税的收入和所得，具体包括国债利息收入，居民企业之间的股息、红利等权益性投资收益，符合条件的非营利组织的收入和其他免税收入。在会计处理上，企业以上免税收入一般记入"投资收益"会计科目，应作为免税收入纳税调减。

【筹划方案】

政府补助收入纳税调减30万元，因此在进行相关纳税调减之后，企业可以减少的税收负担=30×25%=7.25（万元）。

【筹划总结】

政府补助收入属于不征税收入，应进行纳税调减。

案例 5-17

甲公司2021年投资收益150万元中，有以下收入：①国债利息20万元；②收到居民企业之间的股息分红50万元（已在投资方按15%的税率缴纳了所得税）；③企业债券利息10万元。年终汇算清缴时，怎样进行纳税调整？

【筹划方案】

按照规定，将国债利息、居民企业之间的利息和红利等进行调减，所以国债利息收入纳税调减20万元，居民企业股息分红纳税调减50万元。

通过调整，本企业可以减少的税收负担=（20+50）×25%=17.5（万元）。

【筹划总结】

国债利息，居民企业之间的股息、红利等权益性投资收益属于免税收入，可进行纳税调减处理，减少企业税收负担。

5.3.2 税前扣除项目之间相互转换的纳税筹划

5.3.2.1 税法相关规定

企业发生的符合条件的广告费和业务宣传费支出，除国务院财政、税务主管部门另有规定外，不超过当年销售（营业）收入15%的部分，准予扣除；超过部分，准予结转以后纳税年度扣除。

企业发生的与生产经营活动有关的业务招待费，按照发生额的60%扣除，且扣除总额全年最高不得超过当年销售（营业）收入的5‰。

5.3.2.2 纳税筹划案例分析

案例 5-18

甲公司预计本年销售收入为12 000万元，预计广告费为600万元，业务宣传费为400万元，业务招待费为200万元，其他可税前扣除的支出为8 000万元。请对上述业务进行纳税筹划。

【筹划方案】

方案一：安排广告费为600万元，业务宣传费为400万元，业务招待费为200万元。

广告费和业务宣传费支出的扣除限额=12 000×15%=1 800（万元）

广告费和业务宣传费支出的实际发生额=600+400=1 000（万元）

由于1 000万元<1 800万元，因此可据实扣除。

业务招待费的扣除限额=12 000×5‰=60（万元）

业务招待费的60%=200×60%=120（万元）

业务招待费发生额为200万元，由于60万元<120万元<200万元，因此需调增应纳税所得额140（200-60）万元。

应纳企业所得税=（12 000-600-400-200+140-8 000）×25%=735（万元）

税后利润=12 000-600-400-200-8 000-735=2 065（万元）

方案二：在不影响经营的前提下，调减业务招待费至100万元，同时调增广告费至700万元，业务宣传费仍为400万元。

广告费和业务宣传费支出的扣除限额=12 000×15%=1 800（万元）

广告费和业务宣传费支出的实际发生额=700+400=1 100（万元）

由于1 100万元<1 800万元，因此可据实扣除。

业务招待费的扣除限额=12 000×5‰=60（万元）

业务招待费的60%=100×60%=60（万元）

业务招待费发生额为100万元，由于60万元<100万元，因此需调增应纳税所得额40（100-60）万元。

应纳企业所得税=（12 000-700-400-100+40-8 000）×25%=710（万元）

税后利润=12 000-700-400-100-8 000-710=2 090（万元）

【筹划总结】

方案二比方案一少缴纳企业所得税25（735-710）万元，多获取税后利润25（2 090-2 065）万元，因此应当选择方案二。企业应尽量将业务招待费的60%控制在当年销售收入的5‰以内，以充分利用业务招待费的限额，同时又可以减少纳税调增事项。在不影响经营的前提下，一般可以通过在调低业务招待费的同时调高广告费或业务宣传费来实现。

5.3.3 融资机构的纳税筹划

5.3.3.1 税法相关规定

非金融企业向非金融企业借款的利息支出，不超过按照金融企业同期同类贷款利率计算的数额的部分，准予税前扣除。向投资者支付的股息、红利等权益性投资收益款项不得在计算应纳税所得额时扣除。

5.3.3.2 纳税筹划案例分析

案例 5-19

甲公司准备筹资100万元用于一项新产品的生产，预计年息税前利润为30万元，企业应纳所得税税额为25%。现有三个方案可供选择。方案一：债务资本与权益资本的比例为0:100。方案二：债务资本与权益资本的比例为30:70。方案三：债务资本与权益资本的比例为50:50。三个方案的负债利率都是6%（金融企业同期同类贷款利率为6.65%）。请对上述业务进行纳税筹划。

【筹划方案】

通过表5-1来对三种筹划方案进行对比。

表5-1 三种筹划方案比较表 单位：万元

项目	方案一	方案二	方案三
资本结构	0∶100	30∶70	50∶50
息税前利息	30	30	30
负债利率	6%	6%	6%
负债利息	0	30×6%=1.8	50×6%=3
税前利润	30-0=30	30-1.8=28.2	30-3=27
应纳所得税	30×25%=7.5	28.2×25%=7.05	27×25%=6.75
税后利润	30-7.5=22.5	28.2-7.05=21.15	27-6.75=20.25
税前权益资本收益率	30/100=30%	28.2/70=40.3%	27/50=54%
税后权益资本收益率	22.5/100=22.5%	21.15/70=30.2%	20.25/50=40.5%

【筹划总结】

方案三无论在节税方面还是在权益资本收益率方面都是最优的，因此应当选择方案三，其次是方案二，最后是方案一。若企业以税后利润最优为筹划目标，方案一为最优方案，其次是方案二，最后是方案三。企业融资总的来说分为负债融资和所有者权益融资。负债融资的财务杠杆效应主要体现在抵减企业所得税和提高权益资本收益率两个方面。在息税前收益率不低于负债成本率的前提下，负债比率越高，额度越大，节税效果越明显。企业可适当增加负债额度，提高负债比重，以实现节税和提高权益资本收益率的双重效果。但负债融资隐含着财务风险，并非多多益善。企业应当合理确定负债的比重，将其控制在一定的范围之内，使负债融资带来的利益大于负债融资的比重增大所带来的财务风险和融资成本。

5.3.4 企业捐赠的纳税筹划

5.3.4.1 税法相关规定

企业直接向受赠人的捐赠不允许在企业所得税税前扣除；企业发生的公益性捐赠支出，在年度利润总额12%以内的部分，准予在计算应纳税所得额时扣除；超过年度利润总额12%的部分，准予以后三年内在计算应纳税所得额时结转扣除。其中，公益性捐赠，是指企业通过公益性社会团体或者县级以上人民政府及其部门，用于《中华人民共和国公益事业捐赠法》规定的公益事业的捐赠。

5.3.4.2 纳税筹划案例分析

案例 5-20

甲公司本年向灾区捐赠300万元，本年扣除捐赠支出后的会计利润为1 500万元，且没有其他企业所得税纳税调整项目。请对上述业务进行纳税筹划。

【筹划方案】

方案一：直接捐赠300万元给灾区。此时，300万元捐赠额不能在企业所得税税前扣除，需要进行纳税调整。

本年应纳企业所得税=（1 500+300）×25%=450（万元）

方案二：通过公益性社会团体或者县级以上人民政府及其部门捐赠300万元给灾区。

本年可在税前扣除的公益性捐赠=1 500×12%=180（万元）

本年发生的公益性捐赠300万元大于可税前扣除的公益性捐赠180万元，因此公益性捐赠300万元需要进行纳税调整，调增应纳税所得额120万元。

本年应纳企业所得税=（1 500+120）×25%=405（万元）

【筹划结论】

方案二比方案一少缴纳企业所得税45（450-405）万元，因此应当选择方案二。企业在选择捐赠对象的时候，优先选择通过公益性社会团体或者县级以上人民政府及其部门进行公益性捐赠。

5.3.5 亏损弥补的纳税筹划

5.3.5.1 税法相关规定

企业每一纳税年度的收入总额，减去不征税收入、免税收入、各项扣除以及允许弥补的以前年度亏损后的余额，为应纳税所得额。企业纳税年度发生的亏损，准予向以后年度结转，用以后年度的所得弥补，但结转年限最长不得超过5年。

5.3.5.2 纳税筹划案例分析

案例5-21

甲公司20×1年至20×5年的应纳税所得额分别为-300万元、80万元、40万元、30万元、50万元。

假设20×6年12月20日甲公司实现应纳税所得额60万元，同时，甲公司还有一个销售意向，打算于20×7年1月1日实现销售，预计销售利润为40万元，此外，20×7年还可获取利润30万元。甲公司不符合小微企业资产规模的条件，且没有其他企业所得税纳税调整项目。请对上述业务进行纳税筹划。

【筹划方案】

甲公司各年度应纳税所得额如表5-2所示。

表5-2 甲公司各年度应纳税所得额   单位：万元

年份	20×1	20×2	20×3	20×14	20×5	20×6	20×7
应纳税所得额	-300	80	40	30	50	60（或100）	70（或30）

方案一：将销售利润为40万元的业务在20×7年1月实现并确认收入和利润。

此时，-300+80+40+30+50+60=-40（万元），即20×6年实现的应纳税所得额全部用于弥补亏损后，还有40万元的未弥补亏损。由于20×7年已超过5年期亏损弥补时限，因此，该40万元的未弥补亏损在2017年不能继续弥补。则20×7年应纳企业所得税=（40+30）×25%=70×25%=17.5（万元）。

方案二：在20×6年12月31日前，通过合理的手段使销售利润为40万元的业务实现，进而确认收入和利润。

此时，-300+80+40+30+50+（60+40）=0。5年内300万元的亏损全部被盈利弥补完，由于该笔销售利润为40万元的业务在20×6年确认，因此，20×7年不必针对该笔业务缴纳企业所得税。则20×7年应纳企业所得税=30×25%=7.5（万元）。

【筹划总结】

方案二比方案一在20×7年少缴纳企业所得税10（17.5-7.5）万元，因此应当选择方案二。

弥补以前年度亏损的年限是5年，若存在5年内亏损未弥补完的情况，则会加重企业所得税税负。因此，企业应尽量将弥补时限以外的所得在弥补期限内实现，具体可以通过与购货方议定合适的结算方式，或通过促销方式来增加亏损弥补期应确认的收入，最大限度使亏损在弥补期内被弥补完，从而避免或降低因亏损未弥补完而产生的损失。

5.3.6 借款方式的纳税筹划

5.3.6.1 税法相关规定

（1）《国家税务总局关于企业向自然人借款的利息支出企业所得税税前扣除问题的通知》（国税函〔2009〕777号）规定

①企业向股东或其他与企业有关联关系的自然人借款的利息支出，应根据《中华人民共和国企业所得税法》及《财政部、国家税务总局关于企业关联方利息支出税前扣除标准有关税收政策问题的通知》（财税〔2008〕121号）规定的条件，计算企业所得税扣除额。

②企业向除规定以外的内部职工或其他人员借款的利息支出，其借款情况同时符合以下条件的，其利息支出在不超过按照金融企业同期同类贷款利率计算的数额的部分，准予扣除。

A. 企业与个人之间的借贷是真实、合法、有效的，并且不具有非法集资目的或其他违反法律、法规的行为。

B. 企业与个人之间签订了借款合同。

（2）《财政部、国家税务总局关于企业关联方利息支出税前扣除标准有关税收政策问题的通知》（财税〔2008〕121号）规定

①在计算应纳税所得额时，企业实际支付给关联方的利息支出，不超过以下规定比例税法及其实施条例有关规定计算的部分，准予扣除；超过的部分不得在发生当期和以后年度扣除。企业实际支付给关联方的利息支出，除符合本通知第二条规定外，其接受关联方债权性投资与其权益性投资的比例为：金融企业为5∶1；其他企业为2∶1。

②企业如果能够按照得税法及其实施条例的有关规定提供相关资料，并证明相关交易活动符合独立交易原则的，或者该企业的实际税负不高于境内关联方的，其实际支付给境内关联方的利息支出，在计算应纳税所得额时准予扣除。

③企业同时从事金融业务和非金融业务，其实际支付给关联方的利息支出，应按照合理方法分开计算；没有按照合理方法分开计算的，一律按本通知第一条有关其他企业的比例计算准予税前扣除的利息支出。

④企业自关联方取得的不符合规定的利息收入应按照有关规定缴纳企业所得税。

5.3.6.2 纳税筹划案例分析

案例 5-22

甲公司由两个自然人股东设立，注册资本2 000万元，本年1月1日，所有者权益共2 000万元。本年甲公司欲扩大规模，需要资金6 000万元，假定甲公司扩大规模后每年的利润总额为2 000万元（未扣除利息支出），且没有其他企业所得税纳税调整项目。甲公司税后利润全部分给股东（甲公司法定盈余公积累计额达到公司注册资本的50%以上，甲公司决定不再提取法定盈余公积，也不提取任意盈余公积）。股东可通过股权或债权投资，也可通过股权和债权相结合的方式投资，具体来说，企业有以下三种筹资方案可供选择。方案一：甲公司接受股东的股权投资6 000万元。方案二：甲公司向股东借款6 000万元（甲公司不能按照《企业所得税法》及其实施条例的有关规定提供相关资料，不能证明相关交易活动符合独立交易原则）。方案三：甲公司接受股东的股权投资700万元，甲公司向股东借款5 300万元。甲公司向股东借款的利率为10%，金融企业同期同类贷款利率为12%，甲公司无其他借款。请对上述业务进行纳税筹划。

【筹划方案】

方案一：甲公司接受股东的股权投资6 000万元。

甲公司应纳企业所得税=2 000×25%=500（万元）

甲公司税后利润=2 000-500=1 500（万元）

股东红利所得=1 500（万元）

股东红利所得应纳个人所得税=1 500×20%=300（万元）

甲公司和股东应纳税额合计=500+300=800（万元）

股东税后收益=1 500-300=1 200（万元）

方案二：甲公司向股东借款6 000万元（甲公司不能按照《企业所得税法》及其实施条例的有关规定提供相关资料，不能证明相关交易活动符合独立交易原则）。

甲公司关联债资比例=6 000÷2 000=3

甲公司不能按照《企业所得税法》及其实施条例的有关规定提供相关资料，不能证明相关交易活动符合独立交易原则，则甲公司关联债资比例超过税法规定的标准比例的利息支出不得在企业所得税税前扣除。

甲公司利息支出合计=6 000×10%=600（万元）

甲公司允许扣除的利息支出=2 000×2×10%=400（万元）

甲公司应纳税所得额=2 000-400=1 600（万元）

应纳企业所得税=1 600×25%=400（万元）

股东利息所得应纳个人所得税=6 000×10%×20%=120（万元）

甲公司税后利润=2 000-600-400=1 000（万元）

股东红利所得=1 000（万元）

股东红利所得应纳个人所得税=1 000×20%=200（万元）

股东应纳个人所得税合计=120+200=320（万元）

甲公司和股东应纳税额合计=400+320=720（万元）

股东税后收益=(600-120)+(2 000-600-400-200)=1 280（万元）

方案三：甲公司接受股东的股权投资700万元，甲公司向股东借款5 300万元。

甲公司关联债资比例=5 300：（2 000+700）＝1.963：1＜2：1

甲公司关联债资比例未超过税法规定的标准比例，借款利息支出可以在企业所得税税前据实全额扣除。

甲公司允许扣除的利息支出=5 300×10%＝530（万元）

甲公司应纳税所得额=2 000-530=1 470（万元）。

甲公司应纳企业所得税=1 470×25%＝367.50（万元）

股东利息所得应纳个人所得税=5 300×10%×20%＝106（万元）

甲公司税后利润=2 000-530-367.50=1 102.50（万元）

股东红利所得=1 102.50（万元）

股东红利所得应纳个人所得税=1 102.50×20%＝220.50（万元）

股东应纳个人所得税合计=106+220.50=326.50（万元）

甲公司和股东应纳税额合计=367.50+326.50=694（万元）

股东税后收益=（530-106）+（2 000-530-367.50-220.50）=1 306（万元）

【筹划总结】

方案三比方案一少缴纳企业所得税132.5（500-367.5）万元，多缴纳个人所得税26.5（326.5-300）万元，少缴纳税额合计106（800-694）万元，少获取税后利润397.5（1 500-1 102.5）万元，多获取股东税后收益106（1 306-1 200）万元。方案三比方案二少缴纳企业所得税32.5（400-367.5）万元，多缴纳个人所得税6.5（326.5-320）万元，少缴纳税额合计26（720-694）万元，多获取税后利润102.5（1 102.5-1 000）万元，多获取股东税后收益26（1 306-1 280）万元。若以实现企业税后利润最大化为纳税筹划目标，则应当优先选择方案一，其次是方案三，最后是方案二；若以实现整体税负最小化或者股东税后收益最大化为纳税筹划目标，则应当优先选择方案三，其次是方案二，最后是方案一。企业向股东融资时，《企业所得税法》对税前利息的扣除有限制：一方面，企业应当在利息可以税前扣除的范围内借入资金，以充分发挥利息抵税的作用；另一方面，企业可以考虑进一步吸收股东股权投资，以避免超过《企业所得税法》规定的债资比例。

5.3.7 已纳所得税抵扣的纳税筹划

5.3.7.1 税法相关规定

纳税人来源于境外的所得首先要在来源地国纳税，回到居民国以后还要向居民国纳税，这就产生了重复征税。为了避免重复征税，居民国的税法一般允许纳税人来源于境外的所得已经缴纳的税款在应当向本国缴纳的税款中予以扣除，但一般有上限，即不能超过该笔所得根据本国税法规定应当缴纳的税款。有时，国家为了吸引外资而给予外资一定的税收优惠，外资回到本国时对于该税收优惠有两种处理方式：一种是将税收优惠视为来源地国给予外资的优惠，虽然本国纳税人没有实际缴纳该税款，但仍然视为已经缴纳予以扣除，这种方式就是税收饶让抵免；另一种就是对该税收优惠不予考虑，仅对纳税人在来源地国实际缴纳的税款予以扣除，来源地国给予外资的税收优惠就无法被外资所享受了。目前，我国与绝大多数国家的税收协定都规定了税收饶让抵免制度，只有美国等少数国家没有该项制度。在没有税收饶让抵免制度的情况下，可以通过在具有税收饶让抵免的国家设立居民公司来享受该项优惠政策。

5.3.7.2 纳税筹划案例分析

案例 5-23

中国和 A 国签订的双边税收协定有税收饶让抵免制度，并且对缔约国居民来源于本国的投资所得免征预提所得税，A 国企业所得税税率为 30%，中国和 B 国的双边税收协定没有税收饶让抵免制度，预提所得税率为 10%，但 A 国和 B 国的双边税收协定具有税收饶让抵免制度，并且对缔约国居民来源于本国的投资所得免征预提所得税。中国甲公司在 B 国有一个子公司乙，2019 年度获得利润总额 2 000 万元，根据 B 国税法规定，企业所得税税率为 30%，但是对外资可以给予 10% 的低税率。请计算该笔所得应当承担的税收负担，并提出纳税筹划方案。

【筹划方案】

乙公司在 B 国应当缴纳的企业所得税=2 000×10%=200（万元）

净利润=2 000-200=1 800（万元）

方案一：假设该笔利润全部汇回本国，则应当缴纳预提所得税 180（1 800×10%）万元。

该笔所得按照我国税法规定，应当缴纳企业所得税 500（2 000×25%）万元。

由于该笔所得已经在国外缴纳了所得税 380（200+180）万元，在本国只需要缴纳所得税 120（500-380）万元。

因此，净利润=2 000-200-180-120=1 500（万元）。

方案二：如果该甲公司首先在 A 国设立一个丙公司，将其持有的乙公司的股权转移给丙公司持有，乙公司的利润首先分配给丙公司，然后再由丙公司将利润分配给甲公司，就可以享受税收饶让抵免的优惠政策。

乙公司在 B 国应当缴纳企业所得税 200（2 000×10%）万元，净利润=2 000-200=1 800（万元）。乙公司将利润全部分配给丙公司，不需要缴纳预提所得税。

该笔利润在 A 国需要缴纳的企业所得税=2 000×30%=600（万元）。

由于该笔所得按照 B 国税法，该笔税款不需要向 A 国缴纳。丙公司再将该笔利润全部分配给甲公司，中间不需要缴纳预提所得税。

该笔所得需要向中国缴纳企业所得税=2 000×25%=500（万元）。由于在 A 国已经缴纳了 600 万元的税款，因此，不需要向中国缴纳所得税。

企业净利润=2 000-200=1 800（万元）。

【筹划总结】

通过纳税筹划，方案二比方案一为企业增加了净利润 300（1 800-1 500）万元。

5.3.8 无形资产摊销的纳税筹划

5.3.8.1 税法相关规定

无形资产的摊销年限不得低于 10 年。作为投资或者受让的无形资产，有关法律规定或者合同约定了使用年限的，可以按照规定或者约定的使用年限分期摊销。

5.3.8.2 纳税筹划案例分析

案例 5-24

甲公司于本年年初接受乙公司投资的一项价值为 1 200 万元的无形资产,投资合同上未约定有效期限。预计甲公司获取该项投资后,每年的利润将达到 1 000 万元(未扣除摊销额),假设甲公司的投资报酬率为 10%。请对上述业务进行纳税筹划。

【筹划方案】

方案一:甲公司与乙公司在合同中未约定无形资产的使用期限,因此按税法规定的 10 年来摊销无形资产。

10 年甲公司应缴纳的企业所得税现值合计 = $(1\ 000 - 1\ 200 \div 10) \times 25\% \times (P/A, 10\%, 10) = 880 \times 25\% \times 6.144\ 6 = 1\ 351.812$(万元)

方案二:甲公司与乙公司在合同中约定无形资产的使用期限为 5 年,因此甲公司按 5 年来摊销无形资产。

10 年甲公司应缴纳的企业所得税现值合计 = $(1\ 000 - 1\ 200 \div 5) \times 25\% \times (P/A, 10\%, 5) + 1\ 000 \times 25\% \times [(P/A, 10\%, 10) - (P/A, 10\%, 5)] = 190 \times 3.790\ 8 + 250 \times (6.144\ 6 - 3.790\ 8) = 1\ 308.702$(万元)

【筹划总结】

方案二比方案一缴纳的企业所得税现值共少 43.11 万元,因此应当选择方案二。企业如果在合同中若约定了使用年限,可按约定的年限摊销,因此企业可以通过合同控制摊销年限,从而调整利润和企业所得税税负。若企业处于减免税期间,则应当尽量延长摊销期限,以更多地获取减免税带来的好处。

5.3.9 固定资产折旧年限选择的纳税筹划

5.3.9.1 税法相关规定

除国务院财政、税务主管部门另有规定外,固定资产计算折旧的最低年限如下:①房屋、建筑物,为 20 年;②飞机、火车、轮船、机器、机械和其他生产设备,为 10 年;③与生产经营活动有关的器具、工具、家具等,为 5 年;④飞机、火车、轮船以外的运输工具,为 4 年;⑤电子设备,为 3 年。

5.3.9.2 纳税筹划案例分析

案例 5-25

甲公司 20×6 年 12 月购入价值为 3 000 万元(不含增值税)的电子设备,残值率为 5%,估计可以使用 35 年,按《企业所得税法》规定,最低可以采用 3 年折旧,按照直线折旧法计提折旧。假设甲公司处于非减免税期间,从 20×7 年起,5 年内每年未扣除折旧前的利润为 10 000 万元,且没有企业所得税纳税调整项目。假设折现率为 10%。请对上述业务进行纳税筹划。

【筹划方案】

方案一:按 5 年计提折旧。

5 年每年折旧额 = 3 000 × (1 - 5%) ÷ 5 = 570(万元)

5 年每年应纳企业所得税 = (10 000 - 570) × 25% = 2 357.5(万元)

5 年企业所得税折合到 20 × 7 年年初的现值 = 2 357.5 × (P/A, 10%, 5) = 2 357.5 × 3.790 8 = 8 936.81(万元)

方案二：按 3 年计提折旧。

前 3 年每年折旧额 = 3 000 × (1 - 5%) ÷ 3 = 950(万元)

前 3 年每年应纳企业所得税 = (10 000 - 950) × 25% = 2 262.5(万元)

后 2 年每年应纳企业所得税 = 10 000 × 25% = 2 500(万元)

5 年企业所得税折合到 20 × 7 年年初的现值 = 2 262.5 × (P/A, 10%, 3) + 2 500 × [(P/A, 10%, 5) - (P/A, 10%, 3)]

= 2 262.5 × 2.486 9 + 2 500 × (3.790 8 - 2.486 9)

= 8 886.36(万元)

【筹划结论】

方案二比方案一缴纳的企业所得税的现值共少 50.45 万元，因此应当选择方案二。折旧作为非付现成本，具有抵减企业所得税的作用。也就是说，折旧年限越短，年折旧额就越大，从而使利润越低，应纳企业所得税越少。因此在非减免税期间，企业应尽量按照上述规定的最低年限对固定资产进行折旧。反之，在减免税期间，企业应尽量采用较长的折旧年限对固定资产进行折旧。但由于企业未来期间盈利或亏损，以及是否属于减免税期间均具有一定的不确定性，这会限制此类纳税筹划方法的运用。

5.3.10 固定资产折旧方法选择的纳税筹划

5.3.10.1 税法相关规定

企业的固定资产由于技术进步等原因，确需加速折旧的，可以缩短折旧年限或者采取加速折旧的方法。可以享受这一优惠的固定资产包括：①由于技术进步，产品更新换代较快的固定资产；②常年处于强震动、高腐蚀状态的固定资产。采取缩短折旧年限方法的，最低折旧年限不得低于规定折旧年限的 60%；采取加速折旧方法的，可以采取双倍余额递减法或者年数总和法。

5.3.10.2 纳税筹划案例分析

案例 5-26

甲公司购进一台新设备，原值为 1 000 万元，预计净残值率为 5%，经税务机关核定其折旧年限为 5 年。由于该设备属于处于强震动、高腐蚀状态的固定资产，税务机关批准可以采用年限平均法、双倍余额递减法或年数总和法计提折旧。预计每年税前会计利润均为 2 000 万元，且没有企业所得税纳税调整项目，假设折现率为 10%。请对上述业务进行纳税筹划。

【筹划思路】

采用不同的折旧方法，在一定的纳税年度计算出来的折旧额是不同的，而折旧额的不同会影响企业的应纳税所得额，进而影响企业所得税税负。折旧方法的选择应以最充分或最快地发挥折旧费用的抵税效应为标准。在不同期间，企业应选择不同的折旧方法，以降低企业所得税税负。第一，减免税期间。由于减免税期间折旧费用的抵税效应会全部或部分地被减免税优惠抵消，因此，企业应选择在减免税期间折旧少而在非减免税期间折旧多的折旧方法。第二，非减免税且盈利期间。由于折旧费用能从应纳税所得额中扣除，因此，为了使得折旧费用的抵税效应能够完全发挥，应选择前期折旧费用较大、后期折旧费用较小的折旧方法。具体来说，可选择加速折旧法。第三，亏损期间。折旧方法的选择应与企业的亏损弥补情况相结合，使不能得到或不能完全得到税前弥补的亏损年度的折旧费用降低，保证折旧费用的抵税效应得到最大限度的发挥。

【筹划方案】

不同折旧方法相关项目比较如表5-3所示。

表5-3 不同折旧方法相关项目比较　　　　　　　　　　单位：万元

年	方案一：年限平均法				方案二：双倍余额递减法				方案三：年数总和法			
	折旧	税前利润	企业所得税	企业所得税现值	折旧	税前利润	企业所得税	企业所得税现值	折旧	税前利润	企业所得税	企业所得税现值
1	190.00	1 810.00	452.50	411.37	400.00	1 600.00	400.00	363.64	316.60	1 683.40	420.85	382.59
2	190.00	1 810.00	452.50	373.95	240.00	1 760.00	440.00	363.62	253.40	1 746.60	436.65	360.85
3	190.00	1 810.00	452.50	339.96	144.00	1 856.00	464.00	348.60	190.00	1 810.00	452.50	339.96
4	190.00	1 810.00	452.50	309.06	83.00	1 917.00	479.25	327.33	126.60	1 873.40	468.35	319.88
5	190.00	1 810.00	452.50	280.96	83.00	1 917.00	479.25	297.57	63.40	1 936.60	484.15	300.61
合	950.00	9 050.00	2 263.00	1 715.30	950.00	9 050.00	2 262.50	1 700.76	950.00	9 050.00	2 262.50	1 703.89

折现值的计算以方案一为例：

$452.50 \times (P/F, 10\%, 1) = 452.50 \times 0.909\ 1 = 411.37(万元)$

$452.50 \times (P/F, 10\%, 2) = 452.50 \times 0.826\ 4 = 373.95(万元)$

$452.50 \times (P/F, 10\%, 3) = 452.50 \times 0.751\ 3 = 339.96(万元)$

$452.50 \times (P/F, 10\%, 2) = 452.50 \times 0.683\ 0 = 309.06(万元)$

$452.50 \times (P/F, 10\%, 5) = 452.50 \times 0.620\ 9 = 280.95(万元)$

【筹划总结】

方案二比方案一缴纳的企业所得税的现值共少14.54（1 715.30-1 700.76）万元，比方案三缴纳的企业所得税的现值共少3.13（1 703.89-1 700.76）万元，因此应当选择方案二。未来期间盈利或亏损，以及是否属于减免税期间均具有一定的不确定性，这会限制此类纳税筹划方法的运用。

5.3.11 存货计价方法选择的纳税筹划

5.3.11.1 税法相关规定

《企业会计准则第1号——存货》规定，企业应当采用先进先出法、移动加权平均法、月末一次加权平均法和个别计价法确定发出存货的实际成本。《企业所得税法》规定，企业使用或者销售的存货的成本计算方法，可以在先进先出法、加权平均法、个别计价法三者中选用一种；计价方法一经选用，不得随意变更。

5.3.11.2 纳税筹划案例分析

案例 5-27

甲公司 20×6 年 1 月和 11 月先后购进数量和品种相同的货物两批，进货价格分别为 1 000 万元和 800 万元，假设此前甲公司库存没有这种货物。甲公司在 20×6 年 12 月和 20×7 年 3 月各出售购进的货物的一半，出售价格分别为 1 200 万元和 1 000 万元。假设甲公司 20×6 年和 20×7 年均处于非减免税期间，且处于盈利年度，以上价格均不含增值税，假设折现率为 10%。请对上述业务进行纳税筹划。

【筹划思路】

采用不同的存货计价方法，在一定的纳税年度所计算出来的存货成本是不同的，而存货成本的不同会影响企业的应纳税所得额，进而影响企业所得税税负。存货计价方法的选择应以最充分或最快地发挥成本费用的抵税效应为标准。在不同期间，企业应选择不同的存货计价方法，以达到降低企业所得税税负的目的。

第一，减免税期间。由于减免税期间成本费用的抵税效应会部分或全部地被减免税优惠抵消，因此，企业应选择在减免税期间成本费用少而在非减免税期间成本费用多的存货计价方法。

第二，非减免税且盈利期间。由于存货成本能从应纳税所得额中扣除，因此，为了使存货成本的抵税效应完全发挥，应选择前期存货成本较大、后期存货成本较小的计价方法。具体来说，在通货膨胀时期，可选择加权平均法；在通货紧缩时期，可选择先进先出法。

第三，亏损期间，存货计价方法的选择应与企业的亏损弥补情况相结合，使不能得到或不能完全得到税前弥补的亏损年度的成本费用降低，保证成本费用的抵税效应得到最大限度的发挥。

【筹划方案】

方案一：采用加权平均法。

存货的加权平均成本 = (1 000 + 800) ÷ 2 = 900(万元)

20×6 年应纳企业所得税 = (1 200 - 900) × 25% = 75(万元)

20×7 年应纳企业所得税 = (1 000 - 900) × 25% = 25(万元)

企业所得税折合到 20×6 年年初的现值 = 75 × (P/F, 10%, 1) + 25 × (P/F, 10%, 2) = 75 × 0.909 1 + 25 × 0.826 4 = 88.84(万元)

方案二：采用先进先出法。

20×6 年应纳企业所得税 = (1 200 - 1 000) × 25% = 50(万元)

20×7 年应纳企业所得税 = (1 000 - 800) × 25% = 50(万元)

企业所得税折合到 20×6 年年初的现值 = 50 × (P/F, 10%, 1) + 50 × (P/F, 10%, 2) = 50 × 0.909 1 + 50 × 0.826 4 = 86.78(万元)

【筹划总结】

方案二比方案一缴纳的企业所得税的现值共少 2.06（88.84-86.78）万元，若以实现涉税资金时间价值最大化为纳税筹划目标，则应当选择方案二。

5.4 纳税筹划风险与控制

纳税筹划是企业降低税负的重要手段，也是企业税务风险的重要来源。纳税筹划风险是指企业的纳税筹划行为给其带来的各种有形、无形损失的可能性。

5.4.1 纳税筹划风险及其原因

5.4.1.1 政策理解偏差导致的筹划风险

企业由于自身原因未能全面、准确理解相关税收优惠政策和税收立法精神，或者由于税收政策规定比较笼统，存在企业与税务机关对税收优惠政策解释方面的偏差。基于此，企业制订的纳税筹划方案有可能得不到税务机关的认可，存在一定的税务风险。

此外，没有履行税收相关优惠政策规定的手续、程序和取得相应的资格认证，也是企业纳税筹划风险的一种表现。这种风险属于技术层面的风险，即虽然对税收优惠政策理解与税务机关一致，但是由于企业疏于管理或者受自身能力的局限，没有从技术层面进行适当、全面的安排，不符合税收优惠政策所要求的全部限定性条件，于是筹划方案存在潜在的风险。

以上风险主要源自筹划人员的专业能力和职业道德。如果纳税筹划人员的业务水平不高，欠缺对政策的整体把握能力、政策运用能力，就很难全面理解和准确把握国家税收法律法规的立法精神，从而可能造成纳税筹划方案设计的偏离，就可能被认定为偷税或者是恶意避税。此外，纳税筹划人员职业道德水平也会影响企业的税务风险水平，职业道德水平较高会降低税务风险，否则就有可能使企业卷入税务泥沼不能自拔。现实经济生活中，许多企业管理层并不知晓企业存在偷逃税的行为，其中最主要的原因是存在代理人。在信息不对称的情况下，纳税筹划人员的不称职行为都会给企业带来税务风险。当然，企业聘请专门的中介机构或税务顾问为其进行纳税筹划，在外部筹划人员对企业的信息不了解的情况下，如果企业基于某种不良机，提供的是虚假的财务和税务信息，所进行的筹划也会存在风险，一旦税务局进行严格的稽查就会原形毕露。

5.4.1.2 企业纳税筹划过程中缺乏综合考虑

纳税筹划仅围绕某个税种展开，没有考虑除此之外的其他税种，导致企业的总体税负不能减轻反而加重。一种税少缴，另一种税可能多缴，对纳税人而言，整体税负不一定减轻。

企业在制定发展和竞争战略时单纯考虑税收因素，没有考虑税收以外的其他因素，也会使企业其他方面的利益受损。纳税支出最小的方案，不一定是资本收益最大化的方案。

此外，纳税筹划也存在一定的成本费用支出。比如上市公司的财务报告成本，即纳税筹划引起财务报表利润下降而带来的一系列成本。因为财务报表利润的下降会使每股收益下降，进而可能会导致股价下跌，使公司的市值下降，增加公司在资本市场上的融资成本和被并购的风险。而且，财务报表利润的下降还会影响管理者的利益，从而导致管理者与股东目标不一致，增加代理成本。

5.4.1.3 涉税政策变动产生的纳税筹划风险

纳税筹划方案尽管符合现行的涉税政策，但是，在纳税筹划过程中，如果税收政策发生变化，会使原先的筹划方案失去效果，从而给企业带来风险和损失。

一般认为，对企业固定资产采取加速折旧方法是有利的，或者在直线法下，采取缩短折旧年限的方法是有利的，因为可以使纳税人在早期获得更多的折旧额，从而使前期缴纳的企业所得税较少，获得资金的时间价值。但是企业在折旧筹划过程中，并非只要采取了加速折旧的方法或者缩短年限就一定能够节约税收。比如，不是所有的固定资产都可以采取加速折旧的方法进行，折旧最短年限是由税法限定的。对处于正常生产经营期且未享有税收优惠待遇的企业来说，缩短固定资产折旧年限，往往可以加速固定资产成本的回收，使企业后期成本费用前移，前期利润后移，从而获得延期纳税的好处。当企业前期处于亏损状态时，折旧的抵税效应并不能发挥出来；当企业处在减免税期间时，加速折旧使减免税期间的税额减少并不见得是好事，纳税人应该把利润或者应纳税额放在减免税期间实现。

5.4.1.4 关联企业内部转让定价筹划风险

利用关联企业转让定价进行避税是纳税人惯用的筹划手段，但是对于关联企业失去公允性、带有欺诈性质的定价，且有明显的避税嫌疑，税务机关有权进行查处和调整。

为了规范关联企业交易行为，企业所得税法及其实施条例专门规定了"特别纳税调整"条款，明确提出了转让定价的"独立交易原则"，增列了成本分摊协议条款，强化了纳税人、关联方和可比企业对转让定价调查的协助义务；规定了受控外国企业、资本弱化、一般反避税等相关条款，并且赋予了税务机关必要的反避税处置权，规定了加收利息条款。

比如，有些企业在取得抵债资产时，该抵债资产的评估价格等于或者接近相应债权的金额，即没有呆账损失或者呆账损失数额很小。但是银行在处置该抵债资产时，以低于原先评估价格销售，且是出售给原债务人的关联方，所产生的差价作财产转让损失处理，并且无须税务机关审批，便可达到逃避税收监管的目的。但一旦税务机关进行查处，就可能会启动反避税条款，对金融企业进行纳税调整。

5.4.1.5 推迟课税筹划的风险

一般而言，进行纳税筹划有两个基本点：能少缴则少缴，能晚缴则晚缴，即推迟课税以获取时间价值。但是，推迟课税的筹划如果运用不好，也会存在一定的风险。

(1) 收入递延纳税存在机会成本的问题

如果因为延迟纳税而导致的税收机会成本较高，所进行的此类纳税筹划是没有意义的。例如，企业企图将收入实现在第 ($n+1$) 年，而规避第 n 年的应纳税收，在税收成本递延一年的同时，也丧失了未来收入的使用权。因此，递延应纳税所得推迟纳税的好处受这种机会成本的影响而大打折扣。

(2) 会产生隐性税收风险

所谓隐性税收，是指纳税人因享受税收优惠取得较低的税前收益率而遭受的损失。

例如，假定某基金进行债券投资时，如果购买企业债，利率为10%，如果购买国债，利率为7%，国债利率比企业债利率低3%，此为债券投资的隐性税收。此时，如果纳税人的边际税率超过了3%，其购买利息免税的国债就比较有利，但如果低于3%，则购买国债不定有利。因为纳税人的隐性税收超过了其显性税收，此时购买企业债则更有利。

（3）递延应税所得可能会受到将来税制变化的影响而增加一定的纳税风险

当未来的边际税率提高时，所递延的应税所得将面临更重的税负；当然，也可能会带来税收收益，即当边际税率下降时，所递延的应税所得缴纳的税收降低。企业递延应税所得进行纳税筹划不仅要对现实的税制了如指掌，还要对税制的未来发展趋势进行准确的判断。

5.4.1.6 长期股权投资筹划的风险

企业在进行长期股权投资核算时，投资企业应根据所持股份比例以及对被投资企业财务和经营决策控制和产生影响的程度分别采用成本法和权益法核算。由于两种办法对收益确认的时间不同，因而对当期收益以及对所得税的缴纳产生影响，也为纳税筹划提供了空间。新会计准则扩大了成本法的核算范围，将原来是权益法核算的"属于具有控制"的范围纳入成本法核算范围。

采用成本法核算的规则是：被投资企业实现净利润时，投资企业并不进行任何账务处理，只有在被投资企业宣告分配现金股利或者利润时，投资企业才按其应享有的份额确认当期投资收益，按现金制计入企业应纳税所得，依法缴纳企业所得税。这种核算方法优点有二。

一是在收益的确认时间上，税法与会计核算基本是一致的。按其实际获得的收益依法纳税，客观上很公平，容易被接受，而且不需要复杂的纳税调整。

二是若被投资企业实现净利润，只有在宣告分派时，投资企业才能确认收益，将其计入应纳税所得额；如果被投资企业账面上保留一部分投资企业暂时未宣告分配的利润，投资企业可以把这已实现收益但未分配的部分作为将来追加投资或挪作他用继续保留在被投资企业的账面上，以此规避或者延缓这部分投资收益应缴纳的所得税。采用权益法核算的规则是：只要被投资企业实现净利润，不管投资收益是否分配，都要按应享有的净损益份额确认投资收益，按规定缴纳所得税。即使投资企业将一部分作为追加投资或挪作他用也无法规避这部分收益应缴纳的所得税。

这两种方法最重要的区别表现在：当被投资方宣告发放股利以及每年年末得知被投资方的盈亏情况时，投资方的会计处理方法不同。成本法下，通常在投资当年得知被投资方宣告发放股利时冲减投资成本，年末被投资方盈亏对投资方没有影响。权益法下，投资方在得知被投资方宣告发放股利时要冲减投资成本；而每年年末得知被投资方盈亏情况时，则按其所占比例增加或减少投资收益。两种核算方法区别的焦点在于对投资收益确认的核算，而投资收益对应纳税所得额会产生影响。所以有人就认为，如果被投资方先盈利后亏损，选用成本法核算，投资当年不确认投资收益；若先亏损后盈利，选用权益法核算就可以不确认投资收益。

5.4.2 纳税筹划风险控制

纳税筹划风险产生的原因是多方面的，有企业自身筹划不够周全的原因，也有国家税收政策变化快的影响。因此，企业在筹划过程当中应该坚持不违背税法精神的原则，严格遵循国内外各项涉税政策；应具备整体筹划和动态筹划的理念，要符合企业自身的发展战略和经营规律，所设计的税收方案应具有前瞻性和预见性。

同时，企业应在平时注重搜集行业的业务和涉税信息，积极主动地与税务机关进行各种涉税事宜的沟通和配合；应该让税务机关了解和关注企业的发展意义和特殊性需求，从而降低税务风险。此外，企业应加强与中介机构的合作，由专业人员进行策划，规避税务风险，从而带动企业内部纳税筹划水平的提高，实现降低企业成本、提高综合竞争力的目的。

5.5 企业所得税实务疑难解答

【实务释疑1】本公司在符合条件的技术转让过程中，同时销售的仪器设备取得的收入是否一并计入技术转让收入？

答：根据《国家税务总局关于技术转让所得减免企业所得税有关问题的通知》（国税函〔2009〕212号）的规定，技术转让收入是指当事人履行技术转让合同后获得的价款，不包括销售或转让设备、仪器、零部件、原材料等非技术性收入。

【实务释疑2】本公司同时符合研究开发费用加计扣除和小型微利企业两项部政策的条件，两种优惠是否可以同时享受？

答：《财政部国家税务总局关于执行企业所得税优惠政策若干问题的通知》（财税〔2009〕69号）第二条规定：《国务院关于实施企业所得税过渡优惠政策的通知》（国发〔2007〕39号）第三条所称不得叠加享受，且一经选择，不得改变的税收优惠情形，限于企业所得税过渡优惠政策与企业所得税法及其实施条例中规定的定期减免和减低税率类的税收优惠。企业所得税法及其实施条例中规定的各项税收优惠，凡企业符合规定条件的，可以同时享受。因此，企业可根据具体情况提交相应的备案资料，享受上述两项优惠政策。

【实务释疑3】本公司将自己开发的商品房对外出租，企业所得税需要视同销售吗？

答：根据国家税务总局印发的《房地产开发经营业务企业所得税处理办法》（国发〔2009〕31号）第七条规定，企业将开发产品用于捐赠、赞助、职工福利、奖励、对外投资、分配给股东或投资人、抵偿债务、换取其他企事业单位和个人的非货币性资产等行为，应视同销售，于开发产品所有权或使用权转移，或于实际取得利益权利时确认收入（或利润）的实现。

根据《国家税务总局关于企业处置资产所得税处理问题的通知》（国税函〔2008〕828号）第一条规定，企业将自己开发的商品房转为出租不需要视同销售处理。

【实务释疑4】本公司是一家建筑企业，现将某项目全部承包给某单位并支付给对方工程费，请问企业所得税如何计算缴纳？

答：《企业所得税法》及其实施条例规定，建筑公司应将从工程发包方取得的承包收入按规定确认为企业所得税的应税收入，将支付给分包单位的支出在企业所得税税前作为成本扣除。但需要注意的是，《中华人民共和国建筑法》第二十八条规定，禁止承包单位将其承包的全部建筑工程转包给他人，禁止承包单位将其承包的全部建筑工程分解以后以分包的名义分别转包给他人。

引例解析

如果提前进行纳税筹划，利用分劈技术，把企业的生产经营管理和财务核算系统划分为独立核算、自负盈亏的废旧金属、废旧橡胶和废旧纸品三个经营主体,三个企业各自申请享受税收优惠政策。假如2019年度甲企业实际应纳税所得额为废旧金属300万元、废旧橡胶200万元、废旧纸品100万元,三项合计应纳税所得额600万元(当年营收已减按90%计入)。按照财税〔20019〕13号文规定,分劈后的废旧金属应缴纳企业所得税25(100×5%+200×10%)万元;废旧橡胶应纳企业所得税15(100×5%+100×10%)万元;废旧纸品适用实际征税率5%,应纳企业所得税5(100×5%)万元;三项合计应纳企业所得税45万元。若不采用分劈技术,该企业已达到规模以上企业标准,暂不考虑其他优惠政策,依照适用税率25%计算企业所得税,应纳企业所得税150(600×25%)万元。分劈后三个企业共节税105(150-45)万元,节税率达到70%。

本章小结

企业所得税是国家对企业和其他取得收入的组织生产经营所得和其他所得征收的一种所得税。它具有征税范围广、税负公平、纳税人与负税人一致、计算较为复杂、实行预缴和汇算清缴的征收办法等特点。

在中华人民共和国境内,企业和其他取得收入的组织为企业所得税的纳税人。企业所得税的征税对象为纳税人从事生产经营的所得和其他所得。企业所得税实行比例税率。

改革开放以来,我国的企业所得税制进行了多次改革。现行《企业所得税法》和《企业所得税法实施条例》,以及其他一系列财税部门制定的相关规章和规范性文件,构成了我国企业所得税法律制度的主要内容。

为正确进行纳税筹划,企业必须正确确定企业所得税的计税依据。企业所得税的计税依据就是应纳税所得额,即指企业每一纳税年度的收入总额,减去不征税收入、免税收入、各项扣除以及允许弥补的以前年度亏损后的余额。

知识链接

通过企业所得税税收优惠筹划,有助于了解企业所得税在扶持民生、公益事业和照顾弱势群体等方面的优惠,感受国家税收政策的温度。同时挖掘税收宏观调控元素,帮助学生树立正确的国家治理观。再次,了解研发费用加计扣除优惠政策,对于促进企业科技创新、推动产业结构升级、建设创新型国家等方面发挥了积极引导作用,引导学生树立创新意识,培养创新能力。

章节小测试

一、单项选择题

1. 根据企业所得税法律制度的规定,下列各项中,属于非居民企业的是(　　)。
A. 依照外国法律成立,实际管理机构在境内的甲公司
B. 依照中国法律成立,在境外设立机构、场所的乙公司
C. 依照外国法律成立且实际管理机构在境外,但在境内设立机构、场所的丙公司

D. 依照中国法律成立，实际管理机构在境内的丁公司

2. 20×1年9月1日，甲公司与乙公司签订一项销售合同，采用预收款方式销售一批商品，并于9月10日收到全部价款。甲公司9月20日发出商品，乙公司9月21日收到该批商品。根据企业所得税法律制度的规定，关于甲公司上述销售收入确认时间的表述中，正确的是（　　）。

　　A. 9月10日确认销售收入　　　　　　B. 9月20日确认销售收入
　　C. 9月21日确认销售收入　　　　　　D. 9月1日确认销售收入

3. 根据企业所得税法律制度的规定，下列关于确认收入实现时间的表述中，正确的是（　　）。

　　A. 接受捐赠收入，按照合同约定的捐赠日期确认收入的实现
　　B. 利息收入，按照合同约定的债务人应付利息的日期确认收入的实现
　　C. 租金收入，按照出租人实际收到租金的日期确认收入的实现
　　D. 权益性投资收益，按照投资方实际收到利润的日期确认收入的实现

4. 根据企业所得税法律制度的规定，下列关于企业所得税税前扣除的表述中，不正确的是（　　）。

　　A. 企业发生的合理的工资薪金的支出，准予扣除
　　B. 企业发生的职工福利费支出超过工资薪金总额的14%的部分，准予在以后纳税年度结转扣除
　　C. 企业发生的合理的劳动保护支出，准予扣除
　　D. 企业参加财产保险，按照规定缴纳的保险费，准予扣除

5. 甲公司20×7年实现会计利润总额300万元，预缴企业所得税税额60万元，在"营业外支出"账户中列支了通过公益性社会组织向灾区的捐款38万元。已知企业所得税税率为25%，公益性捐赠支出不超过年度利润总额12%的部分，准予在计算企业所得税应纳税所得额时扣除，超过部分准予结转以后的是（　　）万元。

　　A. （300+38）×25%－60=24.5
　　B. 300×25%－60=15
　　C. （300+300×12%）×25%－60=24
　　D. ［300+（38－300×12%）］×25%－60=15.5

6. 根据企业所得税法律制度的规定，下列各项中，在计算企业所得税应纳税所得额时，不得扣除的是（　　）。

　　A. 企业发生的合理的劳动保护支出
　　B. 企业发生的非广告性质赞助支出
　　C. 企业参加财产保险按照规定缴纳的保险费
　　D. 企业转让固定资产发生的费用

7. 根据企业所得税法律制度的规定，下列固定资产中，可以计算折旧扣除的是（　　）。

　　A. 以融资租赁方式租出的固定资产
　　B. 以经营租赁方式租入的固定资产
　　C. 已足额提取折旧但仍继续使用的固定资产
　　D. 未投入使用的厂房

8. 根据企业所得税法律制度的规定，下列各项中，应以同类固定资产的重置完全价值为计税基础的是（　　）。
   A. 盘盈的固定资产　　　　　　B. 自行建造的固定资产
   C. 外购的固定资产　　　　　　D. 通过捐赠取得的固定资产
9. 根据企业所得税法律制度的规定，下列关于所得来源地的说法中，正确的是（　　）。
   A. 提供劳务所得按照劳务发生地确定
   B. 股息、红利等权益性投资所得，按照被投资企业所在地确定
   C. 动产转让所得按照受让动产的企业或者机构、场所所在地确定
   D. 销售货物所得按照买方或卖方所在地确定
10. 企业为全体员工支付的补充养老保险、补充医疗保险，在不超过职工工资总额的（　　）标准内的部分，准予扣除。
    A. 2%　　　　　B. 3%　　　　　C. 5%　　　　　D. 8%
11. 企业取得的（　　）利息收入免征企业所得税。
    A. 国债　　　　　　　　　　　B. 国家重点建设债券
    C. 外国政府债券　　　　　　　D. 金融债券
12. 下列各项中，不能达到节税目的的租金支出的纳税筹划是（　　）。
    A. 使租金支出费用最大化
    B. 合理分配跨期间费用
    C. 取得合法凭证
    D. 在支出水平相等的情况下，以融资租赁方式承租
13. 下列各项中，不属于企业所得税纳税人的是（　　）。
    A. 国有企业　　　B. 外商投资企业　　　C. 私营企业　　　D. 个人独资企业
14. 依据《企业所得税法》的有关规定，非居民企业向我国境内企业单独转让邮电、通信等软件，或者随同销售邮电、通信等软件，转让这些设备使用的软件所取得的软件使用费，实际征收时可按（　　）的税率征收企业所得税。
    A. 25%　　　　　B. 20%　　　　　C. 15%　　　　　D. 10%
15. 下列收入中，不需要计入应纳税所得额的是（　　）。
    A. 企业债券利息收入　　　　　B. 居民企业之间股息收益
    C. 非货币性交易收入　　　　　D. 接受捐赠的实物资产价值
16. 在计算企业应纳税所得额时，下列税金中，不得从收入总额中扣除的是（　　）。
    A. 土地增值税　　　B. 消费税　　　C. 增值税　　　D. 资源税
17. 甲汽车制造厂本年的销售产品收入为3 000万元，转让技术使用权收入为200万元，广告费支出为600万元，业务宣传费为40万元，计算应纳税所得额时（　　）。
    A. 调增应纳税所得额160万元　　　B. 调增应纳税所得额190万元
    C. 调减应纳税所得额160万元　　　D. 调减应纳税所得额190万元
18. 甲企业本年度利润总额为40万元，调整捐赠前的所得额为50万元。当年"营业外支出"账户中列支了通过当地政府部门向灾区捐赠的6万元。该企业本年应纳企业所得税税额为（　　）万元。
    A. 12.5　　　　　B. 12.8　　　　　C. 13.45　　　　　D. 16.25

二、多项选择题

1. 根据企业所得税法律制度的规定，下列关于来源于中国境内、境外所得确定原则的表述中，正确的有（　　）。
   A. 转让不动产所得，按照不动产所在地确定
   B. 股息所得，按照分配所得的企业所在地确定
   C. 销售货物所得，按照交易活动发生地确定
   D. 提供劳务所得，按照劳务发生地确定

2. 根据企业所得税法律制度的规定，下列各项中，属于企业取得收入的货币形式的有（　　）。
   A. 股权投资　　B. 应收票据　　C. 银行存款　　D. 应收账款

3. 根据企业所得税法律制度的规定，下列各项中，应视同销售货物的有（　　）。
   A. 将货物用于广告　　　　　　B. 将货物用于捐赠
   C. 将货物用于偿债　　　　　　D. 将货物用于赞助

4. 根据企业所得税法律制度的规定，下列无形资产中，应当以该资产的公允价值和支付的相关税费为计税基础的有（　　）。
   A. 接受捐赠取得的无形资产　　B. 通过债务重组取得的无形资产
   C. 自行开发的无形资产　　　　D. 接受投资取得的无形资产

5. 根据企业所得税法律制度的规定，下列选项中，属于长期待摊费用的有（　　）。
   A. 购入固定资产的支出　　　　B. 固定资产的大修理支出
   C. 租入固定资产的改建支出　　D. 已提足折旧的固定资产的改建支出

6. 根据企业所得税法律制度的规定，企业缴纳的下列税金中，准予在计算企业所得税应纳税所得额时扣除的有（　　）。
   A. 印花税　　B. 消费税　　C. 土地增值税　　D. 资源税

7. 根据企业所得税法律制度的规定，下列固定资产折旧的处理中，不正确的有（　　）。
   A. 甲企业20×1年3月5日购进一台起重机，20×1年4月5日投入使用，应当自20×1年4月起计算折旧
   B. 丙企业20×1年4月1日以融资租赁方式租出一架小型喷气式飞机，之后继续对该飞机计提折旧
   C. 乙企业因生产经营调整，于20×1年10月1日停止使用一批设备，应当自20×1年11月起停止计算折旧
   D. 丁企业20×1年9月以经营租赁方式租入一辆大型巴士，在计算企业所得税时，对该巴士计提折旧

8. 根据《企业所得税法》的规定，下列各项中，不属于企业所得税纳税人的有（　　）。
   A. 股份有限公司　　　　　　B. 合伙企业
   C. 联营企业　　　　　　　　D. 个人独资企业

9. 根据《企业所得税法》的规定，下列项目中，属于不征税收入的有（　　）。
   A. 财政拨款
   B. 国债利息收入

C. 金融债券利息收入
D. 依法收取并纳入财政管理的行政事业性收费、政府性基金

10. 根据《企业所得税法》的规定，在计算企业所得税应纳税所得额时，可以计入存货成本并在税前扣除的税金包括（　　）。
   A. 消费税　　　　　　　　　　B. 关税
   C. 资源税　　　　　　　　　　D. 不能从销项税额中抵扣的增值税进项税额

11. 根据企业所得税法律制度的规定，下列收入中，能够作为业务招待费和广告宣传费扣除限额计算基数的有（　　）。
   A. 销售货物收入　　　　　　　B. 转让固定资产收入
   C. 租金收入　　　　　　　　　D. 视同销售收入

12. 企业取得的下列收入中，属于企业免税收入的有（　　）。
   A. 转让股票取得的收入　　　　B. 从境内非上市居民企业取得的投资分红
   C. 国债利息收入　　　　　　　D. 接受股东赠与资产收入

13. 下列利息支出中，在计算应纳税所得额时允许全额扣除的有（　　）。
   A. 向非金融机构借款，超过金融机构同期同类贷款利率的利息支出
   B. 非金融企业向金融企业借款的利息支出
   C. 非金融企业向非金融企业借款的利息支出
   D. 逾期偿还银行贷款的罚息

14. 下列取得收入的主体中，应当缴纳企业所得税的有（　　）。
   A. 合伙企业　　B. 国有独资公司　　C. 股份有限公司　　D. 高等院校

15. 下列各项中，在计算企业所得税应纳税所得额时，应计入收入总额的有（　　）。
   A. 转让专利权收入　　　　　　B. 债务重组收入
   C. 接受捐赠收入　　　　　　　D. 确实无法偿付的应付账款

三、计算题

1. 乙企业为居民企业，企业所得税适用税率25%。20×1年发生经济业务如下。
（1）销售产品取得销售收入3 000万元。
（2）发生产品销售成本1 500万元。
（3）发生销售费用300万元，其中包括广告费200万元。
（4）发生管理费用200万元，其中包括业务招待费20万元。
（5）发生财务费用30万元，其中包括支付其他企业借入生产用周转金的利息支出10万元（20×1年1月1日借入本金100万元，年利率10%，假设金融机构同期同类贷款年利率为5%）。
（6）发生销售税金及附加120万元（不含增值税）。
（7）发生营业外支出20万元，其中包括向希望工程捐款10万元，支付税收滞纳金10万元。
（8）计入成本、费用中的工资总额为100万元，拨缴职工工会经费3万元，发生职工福利费20万元，发生职工教育经费4.5万元。

要求：计算乙企业20×1年应缴纳的企业所得税。

2. 某企业为增值税一般纳税人，2020年生产经营情况如下，已预缴企业所得税200万元，2020年生产经营情况如下。

(1) 销售收入6 500万元，销售成本2 220万元。

(2) 将产品用于推广促销，市场销售价100万元，成本60万元。

(3) 销售费用700万元，其中含广告费230万元。

(4) 管理费用600万元，其中含新技术开发费用100万元，业务招待费80万元。

(5) 财务费用300万元，其中支付银行借款的逾期罚息20万元，向非金融企业借款利息超过银行同期同类贷款利息18万元。

(6) 税金及附加200万元。

(7) 投资收益160万元，其中，居民企业投资分红90万元，国债利息收入70万元。

(8) 营业外支出120万元，其中税收滞纳金10万元，非广告性质的赞助支出20万元，通过当地人民政府向贫困山区捐款70万元。

(9) 全年实发工资总额2 000万元（属合理限额范围），实际发生职工工会经费60万元、职工福利费290万元、职工教育经费140万元。

要求：计算该企业2020年应缴纳的企业所得税。

四、简答题

1. 如何理解企业的所得税纳税筹划？
2. 企业所得税对公益性捐赠如何扣除？
3. 企业所得税的税率有几种？
4. 税务机关的征税方式有哪些？

五、案例分析题

1. 甲生产企业20×1年利润总额为300万元，职工总数100人，月平均安置残疾人30人，残疾人平均月工资0.2万元。不考虑其他因素，企业的税负情况如何？

2. 甲企业从关联方乙企业取得借款500万元对外投资，期限为1年，双方的利率为6%，与同期商业银行的贷款利率相同。该企业的注册资本为300万元，当年会计利润为100万元，假定无其他调整事项。如果不进行任何纳税筹划，则甲企业应纳企业所得税是多少？并进行纳税筹划。

第 6 章　个人所得税纳税筹划

知识目标

1. 了解个人所得税的概念及特点。
2. 掌握个人所得税的纳税义务人、征税范围和税率。
3. 掌握个人独资与合伙企业互换的纳税筹划。
4. 掌握工资薪金、年终奖金发放、销售业绩奖的纳税筹划。
5. 掌握劳务报酬、稿酬所得、不同捐赠方式的纳税筹划。
6. 熟悉利息、股息、红利所得的纳税筹划。
7. 熟悉个人转让股权、个体工商户的纳税筹划。
8. 了解个人所得税纳税筹划风险,并进行风险控制。

能力目标

1. 熟练掌握个人所得税应纳税额的计算。
2. 能运用所学的纳税筹划方法进行个人所得税的纳税筹划。

素质目标

1. 熟悉个人所得税相关法律制度,关注最新税法政策,提高政治、法律意识。
2. 能在遵守税收法律制度、会计法律制度等法律法规的前提下,对个人所得税进行合法的纳税筹划。

知识框架图

个人所得税纳税筹划
- 个人所得税概述
- 工资薪金的纳税筹划
- 年终奖金发放的纳税筹划
- 劳务报酬的纳税筹划
- 稿酬所得的纳税筹划
- 不同捐赠方式的纳税筹划
- 利息、股息、红利所得的纳税筹划
- 企业利润分配的纳税筹划
- 个人转让股权的纳税筹划
- 销售业绩奖的纳税筹划
- 个体工商户的纳税筹划
- 个人独资与合伙企业互换的纳税筹划
- 个人所得税筹划风险与控制
- 个人所得税实务疑难解答

引 例

A企业想聘请另一家公司的退休工程师赵先生担任技术顾问,赵先生每年获得的报酬大约为6万元,按月领取,请为赵先生的劳务报酬进行纳税筹划。

引例解析见本章最后部分。

6.1 个人所得税概述

6.1.1 个人所得税的概念和特点

6.1.1.1 个人所得税的概念

个人所得税是指以自然人个人所取得的法定的各项应纳税所得为征税对象的一种所得税。

6.1.1.2 个人所得税的特点

(1) 个人所得税是一种所得税

个人所得税不是对个人所取得的收入征税,而是对个人取得的所得征税。作为征税对象的个人所得有狭义和广义之分。狭义的个人所得仅限于每年经常、反复发生的所得；广义的个人所得是指个人在一定期间内通过各种来源和方式取得或者获得的各种收益与利益，而不论这种收益与利益是偶然的还是临时的，是货币的还是实物的。目前包括我国在内的世界各国所实行的个人所得税大多以广义的个人所得为基础设计税收制度。

（2）个人所得税是一种直接税

所谓直接税是指税收负担不能转嫁出去而必须由纳税人自己承担的税种。除极少数特殊情况之外，个人所得税通常不能转嫁而必须由纳税人自己承担。

（3）个人所得税是以自然人为纳税人的一种所得税

根据纳税人的属性不同，一般可以分为两类，一类是以法人为纳税人的所得税，即企业法人或者公司所得税。另一类是以自然人为纳税人的所得税，即个人所得税。

6.1.2 征税范围及税率

6.1.2.1 个人所得税征税范围

《个人所得税法实施条例》及相关法规具体确定了个人各项应税所得的征税范围，内容如下。

①个人综合所得。
A. 工资、薪金所得；B. 劳务报酬所得；C. 稿酬所得；D. 特许权使用费所得。
②经营所得。
③利息、股息、红利所得。
④财产租赁所得。
⑤财产转让所得。
⑥偶然所得。

居民个人取得的工资、薪金所得、劳务报酬所得、稿酬所得以及特许权使用费所得为个人综合所得。居民个人取得的综合所得，按纳税年度合并计算个人所得税，分月（次）预扣预缴；非居民个人取得上述 A 至 D 项所得，按月或者按次分项计算个人所得税。纳税人取得的经营所得，与综合所得分别计算，按年计征个人所得税。纳税人取得的上述③至⑥项所得，依照法律规定按次计征个人所得税。

6.1.2.2 个人所得税税率

（1）综合所得

综合所得是居民个人每一纳税年度内取得的综合所得包括工资、薪金所得，劳务报酬所得，稿酬所得，特许权使用费所得。

综合所得适用3%～45%的超额累进税率，如表6-1所示。

表6-1 个人所得税税率表（综合所得适用）

级数	全年应纳税所得额	税率/%	速算扣除数/元
1	不超过36 000元的	3	0
2	36 000元至144 000元的部分	10	2 520
3	144 000元至300 000元的部分	20	16 920

续表

级数	全年应纳税所得额	税率/%	速算扣除数/元
4	300 000 元至 420 000 元的部分	25	31 920
5	420 000 元至 660 000 元的部分	30	52 920
6	660 000 元至 960 000 元的部分	35	85 920
7	超过 960 000 元的部分	45	181 920

注：①本表所称全年应纳税所得额是指按照法律规定，居民个人取得综合所得以每一纳税年度收入额减除费用 6 万元以及专项扣除、专项附加扣除和依法确定的其他扣除后的余额。

②非居民个人取得工资、薪金所得，劳务报酬所得，稿酬所得和特许权使用费所得，依照本表按月换算后计算应纳税额。

（2）向居民个人支付劳务报酬所得、稿酬所得、特许权使用费的扣缴方法

应按次或者按月预扣预缴税款。其中，劳务报酬所得适用三级超额累进预扣率，计算公式为：

应预扣预缴税额＝预扣预缴应纳税所得额×预扣率－速算扣除数

特许权使用费所得、稿酬所得适用 20% 的比例税率，计算公式为：

应预扣预缴税额＝预扣预缴应纳税所得额×20%

预扣缴率及应纳税所得额的确定规定如表 6-2 所示。

表 6-2 预扣缴率及应纳税所得额

所得项目	预扣预缴税率			费用减除
	级数	预扣预缴应纳税所得额	预扣率/%	速算扣除数/元	
劳务报酬所得	1	不超过 20 000 元的	20	0	每次收入不超过 4 000 元的，减除费用 800 元；每次收入 4 000 元以上的，减除费用为收入的 20%；稿酬所得的收入额再按 70% 计算
	2	20 000 元至 50 000 元的部分	30	2 000	
	3	超过 50 000 元的部分	40	7 000	
特许权使用费所得	20%				
稿酬所得					

（3）经营所得

经营所得适用 5%～35% 的超额累进税率，如表 6-3 所示。

表 6-3 个人所得税税率表（经营所得适用）

级数	全年应纳税所得额	税率/%	速算扣除数/元
1	不超过 30 000 元的	5	0
2	30 000 元至 90 000 元的部分	10	1 500
3	90 000 元至 300 000 元的部分	20	10 500
4	300 000 元至 500 000 元的部分	30	40 500
5	超过 500 000 元的部分	35	65 500

(4) 利息、股息、红利所得，财产租赁所得，财产转让所得和偶然所得

利息、股息、红利所得，财产租赁所得，财产转让所得和偶然所得适用比例税率，税率为20%。

个人所得税法中，财产租赁所得，是指个人出租建筑物、土地使用权、机器设备车船以及其他财产取得的所得。财产包括动产和不动产。按次计算征收个人所得税，适用20%的比例税率。并有以下规定。

①对个人按市场价格出租的居民住房取得的所得，自2001年1月1日起暂减按10%的税率征收个人所得税。

②个人出租房屋取得的租金收入应按"财产租赁所得"项目计算缴纳个人所得税，税率为20%。

6.1.3 个人所得税应纳税额的确定及计算

6.1.3.1 个人所得税应纳税所得额的确定

个人所得税的计税依据是纳税人取得的应纳税所得额。应纳税所得额为个人取得的各项收入减去税法规定的费用扣除金额和减免税收入后的余额。

6.1.3.2 个人所得税应纳税额的计算

(1) 居民个人综合所得应纳税额的计算

$$应纳税额 = 应纳税所得额 \times 适用税率 - 速算扣除数$$

劳务报酬所得、稿酬所得、特许权使用费所得以收入减除费用后的余额为收入额。其中，稿酬所得的收入额减按70%计算。

劳务报酬所得适用20%~40%的超额累进预扣率，稿酬所得、特许权使用费所得适用20%的比例预扣率。

(2) 个体工商户的生产、经营所得应纳税额的计算

$$应纳税额 = 应纳税所得额 \times 适用税率 - 速算扣除数$$
$$= (全年收入总额 - 成本、费用、税金、损失、其他支出及以前年度亏损) \times 适用税率 - 速算扣除数$$

(3) 利息、股息、红利所得应纳税额的计算

$$应纳税额 = 应纳税所得额 \times 适用税率 = 每次收入额 \times 适用税率$$

(4) 财产租赁所得应纳税额的计算

①每次（月）收入不足4 000元的。

$$应纳税额 = [每次（月）收入额 - 财产租赁过程中缴纳的税费 - 由纳税人负担的租赁财产实际开支的修缮费用（800元为限） - 800元] \times 20\%$$

②每次（月）收入在4 000元以上的。

$$应纳税额 = [每次（月）收入额 - 财产租赁过程中缴纳的税费 - 由纳税人负担的租赁财产实际开支的修缮费用（800元为限）] \times (1 - 20\%) \times 20\%$$

(5) 财产转让所得应纳税额的计算

$$应纳税额 = 应纳税所得额 \times 适用税率 = (收入总额 - 财产原值 - 合理费用) \times 20\%$$

(6) 偶然所得应纳税额的计算

$$应纳税额 = 应纳税所得额 \times 适用税率 = 每次收入额 \times 20\%$$

6.2 工资薪金的纳税筹划

6.2.1 税法相关规定

工资薪金所得是指个人因任职或者受雇而取得的工资、薪金、奖金、年终加薪、劳动分红、津贴、补贴及与任职或者受雇有关的其他所得。其中，年终加薪、劳动分红不分种类和取得情况，一律按工资薪金所得课税。津贴、补贴则有例外。个人取得的应纳税所得，包括现金、实物和有价证券。参见《个人所得税法》第二条，《个人所得税法暂行条例》第八条、第十条。由于我国工资薪金所得采取的是3%~45%的七级超额累进税率，从七级超额累进税率表可以看出，收入越高，适用的税率越高，税收负担也越重。在每一级的边缘地带，有时收入差别很小，但是所缴的个人所得税税额却可能相差很大。这就为个人工资薪金所得的纳税筹划提供了空间。具体来讲，充分利用税收优惠政策，对职工的工资薪金所得进行筹划。

6.2.1.1 不征个人所得税的项目

根据我国目前个人收入的构成情况，《个人所得税法》规定对于一些不属于工资、薪金性质的补贴、津贴或者不属于纳税人本人工资、薪金所得项目的收入，不予征税。这些项目包括：

①独生子女补贴。
②执行公务员工资制度未纳入基本工资总额的补贴、津贴差额和家属成员的副食品补贴。
③托儿补助费。
④差旅费津贴、误餐补助。其中，误餐补助是指按照财政部规定，个人因公在城区、郊区工作，不能在工作单位或返回就餐的，根据实际误餐顿数，按规定的标准领取的误餐费。注意，单位以误餐补助名义发给职工的补助、津贴不包括在内。
⑤外国来华留学生领取的生活津贴费、奖学金，不属于工资、薪金范畴，不征收个人所得税。

6.2.1.2 免征个人所得税的项目

下列各项个人所得，免征个人所得税。

①省级人民政府、国务院部委和中国人民解放军军以上单位，以及外国组织、国际组织颁发的科学、教育、技术、文化、卫生、体育、环境保护等方面的奖金。
②国家发行的金融债券利息。
③按照国家统一规定发给的补贴、津贴。
④福利费、抚恤金、救济金。
⑤保险赔款。
⑥军人的转业费、复员费、退役金。

⑦对个体工商户或个人,以及个人独资企业和合伙企业从事种植业、养殖业、饲养业和捕捞业取得的所得,暂不征收个人所得税。

⑧个人举报、协查各种违法犯罪行为而获得的奖金。

⑨个人办理代扣代缴税款手续,按规定取得的扣缴手续费。

⑩个人转让自用达5年以上,并且是唯一的家庭生活居住用房取得的所得。

⑪个人从公开发行和转让市场取得的上市公司股票,持股期限超过1年的,股息、红利所得暂免征收个人所得税。个人从公开发行和转让市场取得的上市公司股票,持股期限在1个月以内(含1个月)的,其股息红利所得全额计入应纳税所得额;持股期限在1个月以上至1年(含1年)的,股息、红利暂按50%计入应纳税所得额;上述所得统一适用20%的税率计征个人所得税。本规定自2015年9月8日起执行。

自2019年7月1日起至2024年6月30日止,全国中小企业股份转让系统挂牌公司股息、红利差别化个人所得税政策也按上述政策执行。

⑫个人取得的下列中奖所得,暂免征收个人所得税。

A. 单张有奖发票奖金所得不超过800元(含800元)的,暂免征收个人所得税;个人取得单张有奖发票奖金所得超过800元的,应全额按照税法规定的"偶然所得"项目征收个人所得税。

B. 购买社会福利有奖募捐奖券、体育彩票一次中奖收入不超过10 000元的,暂免征收个人所得税;对一次中奖收入超过10 000元的,应按税法规定全额征税。

⑬自2020年1月1日起的规定。

A. 对参加疫情防治工作的医务人员和防疫工作者按照政府规定标准取得的临时性工作补助和奖金,免征个人所得税。政府规定标准包括各级政府规定的补助和奖金标准。

对省级及省级以上人民政府规定的对参与疫情防控人员的临时性工作补助和奖金,比照执行。

B. 单位发给个人用于预防新型冠状病毒感染的药品、医疗用品和防护用品等实物(不包括现金),不计入工资、薪金收入,免征个人所得税。

⑭经国务院财政部门批准免税的所得。

6.2.1.3 费用扣除的标准

个人所得税法对综合所得的费用扣除标准的一般规定为5 000元/月,一年60 000元。费用扣除的具体标准如表6-4所示。

表6-4 费用扣除标准

一般规定	按照5 000元/月乘以纳税人当年截至本月在本单位的任职受雇月份数计算
首次取得的特殊规定 (2021年变化)	一个纳税年度内首次取得工资、薪金所得的居民个人,在预扣预缴其个人所得税时,可按照5 000元/月乘以纳税人当年截至本月的月份数计算累计减除费用。提示:仅适用于当年首月(1月)至新入职时,未取得工资、薪金或未按照累计预扣法预扣预缴过连续性劳务报酬所得个人所得税的居民个人

续表

一般规定	按照 5 000 元/月乘以纳税人当年截至本月在本单位的任职受雇月份数计算
符合收入条件的特殊规定（2021 年变化）	自 2021 年 1 月 1 日起，对上一完整纳税年度内 1—12 月均在同一单位预扣预缴工资、薪金所得个人所得税且全年累计工资、薪金收入（包括奖金等，且不扣减任何费用）不超过 6 万元的居民个人，扣缴义务人在预扣预缴本年度工资、薪金所得个人所得税时，累计减除费用自 1 月份起直接按照全年 6 万元计算扣除。即，在纳税人累计收入不超过 6 万元的月份，暂不预扣预缴个人所得税；在其累计收入超过 6 万元的当月及年内后续月份，再预扣预缴个人所得税。扣缴义务人应当按规定办理全员全额扣缴申报，并在个人所得税扣缴申报表相应纳税人的备注栏注明"上年各月均有申报且全年收入不超过 6 万元"字样

提示：上述关于预扣预缴时扣除月份的特殊规定，仅适用于减除费用 5 000 元，而不适用专项附加扣除的计算。

扣缴义务人向居民个人支付工资、薪金所得时，应当按照累计预扣法计算预扣税款，并按月办理扣缴申报。具体计算公式为：

本期应预扣预缴税额=（累计预扣预缴应纳税所得额×预扣率-速算扣除数）-累计减免税额-累计已预扣预缴税额

累计预扣预缴应纳税所得额=累计收入-累计免税收入-累计减除费用-累计专项扣除-累计专项附加扣除-累计依法确定的其他扣除

其中，累计收入为纳税人在本单位截至当前月份工资、薪金所得累计收入。

6.2.2 纳税筹划案例分析

在合法、合规的前提下，个人工资薪金所得的税收筹划应坚持"应扣不漏，应免不扣""综合考虑，免税效应"的基本思路。具体说来，应从以下几方面着手。

一是要充分考虑影响应纳税额的因素。影响个人所得税应纳税额的因素有两个：应纳税所得额和税率。因此，要降低税负，就要运用合理又合法的方法减少应纳税所得额，或者通过周密的设计和安排，使应纳税所得额适用较低的税率。

二是要充分利用个人所得税的税收优惠政策。税收优惠是税收制度的基本要素之一，是国家为了实现税收调节功能，在税种设计时有意而为。纳税人充分利用这些条款，可以达到减轻税负的目的。

三是要充分进行事前筹划。税收筹划应坚持事前筹划，要有超前性和目的性，必须在工资薪金发放之前，系统地对各项人工成本的支付行为进行事先安排，以达到减少个人所得税的目的。

四是要充分实行工资薪金的均衡发放。职工工资薪金个人所得税采取的是超额累进税率，纳税人的应税所得越多，适用的税率也就越高，所以在纳税人一定时期内收入总额既定的情况下，分摊到各个纳税期内（一般为每月）的收入应尽量均衡，避免大起大落，这就要求企业在年初应做好人工成本总量测算以及每层级职工收入的测算。

案例 6-1

王某是一家公司的销售代表，每月工资为 6 700 元。年初，按照公司的奖金制度，王某根据上年的销售业绩估算今年可能得到 20 000 元奖金。请问：如果王某全年能够获得奖金 20 000 元，其全年应纳的个人所得税是多少？王某该如何为自己的个人所得税进行筹划？

【筹划方案】

如果公司在年终一次性发放这笔奖金，按规定计算应缴纳的个人所得税如下：

工资部分应纳的个人所得税税额 =［(6 700-5 000)×10%-105］×12 = 780（元）；

奖金部分应纳的个人所得税税额 = 20 000×10%-105 = 1 895（元）；

王某全年应纳的个人所得税税额 = 780+1 895 = 2 675（元）。

如果公司分两次发放这笔奖金（假设公司最后一次发放奖金也未以年终奖形式发放），按规定计算应缴纳的个人所得税如下：

未取得奖金月份应纳的个人所得税税额 =［(6 700-5 000)×10%-105］×(12-2) = 650（元）；

取得奖金月份应纳的个人所得税税额为 =［(6 700+20 000÷2-5 000)×25%-1 005］×2 = 3 840（元）；

王某全年应纳的个人所得税税额 = 650+3 840 = 4 490（元）。

如果公司分四次发放这笔奖金（假设公司最后一次发放奖金也未以年终奖形式发放），按规定计算应缴纳的个人所得税如下：

未取得奖金月份应纳的个人所得税税额为 =［6 700-5 000)×10%-105］×(12-4) = 520（元）；

取得奖金月份应纳的个人所得税税额 =［(6 700+20 000÷4-5 000)×20%-555］×4 = 3 140（元）；

王某全年应纳的个人所得税税额 = 520+3 140 = 3 660（元）。

【筹划总结】

除一次性发放全年奖金外，同量的奖金随着发放次数的增加，应缴纳的个人所得税会逐渐减少。因此，王某应要求公司在年终时一次性发放其全年奖金，如果公司从其他方面考虑，无法满足王某的要求，则王某应与公司商议，尽量分月多次发放奖金。

6.3　年终奖金发放的纳税筹划

6.3.1　税法相关规定

2019年1月1日开始正式实施新个人所得税法，新个税实现了由分类征收逐步转向综合征收，税制改革迈出了实质性的一大步，将工资薪金、劳务报酬、特许权使用费、稿酬四项所得合并为综合所得，实行分月（次）预缴，按年汇算清缴的政策。改革内容非常多，与每个人都息息相关，颇为引人注目。

根据财政部、税务总局2018年12月27日公布的《关于个人所得税法修改后有关优惠政策衔接问题的通知》（财税〔2018〕164号），居民个人取得全年一次性奖金，在2021年12月31日之前可以选择将年终一次性奖金单独计税，也可以选择并入当年综合所得计算纳税。自2022年1月1日起，居民个人取得全年一次性奖金，应并入当年综合所得计算缴纳个人所得税。

在 2022 年之前，居民纳税个人是具有自由选择权的。将年终一次性奖金并入综合所得计税还是单独计税，应该如何决策？为便于说明问题，假定某居民纳税人全年综合所得收入减去专项扣除（三险一金）、专项附加扣除（子女教育、继续教育、大病医疗、住房贷款利息或者住房租金、赡养老人等 6 项）、减免税金额和依法确定的其他扣除后的余额为 X_1 元，此处的 X_1 未扣除 60 000 元（5 000 元／月）的免征额，以下简称"年所得额"，该居民纳税人的全年一次性奖金为 X_2 元。

(1) 情形一：$X_1 + X_2 \leq 60\,000$ 元

将金额设置在此情形下，主要是基于综合所得存在年 60 000 元（5 000 元／月）的免征额，因此该 60 000 元金额为一个纳税临界点。

① 选择单独纳税。此时，综合所得应纳税所得额 = $X_1 - 60\,000 \leq 0$，由于没有所得金额，所以无须纳税。

年终一次性奖金 X_2 应纳税额 = $X_2 \times 3\%$（$X_2 \leq 36\,000$）

年终一次性奖金 X_2 应纳税额 = $X_2 \times 10\% - 210$（$36\,000 < X_2 \leq 60\,000$）

两类所得合计纳税金额 = $X_2 \times 3\%$ 或者 $X_2 \times 10\% - 210$

② 选择并入综合所得纳税。此时，两类所得应纳税额 = $(X_1 + X_2) - 60\,000 \leq 0$，同样由于没有所得，所以无须纳税。

由此，当 $X_1 + X_2 \leq 60\,000$ 元时，选择将年终一次性奖金并入综合所得纳税时不用纳税；如果选择单独纳税的话，无论是缴纳 $X_2 \times 3\%$ 还是缴纳 $X_2 \times 10\% - 210$ 的税额，都是不划算的。因此，在这种情形下应该选择将全年一次性奖金并入综合所得纳税。

(2) 情形二：$60\,000$ 元 $< X_1 + X_2 \leq 96\,000$ 元

选择这组数据，是基于综合所得和年终一次性奖金的七级累进税率表中首档税率 3% 对应的应纳税所得额上限为 36 000 元，加上综合所得年 60 000 元的免征额，由此控制上限金额为 96 000 元。

① 选择单独纳税。出于个人税后利益最大化，此时应该将"年所得额" X_1 设置为大于 60 000 元，以便充分享受 60 000 元／年的免征额好处。

综合所得应纳税额 = $(X_1 - 60\,000) \times 3\%$

年终一次性奖金 X_2 应纳税额 = $X_2 \times 3\%$

两类所得合计纳税 = $(X_1 + X_2) \times 3\% - 1\,800$

② 选择并入综合所得纳税。

两类所得应纳税额 = $(X_1 + X_2) \times 3\% - 1\,800$

不难发现：两种计税方式的税差为 0。

这意味着当 60 000 元 $< X_1 + X_2 \leq 96\,000$ 元时，全年一次性奖金无论是单独计税还是并入综合所得计税，其合计应纳税额是相同的，因此，选择上具有自由性或无差异性。

(3) 情形三：$X_1 + X_2 > 96\,000$ 元

此种类型最为复杂，因为无论是综合所得还是全年一次性年终奖金均可能受到多层级累进税率的影响，且金额越大，向上迈入高税率的层级就越多。此处为了简要说明问题，选取其中最先面临的临界点区间 96 000 元 $< X_1 + X_2 \leq 132\,000$ 元为例来进行解释，后续区间的推断与此类似，不再赘述。

① 选择单独纳税。当两类所得合计位于这个区间时，由于年终一次性奖金的全额累进

特征，应避免将过多收入放入年终一次性奖金，在总收入既定的情况下，需要优先将收入放置在"年所得额"X_1，以保障充分享受60 000元/年的免征额好处，当X_1适用3%税率的金额届满时，再将多余的金额放入年终一次性奖金。基于这个思路，根据综合所得税率表，"年所得额"X_1应该控制在60 000元 < X_1 ≤ 96 000元，因此，

综合所得应纳税额 = (X_1 - 60 000) × 3%

年终一次性奖金X_2应纳税额 = X_2 × 3%

两类所得合计纳税 = (X_1 + X_2) × 3% - 1 800

② 选择并入综合所得纳税。

两类所得应纳税额 = (X_1 + X_2) × 10% - 8 520

不难发现：两种计税方式的税差 = (X_1 + X_2) × 7% - 6 720

显然当X_1 + X_2 > 96 000元时，两种计税方式的税差 > 0，意味着在这种情形下，合并纳税的税负将会超越单独计税的税负。在此情形下，应该选择将年终一次性奖金单独计税。

上述测算过程是基于96 000元 < X_1 + X_2 ≤ 132 000元进行的。如果X_1 + X_2 > 132 000元，同理，应该选择将年终一次性奖金单独计税。这是因为，将年终一次性奖金单独计税可以分别享受两次优惠税率。相反，如果将年终一次性奖金并入综合所得计税，仅仅只能享受一次较低的优惠税率。所以收入越高，就越应该选择将年终一次性奖金单独计税。

根据上述测算结果，可以得出下述结论，如表6-5所示。

表6-5 年终奖金发放的纳税筹划

情形	筹划结论
X_1+X_2≤60 000元	选择合并纳税较为合适
60 000元<X_1+X_2≤96 000元	无差异
X_1+X_2>96 000元	选择分别纳税较为合适

6.3.2 纳税筹划案例分析

案例6-2

某企业员工小A，月工资4 500元，不计算三险一金，专项附加扣除4 000元。假设20×1年1月单位发放年终奖3万元。以下方案对将年终奖纳入综合所得计算纳税和单独计税两种情况下的税负进行比较。

【筹划方案】

方案一：年终奖单独计税。

小A工资薪金没有达到免征额，所以不需要纳税。年终奖发放当月应纳税额 = 30 000×3% = 900（元）。

方案二：年终奖并入当年综合所得计算纳税。

应纳税所得额 = 4 500×12+30 000-5 000×12（费用）-4 000×12（专项扣除）= -24 000（元），应纳税所得额为负数，无须缴纳个人所得税。

如果该企业发放的年终奖为12万元，则：

方案一：年终奖单独计税。小A工资薪金没有达到免征额，所以不需要纳税。年终奖

发放当月应纳税额=120 000×10%－210＝11 790（元）。

方案二：年终奖并入当年综合所得计算纳税。

应纳税所得额＝4 500×12+120 000－5 000×12（费用）－4 000×12（专项扣除）＝66 000（元），应纳税额＝66 000×10%－2 520＝4 080（元）。

【筹划总结】

由此可见，并入综合所得需缴纳的税收比单独计税低 7 710（11 790－4 080）元。

6.4 劳务报酬的纳税筹划

6.4.1 税法相关规定

根据《个人所得税法》的规定，劳务报酬所得是指与单位没有雇佣和被雇佣关系的人为单位提供一定的劳务而从单位获得的收入。劳务报酬所得适用比例税率，税率为20%。对劳务报酬所得一次收入，扣除费用后，即应纳税所得额，不超过20 000元的，预扣率为20%；超过20 000元的，要实行加成征收办法，具体是：2万元至5万元的部分，预扣率为30%，速算扣除数为2 000元；超过5万元的部分，预扣率为40%，速算扣除数为7 000元。

由于劳务报酬所得一般具有不固定性、不经常性，不便于按月计算，所以，凡属于一次性收入的，以取得该项收入为一次，按次确定应纳税所得额；凡属于同一项目连续性收入的，以一个月内取得的收入为一次，据以确定应纳税所得额。考虑属地管辖与时间划定有交叉的特殊性，统一规定以县（含县级市、区）为一地，其管辖内的一个月内同一项目劳务服务为一次；当月跨县地域的，应分别计算。

针对上以完整纳税年度内每月均在同一单位取酬，且已按照累计预扣法预扣预缴劳务报酬个人所得税且全年累计劳务报酬（不扣减任何费用）不超过6万元的居民个人，扣缴义务人在按照累计预扣法预扣预缴本年度劳务报酬个人所得税时，累计减除费用自1月份起直接按照全年6万元计算扣除。

6.4.2 纳税筹划案例分析

案例6-3

假设张某于20×1年6月在某公司工作，取得了以下几项劳务报酬：第一项是张某对该公司全体员工开展相关培训所获得的劳务收入，这项劳务收入在培训完成后一次性取得，共计30 000元；第二项是张某为该公司自有网站提供设计服务所取得的一次性收入，共计20 000元；第三项是张某为该公司翻译了某一国外著作，在翻译工作完成之后再次取得一次性收入5 000元。

【筹划方案】

第一种计算方法：张某在20×1年6月为某公司前后提供了3项个人劳务，这3项劳务属于同一事项连续多次取得的劳务收入，根据个人所得税相关法律规定，在个人所得税的计算时应把一个月内所取得的劳务收入作为一次确定应缴税金额，则张某20×1年6月的应纳税额为：(30 000+20 000+5 000)×(1－20%)×30%－2 000＝11 200（元）。

第二种计算方法：将张某 20×1 年 6 月份的劳务收入进行分项计算，那么张某为某公司提供的劳务则属非同一事项的连续性劳务，分别为培训服务、设计服务和翻译服务所取得的一次性收入，根据个人所得税相关法律规定，在个人所得税计算时，则应该以取得的该次收入为一次确定应缴税金额，则张某 20×1 年 6 月的应纳税额为：

30 000×（1-20%）×30%-2 000＝5 200（元）

20 000×（1-20%）×20%-0＝3 200（元）

5 000×（1-20%）×20%-0＝800（元）

5 200+3 200+800＝9 200（元）

【筹划总结】

从以上不同的两种计算方法来看，按照提供劳务所属的项目不同来进行应缴纳金额计算的话，张某在 20×1 年 6 月可减轻税负 2 000（11 200-9 200）元。劳务报酬所得在现实生活中具有相当大的灵活性，收入高时缴纳高额的个人所得税而收入低时缴纳较少的个人所得税的现象时有发生。因此，避免采用更高税率来计算个人所得税，能够从根源上减少应纳个人所得税的税额。

案例 6-4

假设刘某在 2018 年 9 月同某公司签订了一份劳务合同，合同上注明刘某为公司提供的仅是审计咨询服务，公司会在年底支付刘某一年的劳务报酬 84 000 元。

【筹划方案】

第一种计算方法：公司一次性支付给刘某 84 000 元劳务报酬，那么刘某的应纳税所得额为 67 200 [84 000×（1-20%）] 元，假设不进行纳税筹划，那么刘某应纳所得税额则是 19 880（67 200×40%-7 000）元，税负率则为 23.67%[19 880/84 000)×100%]。

第二种计算方法：如果在签订合同时刘某与公司协商，将 84 000 元的劳务报酬分为 12 份按月支付的话，则刘某每个月的应纳税所得额为 1 120 [7 000×（1-20%）×20%] 元，全年则为 13 440（1 120×12）元，税负率则为 16%[（13 440/84 000）×100%]。

【筹划总结】

通过分析，若把刘某全年的劳务报酬分摊到每月，则每个月的应纳税所得额为 5 600 元，全年可以减轻税负 6 440（19 880-13 440）元。因此，纳税人应根据自身实际情况做出权衡，决定是否与雇佣单位签订劳动合同，关系纳税人的个人所得税计算是按照"劳务报酬所得"还是按照"工资、薪金所得"来计算。纳税人从自身实际出发加以筹划，可以在一定程度上减轻自身的纳税负担。

劳务报酬所得和工资、薪金所得在性质和计算方式上都会有一定差异，纳税人结合自身实际情况，妥善确定各项收入的形式，是纳税人减轻自身税负的一种方法。个人所得税法的多次修正警醒人们要提高纳税意识，我国的个税正由传统税制向更有意义的现代税制转变，将会对收入分配的合理有序和社会的公平正义起很大的推动作用。

6.5 稿酬所得的纳税筹划

6.5.1 税法相关规定

稿酬所得,是指个人因其作品以图书、报刊形式出版、发表而取得的所得。作品包括文学作品、书画作品、摄影作品,以及其他作品。稿酬所得以收入减除20%的费用后的余额为收入额。稿酬所得的收入额减按70%计算,适用20%的比例预扣率。

6.5.2 稿酬所得的纳税筹划

6.5.2.1 稿酬所得筹划思路

(1) 降低应纳税所得额

根据我国现行个人所得税法规定,稿酬所得的应纳税额=应纳税所得额×税率,由此可见,决定稿酬所得应纳税额的因素主要是应纳税所得额和税率,因此采用合理且合法的方法降低应纳税所得额是稿酬所得纳税筹划的主要思路。

(2) 降低稿酬所得的适用税率

根据我国现行个人所得税法规定,稿酬所得适用20%的比例税率,并按规定对应纳税额减征30%,其实际税率为14%,是固定税率。可充分利用税法给予纳税人的税收优惠政策,使稿酬所得能够享受税收优惠政策给予的优惠税率,以达到降低纳税人税负的目的。

6.5.2.2 稿酬所得筹划方法

(1) 增加著作署名的筹划法

在实际生活中,许多专家、学者在著作的写作过程中,朋友、家人难免会提供帮助,甚至有可能参与著作的撰写。这种著作既可以算作专家、学者的独著,也可以算作专家与朋友、家人共著。从纳税筹划的角度考虑,这两种署名方式差别巨大。如果一项稿酬所得预计金额巨大,就可以利用增加署名的方法,进行纳税筹划。

案例 6-5

某法律专家李律师写了一本法学著作,李律师与出版社达成协议,该著作出版之后李律师获得稿酬6 000元。在著作写作的过程中,同是法律专家的妻子王某不仅做了文字校对等辅助工作,而且还为著作写了序言。李律师(一家)稿酬所得个人所得税怎样进行纳税筹划?

【筹划方案】

方案一:李律师在著作上只署他自己一人的姓名。那么其应纳个人所得税=应纳税额=6 000×(1-20%)×20%(1-30%)=672(元)。

方案二:李律师在专著上署上自己和妻子王某的姓名,那么李律师一家应纳的个人所得税为:李律师应纳税额=(3 000-800)×20%(1-30%)=308(元);其妻子王某应负担的个人所得税=(3 000-800)×20%×(1-30%)=308(元),李律师夫妻俩(一家）共同应纳个人所得税616（308×2）元。

【筹划总结】

由此可见，李律师在著作上署上他和妻子的名字比独署他自己的名字可少缴纳个人所得税56（672-616）元。如果稿酬所得金额巨大，著作署名更多的话，节税效果更明显。

（2）将前期写作费用转移筹划法

根据现行个人所得税法的规定，个人取得的稿酬所得应纳个人所得税额的计算公式如下：应纳税额=应纳税所得额×20%×（1-30%）。由此可见，稿酬所得所使用的税率一般是固定的，这就为纳税筹划提供了空间。在实际操作中，可以和出版社签订出版合同，约定由出版社提供前期的写作费用（主要包括调查研究费、材料费、打印费、住宿费、通信费、车船费、用餐费等），将前期的写作费用转移给出版社，使创作人自己的稿酬所得享受到多次费用抵扣，增加费用的扣除，从而减少应纳税所得额，最终达到节省税款的目的。

案例6-6

某大学张教授准备写一本关于中国对外贸易方面的专业书籍，需要到上海、浙江等地进行调查研究。张教授与出版社达成出版协议，著作出版后，出版社支付张教授全部稿酬50万元，张教授预估到上海、浙江等地调研费用为10万元。在这种情况下，张教授是否有纳税筹划的空间呢？

【筹划方案】

方案一：张教授自己负担调研费用10万元，那么其应纳个人所得税额 = 500 000 ×（1-20%）×20%×（1-30%）= 56 000（元），实际税后所得=500 000-56 000-100 000 = 344 000（元）。

方案二：由出版社负担前期调查研究费10万元，出版社实际支付张教授稿酬为40万元。其应纳个人所得税额=400 000×（1-20%）×20%×（1-30%）= 44 800（元），实际税后所得=400 000-44 800 = 355 200（元）。由此可见，方案二比方案一节省税款11 200（56 000-44 800）元，也就是说，采用将前期写作费用转移筹划法进行纳税筹划可以节省一万多元税款。

【筹划总结】

通过以上分析，纳税人在进行稿酬所得纳税筹划时，应尽量避免一次性获得大额稿酬收入，在合法的前提下，尽量将稿酬所得均分，增加扣除次数，降低应纳税所得额，达到降低税负的目的。

案例6-7

某地质学家到A地进行实地考察，并计划出版一本有关地质勘测以及资源保护的专业书籍。某出版社看重该地质学家的丰硕科研成果以及社会名望，认为其刊物的出版将会有可观的销售量。该出版社与该地质学家谈判协商，达成协定，出版社将支付给地质学家稿酬共计60万元，预计该地质学家到A地的考察费用为10万元。

【筹划方案】

方案一：到A地的考察费用由该地质学家承担。此时的应纳税额为6.72［60×（1-20%）×14%］万元，其获得的实际收入为43.28（60-6.72-10）万元。

方案二：经与出版社商议后，考察费用由出版社承担，则该拿到的稿酬为50万元，其应纳税额为5.6［50×（1-20%）×14%］万元，实际收入为44.4（50-5.6）万元。

【筹划总结】

通过对以上两种方案的分析可以看出，选择方案二可以节税1.12（44.4-43.28）万元，从而增加实际收入。在书籍创作之前，也许会需要进行实地考察，这期间发生的考察费、住宿费、交通费等相关费用，应收集好发票并找主管部门报销，而不是以将其包含在稿酬中一次性发放给作者。前期费用的适当增加，有利于减少纳税人的当期收入、分摊收入。而出版社也可以采用限额报销制度，以避免不必要的浪费。

(3) 系列书籍拆分发布法

《个人所得税法》中提到，若是个人发表或者出刊同一作品的，不管其收入是预收或是多次收取稿酬，都应该将其稿酬所得进行合并，作为一次所得进行应缴纳税款的计算。但是，若作者将其所著的一本刊物拆分为两本或者多本刊物作为系列书籍进行拆分发布，就可以将所得分别计算应纳税额。具体应当注意：第一，在不影响发布量的前提下，若在一定程度上对其销售有消极的作用，影响其市场价值，则不适用于此方法。第二，可以让每本作品的人均稿酬小于4 000元，使其实际的抵扣额度大于稿费的20%。

案例6-8

余姚市某幼儿教师有着15年的教龄，想要将自己的教学经验写成一本读物，与出版社商议后，其稿酬所得预计为9 680元。有以下两个方案可供其选择。

【筹划方案】

方案一：该幼儿教师以一本书的形式出版这一读物，则应纳税额=9 680×（1-20%）×14%=1 084.16（元）。

方案二：该读物能够被独立分割为四个部分，该幼儿教师与出版社商议后，出版社表示在该幼儿教师收入不变的情况下，将读物拆分成四本独立的读物，以一套系列书籍的形式发布，则每本读物的稿酬=9 680/4=2 420（元），每本应纳税额=（2 420-800）×14%=226.80（元），该系列书籍的应纳税额合计=226.80×4=907.20（元）。

【筹划总结】

综合上述分析可得，在保证销量的前提下，若该幼儿教师通过运用系列书籍拆分发布法，即选用方案二更为合适，该方案能使其节省税款176.96（1 084.16-907.20）元。需要注意的是，这种筹划法所利用的是抵扣临界点4 000元，即当一次性稿酬收入金额较大时，通过运用系列书籍拆分发布法将稿酬所得进行均分，分别分摊到每本书籍上，且不难发现，每本书籍所分摊的稿酬金额越接近于4 000元，则运用系列书籍拆分发布法与一次性出版著作的稿酬所得应纳税额就越接近；当每本书籍的稿酬均摊金额为4 000元时，两者金额相等。因此，是否选用系列书籍拆分发布法来进行纳税筹划，需要注意税额抵扣临界点4 000元。

(4) 合作创作分摊法

合作创作分摊法，即指通过多人合作创作一本著作的方式，分摊稿酬所得的收入，以达到降低应纳税所得额的目的。该方法具体通过把握稿酬费用所规定扣除标准临界点。将稿酬所得控制在4 000元以下，则此时的费用扣除标准为800元，其实际扣除比例较稿酬超过4 000元的情况更高。虽然创作者通过采用该筹划法能少缴纳税款,但个人的最终收益也会相对减少。

案例6-9

晨星研究院王教授,专门从事探索宇宙奥秘,对宇宙奥秘有着独到的理解,对此其欲撰写一本探索心语,让世人走进宇宙探索者的世界。经与出版社沟通,王教授的稿费预计为28 520元。有两个方案可供王教授选择。

【筹划方案】

方案一:王教授单独撰写该著作,则应纳税额=28 520×(1-20%)×14%=3 194.24(元)。

方案二:王教授成立创作组,共10人,则人均应纳税额=28 520/10=2 852(元),应纳税额合计=(2 852-800)×14%×10=2 872.80(元)。

【筹划总结】

通过对案例进行分析可以发现,方案二的应纳税额要少于方案一,能够帮助王教授节省税款321.44(3 194.24-2 872.80)元。运用该种筹划方法虽然能够帮助纳税人少缴纳部分税款,但在现实生活中,当需要通过出版著作进行学位或职称评定时,该方法并不适用。正如上文所说,虽然该筹划法使创作者少缴纳了税款,但对于个人来说,其最终受益也相应减少。因此,对稿酬进行纳税筹划时,切不可因小失大,选择合理且合适的筹划方法才是最为关键的。

(5)再出版分次收入法

作者若是在两处及以上刊物发表、出版,或再出版同一作品,以此收取稿酬,税法中允许其按照不同刊物取得的收入,或者按照再出版所得,分次计算其稿费应缴纳的税款。再出版分次收入法,即指作者与刊物或出版社之间进行协商,通过多次出版,使计算应缴税款时稿酬所得能分次计算,从而提高实际收入。但使用该方法有一个前提,那就是该作品被市场看好,出版社愿意再版。如果作品第一次出版的销量不好,那么采用该方法就失去了筹划的意义。

(6)所得形式转换筹划法

稿酬收入除了稿酬所得项目,还可能涉及其他的个人所得税项目,如职工薪酬所得、劳务报酬所得等,而不同项目所适用的税率各不相同,对此,作者个人可以尝试通过合理合法的形式将稿酬所得转化为其他个人所得,最终实现实际收入的增多。

案例6-10

一单位职员郑某爱好写作,闲暇之余写一些篇幅较短的童话故事,每月定期向某报社投稿,经计算,郑某向报社投稿的频率为8篇/月,而报社支付给郑某每篇童话的稿酬为900元,可得,郑某的月收入为7 200元。郑某该怎样进行纳税筹划?

【筹划方案】

方案一:郑某受雇于该报社,作为该报社的作家,则其收入纳入"工资、薪金所得"缴纳个人所得税,其应纳税额=(7 200-3 500)×10%=370(元)。

方案二:郑某与该报社签订合同,每月向报社提供劳务,则其所得为劳务报酬,应按"劳务报酬"缴纳个人所得税,其应纳税额=7 200×(1-20%)×20%=1 152(元)。

方案三：郑某按"稿酬所得"缴纳税款。若郑某选择自由投稿，按次缴纳，则其应纳税额＝（900-800）×14%×8＝112（元）；若其将童话进行连载，则应纳税额＝7 200×(1-20%)×14%＝806.4（元）。

【筹划总结】

从上述三个方案可以看出，郑某选择方案三中的自由投稿，按次缴纳稿酬所得最为节税，因此，郑某可以根据自己的实际情况，每月向报社进行投稿，按次缴纳稿酬所得。选用该筹划方法，不仅可以帮助郑某节省较多的税款，也能够使其避免因特殊情况无法向报社交稿的情形。

稿酬所得的纳税人应该尽可能避免一次性取得大额收入，在合法且合理的前提下，通过利用相关纳税筹划方法对其稿酬所得进行纳税筹划，采用均衡分摊稿酬所得，且最好保持分摊后的每次收入不超过4 000元临界点。而在实际中，需要考虑的相关因素将更多，比如工作量、货币的时间价值等相关问题。简言之，经过合理合法的纳税筹划，可以减少稿酬所得者的应纳个人所得税税额，增加其税后收入。

6.6 不同捐赠方式的纳税筹划

6.6.1 税法相关规定

允许扣除的捐赠额的确定方法为：如果实际捐赠额大于捐赠限额，则以捐赠限额作为允许扣除的捐赠额；如果实际捐赠额小于或者等于捐赠限额，则以实际捐赠额作为允许扣除的捐赠额（此处运用了孰低原则）。

应纳个人所得税＝(应纳税所得额-允许扣除的捐赠额)×适用税率-速算扣除数（若有速算扣除数的话）

6.6.2 纳税筹划案例分析

案例6-11

李先生为某地企业家，为提高自身形象与知名度，决定以个人名义长期开展公益捐赠活动。假设李先生每年综合所得应纳税所得额为1 000万元，某筹划公司为李先生设计了三种筹划方案。方案一：每年直接向若干所希望小学捐赠500万元。方案二：通过某地民政局向贫困地区每年捐赠500万元。方案三：每年向中国红十字会捐赠500万元。请为李先生选择最好的纳税筹划方案。

【筹划方案】

如不进行公益捐赠，李先生综合所得每年应纳税额＝1 000×45%-18.19＝431.81（万元）。

如按照方案一进行公益捐赠，李先生综合所得每年应纳税额与上述情形相同，即无法税前扣除。

如按照方案二进行公益捐赠，李先生综合所得每年应纳税额＝（1 000-1 000×30%）×

45%-18.19=296.81（万元），节税额=431.81-296.81=135（万元）。

如按照方案三进行公益捐赠，李先生综合所得每年应纳税额=（1 000-500）×45%-18.19=206.81（万元），节税额=431.81-206.81=225（万元）。

【筹划总结】

比较这三种方案，若以增加税后收入为筹划目标，则应当选择方案三。

案例6-12

王女士20×1年1月取得工资收入9 600元，五险一金当月发生1 000元，子女教育专项扣除每月1 000元。另外，王女士还取得福利彩票中奖收入20 000元，王女士在中奖当时即从中奖收入中拿出8 000元捐赠给民政部门，并取得公益、救济性捐赠票据。

王女士应纳个人所得税：

工资薪金所得应纳税额=（9 600-5 000-1 000-1 000）×3%=78（元）

偶然所得捐赠扣除限额=20 000×30%=6 000（元）

偶然所得应纳税额=（20 000-6 000）×20%=2 800（元）

【筹划方案】

如果王女士在中奖时，从中奖收入中拿出6 000元捐赠给民政部门，另外从本月工资收入中拿出2 000元捐赠给民政部门，并分别取得公益、救济性捐赠票据，那么王女士应纳个人所得税计算如下。

工薪所得捐赠扣除限额=（9 600-5 000-1 000-1 000）×30%=780（元）

工资收入应纳税额=（9 600-5 000-1 000-1 000-780）×3%=54.6（元）

偶然所得应纳税额仍然为2 800元。

少缴纳个人所得税23.4（78-54.6）元。

【筹划总结】

纳税人对外捐款额，应当取决于本期取得的收入，如果本期应纳税收入较多，则可以多捐；反之，若本期取得的应税收入少，则可先捐一部分，剩余捐赠可安排在下期捐赠。如果纳税人本期取得收入属于不同的应税项目，那么，允许扣除多少捐赠支出取决于纳税人对捐赠来源如何进行划分。

案例6-13

居民个人张某于本年1月转让私有住房一套，取得转让收入270 000元，同时将其中的40 000元进行捐赠。该套住房购进时的原价为200 000元，转让时支付的有关税费为18 000元。请对上述业务进行纳税筹划。

【筹划方案】

个人在选择捐赠对象时，优先选择通过非营利性的社会团体和国家机关向红十字公益事业等进行捐赠，其次选择通过非营利性的社会团体和政府部门进行公益性捐赠，最后选择直接向受灾对象捐赠。

方案一：直接捐赠40 000元。

此时，捐赠额不能在个人所得税前扣除。

应纳个人所得税=（270 000-200 000-18 000）×20%=10 400（元）

方案二：通过中国境内的社会团体、国家机关捐赠40 000元。

此时，捐赠额在缴纳个人所得税前限额扣除。

允许在个人所得税税前扣除的捐赠限额 =（270 000-200 000-18 000）×30% = 15 600（元）

王某实际捐赠额（40 000 元）大于捐赠限额（15 600 元），只能按捐赠限额作为允许扣除的捐赠额，来计算应纳个人所得税税额。

应纳个人所得税 =（270 000-200 000-18 000-15 600）×20% = 7 280（元）

方案三：个人将其所得通过非营利性的社会团体和国家机关向红十字公益事业等捐赠 40 000 元。

此时，捐赠额在缴纳个人所得税前准予全额扣除。

应纳个人所得税 =（270 000-200 000-18 000-40 000）×20% = 2 400（元）

【筹划总结】

方案三比方案二少缴纳个人所得税 4 880（7 280-2 400）元，比方案一少缴纳个人所得税 8 000（10 400-2 400）元，因此应当选择方案三。公益性捐赠有时会出现捐赠对象错位、捐赠不及时，甚至捐赠资金被挪用的情况，可能会影响捐赠效果。

案例 6-14

孙先生每月取得工资、薪金收入 13 600 元，本月对外捐赠 4 000 元。其应如何捐赠呢？

【筹划方案】

方案一：在本月一次性捐赠 4 000 元，则：

允许税前扣除的捐赠 =（13 600-5 000）×30% = 2 580（元）

本月应纳税额 =（13 600-5 000-2 580）×10%-210 = 392（元）

次月应纳税额 =（13 600-5 000）×10%-210 = 650（元）。

方案二：孙先生改变捐赠方式，在本月捐赠 2 580 元，剩余 1 420 元安排在次月捐赠。

此时，本月允许扣除 2 580 元，所纳个人所得税一样，但次月应纳税额不同。

次月应纳税额 =（13 600-5 000-1 420）×10%-210 = 508（元）

【筹划总结】

通过比较，可以发现，同样是捐赠 4 000 元，但税负不同。采用第二种方法，降低税负 142（650-508）元。

另外，需要注意的是，允许税前扣除的捐赠必须是公益、救济性质的捐赠，其捐赠对象和捐赠渠道前已述及。对于非公益、救济性捐赠，税法是不允许税前扣除的。

6.7 利息、股息、红利所得的纳税筹划

6.7.1 税法相关规定

按税法规定，个人以购买股票、债券等方式向企业、公司进行投资，所获利息、股息和分红等收益按规定必须缴纳个人所得税。但是为了鼓励企业和个人进行投资和再投资，各国一般都规定，不对企业公司的留存未分配收益征纳所得税。

利息、股息、红利所得和偶然所得，以每次收入额为应纳税所得额。综合所得，适用3%~45%的超额累进税率；利息、股息、红利所得，适用比例税率，税率为20%。个人取得的股息、红利所得，具体内容如表所示。

①个人从公开发行和转让市场取得的上市公司股票取得的股息、红利，实行差别化的个人所得税政策，如表6-6所示。

表6-6　个人从公开发行和转让市场取得的上市公司股票取得的股息、红利

持有股票	持股期限（N）	个人所得税处理
上市公司股票 （含新三板上市股票）	超过1年的（$N>1$年）	股息、红利所得暂免征收个人所得税
	1个月以上至1年 （含1年，即1个月$<N\leq1$年）	减按50%计入应纳税所得额
	在1个月以内 （含1个月）的（$N\leq1$个月）	股息、红利所得全额计入应纳税所得额

②个人持有上市公司限售股取得的股息、红利，如表6-7所示。

表6-7　个人持有上市公司限售股取得的股息、红利

取得股息红利的时间点	个人所得税处理
解禁前取得	暂减按50%计入应纳税所得额
解禁后取得	同持有上市公司股票相关征免规定

6.7.2　纳税筹划案例分析

案例6-15

2020年1月，甲公司（非上市公司）购买了一辆价值5 650 000元（含增值税）的小汽车（取得了增值税专用发票），作为红利送给本公司高级管理人员居民个人张某（属于甲公司股东）。张某每年工资、薪金总额均为720 000元。预计张某每年支付该汽车的保险等固定费用60 000元（取得了增值税普通发票；若将该小汽车的车辆所有权办到甲公司的名下，也只能取得增值税普通发票），油耗及修理费加税合计113 000万元（取得了增值税专用发票；若将该小汽车的车辆所有权办到甲公司的名下，则可取得增值税专用发票）。小汽车预计使用年限为4年，预计净残值为0。张某本年专项扣除、专项附加扣除和依法确定的其他扣除合计50 000元。张某各年度均没有其他收入。请对上述业务进行纳税筹划。

【筹划方案】

如果企业购买车辆并将车辆所有权办到股东个人名下，则股东个人需要缴纳个人所得税。如果企业购买车辆并将车辆所有权办到公司名下，仅将车辆使用权交给股东个人，则股东个人无须缴纳个人所得税。同时，企业可以抵扣购车及用车的进项税额，还可以计提该车的折旧。

方案一：甲公司将车辆所有权办到股东张某名下。相当于将小汽车作为红利送给本公司股东张某。

红利所得应纳个人所得税=5 650 000×20%=1 130 000（元）

张某每年工资、薪金所得的应纳税所得额=720 000-60 000-50 000=610 000（元）

张某每年综合所得应纳个人所得税=610 000×30%-52 920=130 080（元）

张某共需缴纳个人所得税=1 130 000+130 080=1 260 080（元）

方案二：甲公司将车辆所有权办到公司名下，仅将车辆使用权交给张某，由甲公司支付该小汽车的固定费用、油耗及修理费，且该小汽车采用直线法计提折旧。同时，每年降低张某的工资、薪金173 000万元（相当于方案一每年支付的固定费用、油耗及修理费）。

张某每年工资、薪金所得的应纳税所得额=（720 000-173 000）-60 000-50 000=437 000（元）

张某每年综合所得应纳个人所得税=437 000×30%-52 920=78 180（元）

张某共需缴纳个人所得税78 180元。

【筹划总结】

方案二比方案一张某少缴纳个人所得税1 181 900万元（1 260 080-78 180），若以实现税负最小化为纳税筹划目标，则应当选择方案二。采用此方法进行纳税筹划，前提是车辆的所有权归公司，这需要公司与股东达成一致意见。

案例 6-16

中国公民张某自20×0年12月1日起持有某上市公司的股票100万股。该上市公司于20×1年9月25日公布了20×0年的利润分配方案，方案规定，本次利润分配采取派发现金红利的方式，每10股派发现金红利2元，股权登记日为20×1年9月30日，现金红利发放日为20×1年10月9日。

【筹划方案】

比较张某在分得现金股利后（20×1年10月10日）立即卖出股票和持有股票1年以上卖出股票的纳税情况，进而进行纳税筹划。

方案一：张某在分得现金股利后（20×1年10月10日）立即卖出股票。

分得现金红利后，张某立即转让该上市股票，由于其股票持有期限在1个月以上1年以内，根据《个人所得税法》，他的股息、红利所得暂减按50%计入应纳税所得额，因此：

张某转让股票时应纳个人所得税=100÷10×2×50%×20%=2（万元）

方案二：张某持有股票1年以上（20×1年12月1日以后）某日卖出。

张某可以在20×2年12月以后再转让该上市公司股票，由于其股票持有限在1年以上，根据《个人所得税法》，他的股息、红利所得暂免78征收个人所得税，则张某在转让股票时无须补缴个人所得税。因此，张某通过延长股票的持有时间而节约了税负

【筹划结论】

方案二较方案一节约2万元（2-0=2万元）个人所得税，张某应选择方案二。

6.8 企业利润分配的纳税筹划

6.8.1 税法相关规定

由企业自主进行的净利润分配，不管利润分配政策如何，都不会对企业本身的所得税

税负产生影响，但会影响企业的投资者（股东）的税收负担。因此，企业纳税筹划应侧重使投资者（股东）分回的利润符合免税条件或使其补缴的税款减少，最大限度地避免投资者（股东）对分回利润的再纳税行为。

被投资企业应选择合理的分配政策，使投资者（股东）尽量减少税收负担，其具体做法有：股份公司可以不直接分配股息，而使股票增值，从而避免投资者（尤其是大部分作为企业）的追加投资，使公司的资产总额增加，在不增发股票的情况下，使公司的股票升值，为投资者带来更多的好处。对于法人股东来说，符合条件的居民企业之间的投资性收益，其股息分配是免税的（不包括连续持有居民企业公开发行并上市流通的股票不足12个月取得的投资收益）；对于个人股东来说，由于没有从股份公司分回股息，不需要缴纳股息部分的个人所得，其股息部分所得可以通过股票价格的上涨得到补偿。

6.8.2 纳税筹划案例分析

案例6-17

20×1年7月，内地甲企业通过购买高新技术企业乙公开发行并上市流通的股票30%进行投资，并在20×2年5月将其全部股票转让，20×1年度甲企业税前利润为1 000万元，适用所得税税率25%；乙企业税前利润为500万元，适用所得税税率15%。关于利润分配有如下两个方案。

方案一：该年度乙企业税后利润不进行分配。

方案二：该年度乙企业税后利润向股东分配60%。

针对以上两方案，乙企业应如何进行税后利润的分配？

【筹划方案】

方案一：该年度乙企业税后利润不进行分配。

甲企业应纳所得税税额=1 000×25%=250（万元）

乙企业应纳所得税税额=500×15%=75（万元）

合计应纳所得税税额=250+75=325（万元）

方案二：该年度乙企业税后利润向股东分配60%。

乙企业应纳所得税税额=500×15%=75（万元）

甲企业经营所得应纳所得税税额=1 000×25%=250（万元）

甲企业投资所得应纳所得税税额=500×60%×30%×（25%-15%）=9（万元）

甲企业共应纳所得税税额=250+9=259（万元）

合计应纳所得税税额=75+259=334（万元）

【筹划总结】

从上述两种方案的结果可以看出，采用对乙企业税后利润不进行分配的方案，比采用对乙企业税后利润进行分配的方案少缴纳所得税9（334-325）万元。当然，该企业也可以通过延长持有乙公司股票时间达到同样的筹划效果。

6.9 个人转让股权的纳税筹划

6.9.1 税法相关规定

6.9.1.1 个人收回转让的股权征收个人所得税的规定

个人转让股权，以股权转让收入减除股权原值和合理费用后的余额为应纳税所得额。计算公式为：

$$股权转让所得 = 股权转让收入 - 股权原值 - 合理费用$$

股权转让收入，指转让方因股权转让而获得的现金、实物、有价证券和其他形式的经济利益。转让方取得与股权转让相关的各种款项，包括违约金、补偿金以及以其他名目收回的款项、资产、权益等。纳税人按照合同约定，在满足合同约定条件后取得的后续收入，应当作为股权转让收入。股权原值的确认如表6-8所示。

表6-8 股权原值的确认

取得股权方式	原值的确认
以现金出资方式取得的股权	按照实际支付的价款与取得股权直接相关的合理税费之和确认
以非货币性资产出资方式取得的股权	按照税务机关认可或核定的投资入股时非货币性资产价格与取得股权直接相关的合理税费之和确认
通过无偿让渡方式取得股权	具备"继承或将股权转让给其能提供具有法律效力身份关系的配偶、父母、子女、祖父母、外祖父母、孙子女、外孙子女、兄弟姐妹以及对转让人承担直接抚养或者赡养义务的抚养人或赡养人"情形的，按取得股权发生的合理税费与原持有人的股权原值之和确认股权原值
被投资企业以资本公积、盈余公积、未分配利润转增股本	已依法缴纳个人所得税的，以转增额和相关税费之和确认其新转增股本的股权原值
对个人多次取得同一被投资企业股权	转让部分股权时，采用加权平均法确定其股权原值

除以上情形外，由主管税务机关按照避免重复征收个人所得税的原则合理确认股权原值。个人转让股权未提供完整、准确的股权原值凭证，不能正确计算股权原值的，由主管税务机关核定其股权原值。

合理费用指股权转让时按照规定支付的有关税费。

6.9.1.2 个人转让股权个人所得税的处理

根据个人所得税法律法规的有关规定，个人转让股权应按"财产转让所得"项目以20%的税率计算缴纳个人所得税。财产转让所得以转让财产的收入额减除财产原值和合理费用后的余额为应纳税所得额。合理费用，是指纳税人在转让财产过程中按有关规定所支付的费用，包括印花税、城市维护建设税、教育费附加、资产评估费、中介服务费等。而有价证券的财产原值，是指买入时按照规定缴纳的有关费用。需要注意的是，在计算缴纳的税款时，必须提供有关合法凭证，对未能提供完整、准确的财产原值合法凭证而不能正确计算财产原值的，主管税务机关可根据当地实际情况核定其财产原值。

6.9.1.3 个人转让股权的税收征管规定

国家税务总局公告 2014 年第 67 号发布的《股权转让所得个人所得税管理办法（试行）》规定，股权转让收入的确定情形及方法如表 6-9 所示。

表 6-9 股权转让收入的确定情形及方法

情形	具体规定
符合右侧情形之一的，税务机关可以核定股权转让收入	①申报的股权转让收入明显偏低且无正当理由的 ②未按照规定期限办理纳税申报，经税务机关责令限期申报，逾期仍不申报的 ③转让方无法提供或拒不提供股权转让收入的有关资料的 ④其他应核定股权转让收入的情形
符合右侧情形之一的，视为股权转让收入明显偏低	①申报的股权转让收入低于股权对应的净资产份额的 ②申报的股权转让收入低于初始投资成本或低于取得该股权所支付的价款及相关税费的 ③申报的股权转让收入低于相同或类似条件下同一企业同一股东或其他股东股权转让收入的 ④申报的股权转让收入低于相同或类似条件下同类行业的企业股权转让收入的 ⑤不具合理性的无偿让渡股权或股份
符合右侧条件之一的，股权转让收入明显偏低，视为有正当理由	①能出具有效文件，证明被投资企业因国家政策调整，生产经营受到重大影响，导致低价转让股权的 ②继承或将股权转让给其能提供具有法律效力身份关系证明的配偶、父母、子女、祖父母、外祖父母、孙子女、外孙子女、兄弟姐妹以及对转让人承担直接抚养或者赡养义务的抚养人或者赡养人 ③相关法律、政府文件或企业章程规定，并有相关资料充分证明转让价格合理且真实的本企业员工持有的不能对外转让股权的内部转让

6.9.2 纳税筹划案例分析

案例 6-18

自然人甲投资 A 企业 100 万元，取得 A 公司 100% 的股权。两年后，甲将股份转让给关联人乙，转让价格仍为 100 万元，转让之时，A 公司的净资产为 150 万元。转让给乙后，A 公司分配股利 50 万元给乙，请问应如何进行纳税筹划？

【筹划方案】

当前，有很多自然人投资的公司，经常会发生个人股权转让行为，在税法上，个人转让股权必须要缴纳个人所得税。而个人投资的公司在有利润分配的情况下，先分配后转让股权，与先转让股权后分配利润，所涉及的税负是不一样的，这就涉及个人转让股权的纳税筹划问题。基于以上政策法律规定，个人转让股权的纳税筹划，关键是股权转让所得，根据《股权转让所得个人所得税管理办法（试行）》的规定，如对申报的计税依据明显偏低（如平价和低价转让等）且无正当理由的，主管税务机关可参照每股净资产或个人股东享有的股权比例所对应的净资产份额核定。为了规避计税依据明显偏低的问题，在转让个人股权时，应采取先分配后转让的策略，降低税负。

（1）纳税筹划前的税负分析

基于《关于加强股权转让所得征收个人所得税管理的通知》的相关规定，甲转让个人股权的价格是平价，低于A公司的净资产，则税务部门可参照投资企业的净资产核定转让价格，即转让价格为150万元。

甲应缴纳个人所得税=（150-100）×20%=10（万元）

由于转让给乙后，A公司分配股利50万元，则乙还需要缴纳红利个人所得税10（50×20%）万元。以上合计缴纳个人所得税为20万元。

（2）纳税筹划后的税负分析

在甲准备转让A公司股权时，可先考虑让A公司分配股利给甲50万元，甲取得股利后应缴纳个人所得税10（50×20%）万元；再转让股权给乙，则符合《股权转让所得个人所得税管理办法（试行）》转让价格等于净资产的份额的规定，无须再补交税款。这时候，本次转让行为加股利分配只需缴纳个人所得税10万元，比纳税筹划前减少个人所得税10万元。

【筹划总结】

甲在转让个人股权时，应采取先分配股利后转让股权的策略。

6.10 销售业绩奖的纳税筹划

6.10.1 税法相关规定

6.10.1.1 有关年终奖发放的税收政策规定

根据税法规定，居民个人取得的全年一次性奖金，在2021年12月31日前，可选择不并入当年综合所得，以全年一次性奖金收入除以12个月得到的数额（商数），按照按月度进行换算后的综合所得适用税率表，确定适用税率和速算扣除数，单独计算纳税。

在2021年12月31日前，居民个人取得全年一次性奖金，可选择不并入当年综合所得，也可以选择并入当年综合所得计算纳税。

自2022年1月1日起，居民个人取得全年一次性奖金，应并入当年综合所得计算缴纳个人所得税。

6.10.1.2 有关劳务报酬收入的税收政策规定

根据《个人所得税法》的规定，劳务报酬所得应纳税额的计算公式为：

$$应纳个人所得税=应纳税所得额×20\%$$

其中，应纳税所得额为：每次劳务报酬收入不足4 000元的，用收入减去800元的费用；每次劳务报酬收入超过4 000元的，用收入减去收入额的20%。

6.10.1.3 划分工资薪金所得和劳务报酬所得的依据

根据税法的规定，如果获得收入的个人与单位之间建立了雇佣和被雇佣的关系，则应按照"工资薪金"所得计算个人所得税;如果没有雇佣和被雇佣的关系,则按照"劳务报酬所得"计算个人所得税。而雇佣和被雇佣关系的标准是看获得收入的个人与单位之间是否签订合同。

6.10.2 纳税筹划案例分析

案例6-19

万成公司是一家大型家具生产制造公司。20×1年年初,该公司对销售人员实行报酬与销售额相挂钩的办法。公司规定,销售人员每月从公司领取3 500元的工资,然后年终按销售额领取一定比例的销售奖。销售人员张明20×1年经过努力工作,实现销售额310万元。按照规定张明应该得到31万元的销售奖金(按10%的比例兑现销售奖)。请问应如何进行纳税筹划?

【筹划方案】

许多企业为开拓市场,对销售人员实行报酬与销售额挂钩的方法,即每年年终按销售人员实际完成的销售额,计算销售人员的销售奖金或回扣并一次发放或分次发放。此种方法对于提高销售人员的工作积极性十分有利,但是从税收角度分析,该方法不仅会增加销售人员个人所得税的税收负担,还会使企业多缴纳企业所得税。为了减轻销售人员获得销售业绩的个人所得税负担,应按照以下思路进行纳税筹划:如果销售人员是企业的雇员,即销售人员与企业之间是雇佣和被雇佣的关系,则公司应对销售人员的差旅费、业务招待费等费用进行剥离,实报实销,然后,对剩下的销售业绩奖按照一次性年终奖的办法计算个人所得税。

(1)纳税筹划前的分析

由于张明每月可以从公司那里获得3 500元的工资收入,说明张明与公司间是雇佣关系。张明的销售业绩奖310 000元÷12=25 833元,根据工资薪金所得适用税率表,所对应的个人所得税税率为25%,速算扣除系数为1 375,则张明应负担的个人所得税=310 000×25%−1 375=76 125(元)。

(2)应采取的纳税筹划方案

公司对销售人员的差旅费、业务招待费等费用进行剥离,实行实报实销制度。假设在销售奖金中差旅费占10%、业务招待费占15%、通信费占5%。

【筹划总结】

通过纳税筹划,张明的年终应得奖金应该为217 000元[310 000−310 000×(10%+15%+5%)]。则张明应该缴纳的个人所得税为43 025元(217 000×20%−375)。因差旅费、业务招待费、通信费可以在缴纳企业所得前扣除,所以万成公司可以少缴纳企业所得税23 250元[310 000×(10%+15%+5%×25%)],比纳税筹划前少缴纳个人所得税33 100元(76 125−43 025),万成公司可少缴纳企业所得税23 250元。

如果销售人员与公司之间没有雇佣关系,则公司与销售人员应在合同中约定:按照销售额的一定比例在公司里实报实销销售人员的差旅费、业务招待费等费用,然后,对剩下的销售业绩奖分次发放。

6.11 个体工商户的纳税筹划

6.11.1 税法相关规定

个体工商户的生产、经营所得和对企事业单位的承包经营、承租经营所得，要缴纳个人所得税，适用 5%~35% 的超额累进税率，如表 6-10 所示。

表 6-10 承包经营、承租经营所得个人所得税税率表

级数	全年含税级距	全年不含税级距	税率/%	速算扣除数/元
1	不超过 15 000 元的	不超过 14 250 元的	5	0
2	15 000~30 000 元的部分	14 250~27 750 元的部分	10	750
3	30 000~60 000 元的部分	27 750~51 750 元的部分	20	3 750
4	60 000~100 000 元的部分	51 750~79 750 元的部分	30	9 750
5	超过 100 000 元的部分	超过 79 750 元的部分	35	14 750

注：①本表所列含税级距与不含税级距，均为按照税法规定以每一纳税年度的收入总额减除成本、费用以及损失后的所得额。

②含税级距适用于个体工商户的生产、经营所得和由纳税人负担税款的对企事业单位的承包经营、承租经营所得；不含税级距适用于由他人（单位）代付税款的对企事业单位的承包经营、承租经营所得。

③费用扣除标准。根据《个人所得税法实施条例》规定，取得经营所得的个人，如果没有综合所得的，计算其每一纳税年度的应纳税所得额时，应当减除费用 60 000 元/年、专项扣除、专项附加扣除以及依法确定的其他扣除。

个人独资企业和合伙企业的生产经营所得，也适用表 6-10 所示的五级超额累进税率。

值得注意的是，由于目前实行承包（租）经营的形式较多，分配方式也不相同，因此，承包、承租按照承包、承租经营合同（协议）规定取得所得的适用税率也不一致。

承包、承租人对企业经营成果不拥有所有权，仅是按合同（协议）规定取得一定所得的，其所得按"工资、薪金"所得项目征税，适用 3%~45% 的七级超额累进税率。

承包、承租人按合同（协议）的规定只向发包、出租方缴纳一定费用后，企业经营成果归其所有的，承包、承租人取得的所得，按对企事业单位的承包经营、承租经营所得项目，适用 5%~35% 的五级超额累进税率征税。

另外，个人独资企业和合伙企业的生产经营所得，也适用 5%~35% 的五级超额累进税率。

个人独资企业和合伙企业的生产经营所得，也适用 5%~35% 的五级超额累进税率。

目前，我国对个体工商户实施一系列扶持政策，在税收方面有众多优惠待遇，这也为它们提供了纳税筹划空间。新个税法调整了个体工商户生产经营所得和承包承租经营所得税率级距，个体工商户和承包承租经营者可以通过降低适用税率方式，减轻个税负担。

6.11.2 纳税筹划案例分析

案例 6-20

个体工商户小孙经营一家饰品店,第一年由于小孙眼光独特,产品大受欢迎,虽然价格有点贵,但仍有很多顾客,甚至在春节前夕有几个客户订购了 20 000 元的饰品,第一年取得净收益 60 000 元。第二年,在小孙店旁又开了两家饰品店,竞争异常激烈,小孙只得调低商品售价,即便如此,小孙第二年的生意还是不太好,净收益只有 20 000 元。

根据上述情况,小孙第一年应纳个人所得税税额=60 000×20%－3 750＝8 250(元),第二年应纳个人所得税税额＝20 000×10%－750＝1 250(元),两年合计应纳个人所得税税额为 9 500(8 250+1 250)元。请为小孙的个人所得税进行纳税筹划。

【筹划方案】

个体工商户缴纳个人所得税,采取的是每月预缴、年终汇算清缴的管理模式。如果个体工商户某一纳税年度的应纳税所得额过高,就要按较高的税率纳税,此时,个体工商户可采取递延收入的方式,使其适用较低的税率。值得注意的是,一般递延收入的方式有两种:一是让客户暂缓支付货款和劳务费用;二是改一次性收款销售为分期收款销售。

假设小孙在第一年与其客户商议春节前夕的那部分货款 20 000 元递延至第二年支付,那么:

小孙第一年应纳个人所得税税额＝40 000×20%－3 750＝4 250(元);

第二年应纳个人所得税税额＝40 000×20%－3 750＝4 250(元);

两年合计应纳个人所得税税额 8 500(4 250+4 250)元。

【筹划总结】

与筹划前相比,小孙可减轻税负 1 000(9 500-8 500)元。

案例 6-21

王某开了一家超市,由于经营不善,只得缩小经营规模,空出一间门面房准备另行出租。假设王某的超市年经营净收益 90 000 元,房屋出租取得净收益 20 000 元。请为王某进行纳税筹划。

【筹划方案】

个体工商户采取分散收入方式,可以使其适用较低的税率,从而达到节税的目的。常用的分散收入的方法有以下几种。

一是区分收入的性质,不同性质的收入分别适用不同的税目。

二是借助分支机构和关联机构的交易分散收入。

三是由于我国个人所得税实行的是"先分后税"的原则,将一人投资变更为多人投资,便可以将全年实现的应纳税所得额分散到多个投资人的名下。

四是借助信托公司,将集中的收入分散到信托公司的名下。

【筹划总结】

现有两个方案可供选择。

方案一:以超市为出租人,王某应纳个人所得税税额=(90 000+20 000)×35%－14 750＝23 750(元)。

方案二：把这个空房产权归到王某名下，以王某为出租人。超市经营应纳个人所得税税额=90 000×30%-9 750=17 250（元），出租房屋应纳个人所得税税额=20 000×（1-20%）×20%=3 200（元）（如果该房屋产权证上注明的是住房，则个人所得税按10%的税率计算征收）；应纳个人所得税税额合计20 450（17 250+3 200）元。

通过比较可知，方案二比方案一可减轻税负3 300（23 750-20 450）元，通过出租的方式分散了收入，从而达到节税的目的。

6.12 个人独资与合伙企业互换的纳税筹划

6.12.1 税法相关规定

2008年的《企业所得税法》及其实施条例改变了过去内资企业所得税以"独立核算"等三个条件来判定纳税人标准的做法，将以公司制和非公司制形式存在的企业和取得收入的组织确定为企业所得税纳税人，具体包括国有企业、集体企业、私营企业、联营企业、股份制企业、中外合资经营企业、中外合作经营企业、外国企业、外资企业、事业单位、社会团体、民办非企业单位和从事经营活动的其他组织。

根据以上规定，个人独资企业和合伙企业在取得生产经营所得后，不缴纳企业所得税，只在企业的利润分配到各所有者个人名下后，才需要缴纳个人所得税。而其他形式的企业，需要在企业利润分配环节之前，首先缴纳一道企业所得税，然后在利润分配给各投资者之后，再根据投资者身份的不同缴纳企业所得税或个人所得税。显然，这里存在经济性重复课税现象，投资者承担双重税负。

一人有限责任公司是指只有1名自然人股东或者1个法人股东的有限责任公司。按照现行税法的规定，一人有限责任公司如果注册性质是企业法人，其所得税政策同设立其他有限公司的税收政策是没有区别的，即需要按照企业经营所得缴纳相应比例的企业所得税；同时，还要就企业的税后利润分红缴纳个人股息红利所得，即个人所得税也要同时缴纳。也就是说，必须同时缴纳企业所得税和个人所得税。而个人独资企业或者合伙企业，仅需要缴纳个人所得税，不需要缴纳企业所得税。从这个角度讲，一人有限责任公司与个人独资企业或者合伙企业，在所适用的所得税政策上，有着本质的不同。这一点在筹划中应该引起足够的重视。

6.12.2 纳税筹划案例分析

案例 6-22

某个人独资商业企业在设立时为经营方便而以企业名义注册。经核算，该企业年度应纳税所得额为40万元。

按照税法规定，有关应纳税金分别为：

企业应纳企业所得税=40×25%=10（万元）

投资者个人应按照"股利所得"税目的20%缴纳个人所得税，则

应纳个人所得税=（40-10）×20%=6（万元）
该投资者承担税负总额=10+6=16（万元）

【筹划方案】

对于即将设立企业的投资者来讲，避免经济性重复课税，是实现税收筹划的有效途径——个人投资者投资设立个人独资企业和合伙企业就可以避免重复纳税；法人投资者，也可以通过设立有限合伙制企业避免经济性重复课税。因此，该企业在设立时重新进行选择，按照个人独资企业形式设立。

按照我国税法规定，个人独资企业不需要缴纳企业所得税，只需要就40万元利润按照"利息股息红利所得"缴纳个人所得税，则应纳税总额=40×20%=8（万元）。

【筹划总结】

比筹划前降低了8（16-8）万元的税收负担。

6.13 个人所得税筹划风险与控制

6.13.1 纳税筹划风险及其原因

6.13.1.1 纳税筹划风险

一般来说，个人所得税纳税筹划可能遇到的相关风险，主要表现在以下几个方面。

①政策方面的风险。政策方面的风险主要是指政策选择正确与否的不确定性所带来的风险，其包括政策选择风险与政策变化风险，其中，政策选择关系个人是否适用；政策变化是指国家税收政策一直处于不断完善、变化之中，通常情况下，该种风险的产生主要是由于筹划人对政策精神认识不足、理解不透、把握不准。

②操作方面的风险。操作方面的风险包含两个方面的内容，一是个人对有关税收优惠政策运用和执行不到位产生的风险，二是在系统性税收筹划过程中对税收政策的整体性把握不够，从而形成税收筹划的综合运用风险。一般来说，该方面的风险主要发生在税收筹划方案制定与执行过程中。

6.13.1.2 纳税筹划的原因

（1）纳税筹划产生的主观原因

任何纳税筹划行为，其产生的根本原因都是经济利益的驱动，即经济主体为追求自身经济利益的最大化。我国对一部分国营企业、民营企业、个体经营者所做的调查表明，绝大多数企业有到经济特区、开发区及税收优惠地区从事生产经营活动的愿望和要求，其主要原因是税收负担轻、纳税额较少。利润等于收入减去成本（不包括税收）再减去税收，在收入不变的情况下，降低企业或个人的费用成本及税收支出，可以获取更大的经济收益。税收作为生产经营活动的支出项目，意味着纳税人直接经济利益的一种损失。

（2）国内纳税筹划的客观原因

任何事物的出现总是有其内在原因和外在刺激因素。纳税筹划的内在动机可以从纳税人尽可能减轻纳税负担的强烈欲望中得到答案。而其客观因素，就国内纳税筹划而言，主要有以下几个方面。

①纳税人定义上的可变通性。任何一种税都要对其纳税人给予法律的界定。这种界定理论上包括的对象和实际上包括的对象差别很大，原因就在于纳税人定义的可变通性，正是这种可变通性产生纳税人的纳税筹划行为。特定的纳税人要缴纳特定的税，如果某纳税人能够说明自己不属于该税的纳税人，并且理由合理充分，那么他自然就不用缴纳该种税。

这里一般有三种情况：一是该纳税人确实转变了经营内容，过去是某税的纳税人，现在成了另一种税的纳税人；二是内容与形式脱离，纳税人通过某种非法手段使其形式上不属于某税的纳税义务人，而实际上并非如此，此时所产生的税收风险极大；三是该纳税人通过合法手段转变了内容和形式，使纳税人无须缴纳该种税。

②课税对象金额的可调整性。税额计算的关键取决于两个因素：一是课税对象金额；二是适用税率。纳税人在既定税率前提下，由课税对象金额派生的计税依据越小，税额就越少，纳税人税负就越轻。为此，纳税人尽量调整课税对象金额，使税基变小。如企业按销售收入缴纳营业税时，纳税人尽可能地使其销售收入变小，从而使某些纳税人在销售收入内尽量多增加可扣除项目。

③税率上的差别性。不同税种有不同税率，同一税种中不同税目也可能有不同税率，这种广泛存在的差别性，为企业和个人进行纳税筹划提供了客观条件。

④全额累进临界点的突变性。全额累进税率和超额累进税率相比，累进税率变化幅度比较大，尤其是在累进级距的临界点左右。这种突变性促使纳税人采用各种手段使课税金额停在临界点低税率一方。

6.13.2　纳税筹划风险控制

明确了个人所得税税收筹划可能遇到的相关风险，在进行个税筹划时，究竟可采取哪些合理的筹划方法呢？具体来说，这些筹划方法主要有以下几种。

①用公积金抵税，选择用工资购买最高等级的公积金，以降低税前工资总额。

②多进行公益项目捐赠。有些法律规定，对某些多参与公益项目的人允许适用一定的税收优惠。

③投资理财产品。当前，理财产品种类颇多，可选择免征个人所得税的债券投资或者选择正确的保险项目以获得税收优惠，减少扣税额。

④积极利用通信费、交通费、差旅费、误餐费发票等税收优惠来减少税前收入总额，以达到合理避税的目的。

⑤合理调整工资和年终奖的比例。这就需要特别注意税收临界点，某些单位不注意，很可能导致员工工资和年终奖比例失调，某一方过高，从而拉高全年的综合个税税率。

6.14　个人所得税实务疑难解答

【实务释疑1】本公司收到员工提供的机主为员工个人的手机费发票，公司支付（报销）后，员工是否需要缴纳个人所得税？

答：《国家税务总局关于个人所得税有关政策问题的通知》（国税发〔1999〕58号

规定，个人因公务用车和通信制度改革而取得的公务用车、通信补贴收入，扣除一定标准的公务费用后，按照工资、薪金所得项目计征个人所得税。按月发放的，并入当月"工资、薪金"所得计征个人所得税；不按月发放的，分解到所属月份并与该月份"工资、薪金"所得合并后计征个人所得税。公务费用的扣除标准，由省税务局根据纳税人公务交通、通信费用的实际发生情况调查测算，报经省级人民政府批准后确定，并报国家税务总局备案。

各地税务机关在执行中一般分以下两种情况：①如果单位为员工通信工具（因公需要，发票抬头是单位名称）负担通信费采取全额实报实销或限额实报实销形式，可不并入员工当月的"工资、薪金"所得项目计征个人所得税。②如果单位为员工通信工具负担通信费采取发放补贴形式或者报销（发票抬头是个人）形式，应并入员工当月的"工资、薪金"所得项目计征个人所得税。

【实务释疑2】 本人以优惠价格从房地产开发公司购得店面后，无偿提供给房地产开发公司对外出租，如何计征个人所得税？

答：《国家税务总局关于个人与房地产开发企业签订有条件优惠价格协议购买商店征收个人所得税问题的批复》（国税函〔2008〕576号）规定：房地产开发企业与商店购买者个人签订协议规定，房地产开发企业按优惠价格出售其开发的商店给购买者个人，但购买者个人在一定期限内必须将购买的商店无偿提供给房地产开发企业对外出租使用。其实质是购买者个人以所购商店交由房地产开发企业出租而取得的房屋租赁收入支付了部分购房价款。

因此，购买者个人少支出的购房价款，应视同个人财产租赁所得，按照《个人所得税法》的"财产租赁所得"项目及20%的税率征收个人所得税。

【实务释疑3】 本人有多套房产，本年取得了房产租赁收入和房产转让收入，并在取得收入的同时申报缴纳了个人所得税，此外没有其他收入。请问本人需要按纳税年度合并计算个人所得税吗？

答：《个人所得税法》规定，下列各项个人所得应当缴纳个人所得税：①工资、薪金所得；②劳务报酬所得；③稿酬所得；④特许权使用费所得；⑤经营所得；⑥利息、股息、红利所得；⑦财产租赁所得；⑧财产转让所得；⑨偶然所得。

居民个人取得第①项至第④项所得（综合所得），按纳税年度合并计算个人所得税；非居民个人取得第①项至第④项所得，按月或者按次分项计算个人所得税。纳税人取得第⑤项至第⑨项所得，依照本法规定分别计算个人所得税。

因此，你取得的房产租赁收入和房产转让收入分别属于财产租赁所得和财产转让所得，只需要分别计算个人所得税，不需要按纳税年度合并计算个人所得税。

引例解析

【筹划方案】

个人所得税法的工资、薪金所得税率为七级，适当扩大了低档税率和高档税率的适用范围。通过测算，月收入38 600元以上的高收入人群，税负就增加了。而在提供劳务时，有时因用工单位的用工时间长，劳务提供者在很长一段时期内都会提供劳务，而工资、薪金所得与劳务所得的个人所得税税率设置不同，在计税数额较小时选择工资、薪金个人所得税负较轻，对于此种劳务方式，劳务提供者可与用工单位协商，将劳务合同更改为招聘合同，将个人所得税的适用税率降低，从而减少税款支出。在计税数额较大时，劳务所得的税负较轻，应签订劳务合同。

方式一：签劳务合同。

赵先生与企业签劳务合同，则赵先生每月应按"劳务报酬所得"缴纳个人所得税。

应纳税额＝60 000÷12×（1－20%）×20%＝800（元）

方式二：签招聘合同。

赵先生与企业签招聘合同，成为企业正式雇员，则赵先生每月按照"工资、薪金所得"缴纳个人所得税。

应纳税额＝（60 000÷12－5 000）×3%＝0（元）

通过比较发现，方式二比方式一可少缴纳个人所得税800元。

本章小结

本章是个人所得税的纳税筹划介绍。本质上来讲，人们对个人所得税的纳税意识和国家有关政策的制定息息相关，合法引导纳税人的筹划意识，可以防止偷税、漏税、欠税、骗税、抗税等违法行为的发生。对于所有纳税人来说，尤其是企业各级管理人员和全体员工，都应该具有纳税筹划意识，主动承担相关责任，以主人翁的态度积极主动参与纳税筹划的设计和实施，而不是一成不变地被动遵守税务部门的相关规定。企业也应该根据自己所处的经济环境和从事的经营活动制定适合的纳税筹划体系，而不是在事后弥补事前或者事中的错误，通过加强纳税管理，优化纳税方案，使企业的经济效益最大化。加大纳税筹划的宣传，不仅可以帮助纳税人学习税法，还可以减轻税务机关的工作，为国家法治建设贡献力量。

知识链接

我国制定个人所得税税收制度，主要是为了调节收入平衡和实现社会财富的二次分配。近年来，娱乐圈多位明星因为涉及偷税漏税等违法行为被查处，作为普通人，应当引以为戒、遵纪守法，按国家的税收法律制度积极按时交税，维护社会安定。

章节小测试

一、单项选择题

1. 在中国境内有住所，或者无住所但一个纳税年度内在中国境内居住累计满（　　）天的个人，为居民个人。

A. 60　　　　　B. 90　　　　　C. 183　　　　　D. 365

2. 本年6月中国公民李某从公开发行和转让市场上取得了上市公司股票，并向注册会计师王某咨询其所取得的股息、红利所得个人所得税的税务处理。根据个人所得税法律制度的规定，王某的下列说法中，不正确的是（　　）。

A. 李某持股期限在1个月以内（含1个月）的，其股息、红利所得全额计入应纳税

所得额计算纳税

B. 李某持股期限在 1 个月以上至 1 年（含 1 年）的，其股息、红利所得暂减按 50% 计入应纳税所得额计算纳税

C. 李某持股期限超过 1 年的，其股息、红利所得暂免征收个人所得税

D. 李某持股期限超过 1 年的，其股息、红利所得暂减按 25% 计入应纳税所得额计算纳税

3. 下列各项个人所得中，不属于免征个人所得税的是（　　）。
   A. 保险赔款　　　　　　　　　　B. 残疾、孤老人员和烈属的所得
   C. 军人的转业费　　　　　　　　D. 国债利息

4. 自 2019 年 1 月 1 日起，居民个人的综合所得，以每一纳税年度的收入额减除费用（　　）万元以及专项扣除、专项附加扣除和依法确定的其他扣除后的余额，为应纳税所得额。
   A. 5　　　　　B. 6　　　　　C. 8　　　　　D. 12

5. 在中国境内无住所的个人，在中国境内居住累计满 183 天的年度连续不满（　　）年的，经向主管税务机关备案，其来源于中国境外且由境外单位或者个人支付的所得，免予缴纳个人所得税。
   A. 5　　　　　B. 6　　　　　C. 8　　　　　D. 10

6. 我国居民个人李某本年每月取得税前工资、薪金收入 10 000 元，另外本年 5 月取得税前劳务报酬收入 40 000 元。李某本年专项扣除、专项附加扣除和依法确定的其他扣除共计 40 000 元。李某本年无其他收入，则李某本年应缴纳的个人所得税为（　　）元。
   A. 2 280　　　B. 2 680　　　C. 3 280　　　D. 3 680

7. 我国非居民个人汤姆本年 1 月从我国取得税前工资、薪金收入 12 000 元，本年 1 月取得税前劳务报酬收入 40 000 元。则汤姆本年 1 月应缴纳的个人所得税合计为（　　）元。
   A. 4 560　　　B. 4 780　　　C. 5 630　　　D. 5 830

8. 下列关于大病医疗个人所得税专项附加扣除的说法中，正确的有（　　）。
   A. 在一个纳税年度内，纳税人发生的与基本医保相关的医药费用支出，扣除医保报销后个人负担（指医保目录范围内的自付部分）累计超过 15 000 元的部分，由纳税人在办理年度汇算清缴时，在 80 000 元限额内据实扣除
   B. 纳税人发生的医药费用支出可以选择由本人或者其配偶扣除；子女发生的医药费用支出可以选择由其父母一方扣除
   C. 在一个纳税年度内，纳税人发生的与基本医保相关的医药费用支出，扣除医保报销后个人负担（指医保目录范围内的自付部分）累计超过 10 000 元的部分，由纳税人在办理年度汇算清缴时，在 60 000 元限额内据实扣除
   D. 纳税人发生的医药费用支出只能由本人扣除

9. 下列各项中，不属于免征个人所得税的是（　　）。
   A. 县人民政府为教师王某颁发的教育奖金
   B. 国家发行的金融债券利息收入
   C. 按国家统一规定发给职工的安家费
   D. 个人取得的拆迁补偿款

二、多项选择题

1. 下列各项中，属于综合所得的有（   ）。
   A. 财产租赁所得　　B. 劳务报酬所得　　C. 稿酬所得　　D. 特许权使用费所得

2. 计算居民个人的综合所得的应纳税所得额中的专项附加扣除，包括（   ）。
   A. 子女教育支出　　B. 大病医疗支出　　C. 继续教育支出　　D. 赡养老人支出

3. 个人所得税的纳税人应当依法办理纳税申报的情形有（   ）。
   A. 因移居境外注销中国户籍
   B. 非居民个人在中国境内从两处以上取得工资、薪金所得
   C. 取得应税所得没有扣缴义务人
   D. 取得应税所得，扣缴义务人未扣缴税款

4. 下列项目中，属于劳务报酬所得的有（   ）。
   A. 个人艺术品展卖取得的报酬
   B. 提供著作的版权而取得的报酬
   C. 将国外的作品翻译出版取得的报酬
   D. 专家学者受出版社委托进行审稿取得的报酬

5. 根据个人所得税法律制度的规定，下列各项中，不属于"工资、薪金所得"项目的有（   ）。
   A. 劳动分红
   B. 托儿补助费
   C. 独生子女补贴
   D. 执行公务员工资制度未纳入基本工资总额的补贴、津贴差额和家属成员的副食补贴

6. 自2019年1月1日起，居民个人的综合所得，以每一纳税年度的收入额减除费用60 000元以及专项扣除、专项附加扣除和依法确定的其他扣除后的余额，为应纳税所得额。专项扣除包括（   ）。
   A. 居民个人按照国家规定的范围和标准缴纳的基本养老保险
   B. 居民个人按照国家规定的范围和标准缴纳的基本医疗保险
   C. 居民个人按照国家规定的范围和标准缴纳的失业保险
   D. 居民个人所任职的单位为其按照国家规定的范围和标准缴纳的住房公积金

7. 下列关于子女教育个人所得税专项附加扣除的说法中，正确的有（   ）。
   A. 纳税人的子女接受全日制学历教育的相关支出，按照每个子女每月1 000元的标准定额扣除
   B. 纳税人的子女接受全日制学历教育的相关支出，按照每个子女每月2 000元的标准定额扣除
   C. 父母可以选择由其中一方按扣除标准的100%扣除，也可以选择由双方分别按扣除标准的50%扣除，具体扣除方式在一个纳税年度内不能变更
   D. 父母只能选择由双方分别按扣除标准的50%扣除

8. 下列关于住房贷款利息个人所得税专项附加扣除的说法中，正确的有（   ）。
   A. 纳税人本人或者配偶单独或者共同使用商业银行或者住房公积金个人住房贷款为本人或者其配偶购买中国境内住房，发生的首套住房贷款利息支出，在实际发生贷款利息的年度，按照每月1 000元的标准定额扣除，扣除期限最长不超过240个月

B. 纳税人可以多次享受首套住房贷款的利息扣除

C. 首套住房贷款是指购买住房享受首套住房贷款利率的住房贷款

D. 经夫妻双方约定，可以选择由其中一方扣除，也可以由夫妻双方分别按扣除标准的 50% 扣除，具体扣除方式在一个纳税年度内不能变更

9. 下列说法中，正确的有（   ）。

A. 居民个人取得综合所得，需要办理汇算清缴的，应当在取得所得的次年 3 月 1 日至 6 月 30 日内办理汇算清缴

B. 纳税人取得经营所得，在取得所得的次年 3 月 31 日前办理汇算清缴

C. 纳税人取得应税所得没有扣缴义务人的，应当在取得所得的次月 15 日内向税务机关报送纳税申报表，并缴纳税款

D. 纳税人取得应税所得，扣缴义务人未扣缴税款的，纳税人应当在取得所得的次年 3 月 31 日前，缴纳税款；税务机关通知限期缴纳的，纳税人应当按照期限缴纳税款

三、判断题

1. 有限合伙企业由普通合伙人和有限合伙人组成，普通合伙人对合伙企业债务承担无限连带责任，有限合伙人以其认缴的出资额为限对合伙企业债务承担责任。（   ）

2. 个人所得税的居民个人，就来源于中国境内的所得部分征税；非居民个人，就来源于中国境内和境外的全部所得征税。（   ）

3. 居民个人从中国境外取得所得的，应当在取得所得的次年 3 月 1 日至 6 月 30 日内申报纳税。（   ）

4. 个人将其所得对教育、扶贫、济困等公益慈善事业进行捐赠，捐赠额未超过纳税人申报的应纳税所得额 12% 的部分，可以从其应纳税所得额中扣除。（   ）

5. 个人审稿取得的收入按稿酬所得计税。（   ）

6. 个人独资企业和个人合伙企业投资者也为个人所得税的纳税义务人。（   ）

7. 个人购买国债和国家发行的金融债券所取得的利息，免征个人所得税；企业购买国债和国家发行的金融债券所取得的利息，也免征企业所得税。（   ）

8. 对个人购买福利彩票、赈灾彩票、体育彩票，一次性中奖收入在 1 万元以下的（含 1 万元），暂免征收个人所得税；超过 1 万元的，按超出部分计算征收个人所得税。（   ）

9. 居民个人取得综合所得，按年计算个人所得税；有扣缴义务人的，由扣缴义务人按月或者按次预扣预缴税款；需要办理汇算清缴的，应当在取得所得的次年 2 月 1 日至 5 月 31 日内办理汇算清缴。（   ）

10. 个人转让自用达 5 年以上，并且是唯一的家庭生活用房取得的所得，暂免征收个人所得税。（   ）

11. 公开拍卖文学作品手稿原件所得应按特许权使用费所得缴纳个人所得税。（   ）

四、简答题

1. 如何从纳税人身份选择层面对个人所得税进行纳税筹划？
2. 怎样对居民个人劳务报酬进行纳税筹划？
3. 如何利用不同捐赠方式进行个人所得税的纳税筹划？

五、思考题

1. 思考如何区分居民纳税人和非居民纳税义务人。

2. 思考个人所得税的计税依据及其税率。
3. 思考年终奖金发放的纳税筹划。
4. 思考劳务报酬的纳税筹划。
5. 思考稿酬所得的纳税筹划。
6. 思考选择不同捐赠方式的纳税筹划。
7. 思考利息、股息、红利所得的纳税筹划。

六、案例分析题

1. 居民个人张某本年为我国甲公司提供设计服务,若与甲公司签订的是劳务合同,则张某预计全年可取得税前佣金收入 150 000 元;若与甲公司签订的是雇佣合同,则张某预计全年可取得的税前工资、薪金收入也为 150 000 元。当年张某的专项扣除、专项附加扣除和依法确定的其他扣除合计 40 000 元。张某本年没有其他收入。无论确定何种用工关系,对企业和个人的其他方面不产生影响。假设不考虑增值税因素,请对其进行纳税筹划。

2. 非居民个人汤姆本年 1—3 月为我国甲公司提供设计服务,若与甲公司签订的是劳务合同,则汤姆预计每月可取得的佣金收入为 40 000 元;若与甲公司签订的是雇佣合同,则汤姆预计每月可取得的工资、薪金收入也为 40 000 元。无论确定何种用工关系,对企业和个人的其他方面不产生影响。上述收入为税前收入,均来源于中国境内,且不享受免税优惠政策。假设不考虑增值税等因素,请对其进行纳税筹划。

第 7 章 其他税种的纳税筹划

🎯 知识目标

1. 熟悉并掌握关税完税价格、原产地优惠、保税制度三个层面的纳税筹划。
2. 理解并掌握资源税的纳税筹划思路。
3. 理解并掌握资源税减免的确定及纳税筹划思路。
4. 掌握房产税应纳税额的税收优惠及纳税筹划思路。
6. 掌握土地增值税税额的扣除项目、税收优惠及纳税筹划思路。
7. 掌握城镇土地使用税的税收优惠及纳税筹划思路。
8. 掌握契税的税收优惠政策及纳税筹划思路。
9. 熟悉并掌握车船税的税收政策及纳税筹划思路。
10. 掌握印花税的税收政策及纳税筹划思路。
11. 掌握车辆购置税的纳税筹划思路。

🎯 能力目标

1. 能对其他税种进行纳税筹划。
2. 能基本解决其他税种实务中的疑难。

🎯 素质目标

1. 熟悉其他税种的相关法律制度,关注最新税法政策,提高政治、法律意识。
2. 能在遵守税收法律制度、会计法律制度等法律法规的前提下,利用相关法律法规对关税、资源税等进行合法的纳税筹划。

知识框架图

其他税种的纳税筹划 →
- 关税的纳税筹划
- 资源税的纳税筹划
- 房产税的纳税筹划
- 土地增值税的纳税筹划
- 城镇土地使用税的纳税筹划
- 契税的纳税筹划
- 车船税的纳税筹划
- 印花税的纳税筹划
- 车辆购置税的纳税筹划
- 其他税种的疑难解答

引 例

我国一家钢铁企业,急需进口一批优质铁矿石 50 万吨。其可选择的进货渠道有两个,一个是澳大利亚,另一个是加拿大。从澳大利亚进口的铁矿石,其价格为每吨 20 美元,运费总额 30 万美元;若从加拿大进口同等品质的铁矿石,价格为每吨 21 美元,运杂费及杂项费用总额为 40 万美元,同时卖方给予我方总额为 70 万美元的回扣,其他费用二者相同。

试问该企业到底应该选择从哪一个国家进口铁矿石呢?

7.1 关税的纳税筹划

7.1.1 完税价格的纳税筹划

7.1.1.1 税法相关规定

(1) 完税价格的含义

完税价格有两层意思:一层是确定完税价格时必须以货物的实际成交价格为基础,这是《世界贸易估价协定》的基本宗旨,也是国际海关的通行做法;另一层是纳税义务人向海关申报的价格并不一定等于完税价格,只有经过海关审核并接受的申报价格才能作为完税价格。

(2) 进口货物的完税价格

根据《中华人民共和国海关法》(以下简称《海关法》)规定,进口货物的完税价格包括货物的货价、货物运抵我国境内输入地点起卸前的运输及其相关费用、保险费。进口货物的完税价格的确定方式大致可以划分为两类：一类是以进口货物的成交价格为基础进行调整，从而确定进口货物完税价格的估价方法（以下称成交价格估价方法）；另一类则是在进口货物的成交价格不符合规定条件或者成交价格不能确定的情况下，海关以审查确定进口货物完税价格的估价方法（以下称进口货物海关估价方法）。

采用成交价格估价方法，以成交价格为基础审查确定进口货物的完税价格时，下列费用或者价值未包括在进口货物的实付或者应付价格中，应当计入完税价格，具体包括以下几类。

①由买方负担的除购货佣金以外的佣金和经纪费；

②由买方负担的与该货物视为一体的容器费用；

③由买方负担的包装材料和包装劳务费用；

④与该货物的生产和向中华人民共和国境内销售有关的，由买方以免费或者以低于成本的方式提供并可以按适当比例分摊的料件、工具、模具、消耗材料及类似货物的价款，以及在境外开发、设计等相关服务的费用；

⑤与该货物有关并作为卖方向我国销售该货物的一项条件，应当由买方向卖方或者有关方直接或间接支付的特许权使用费；

⑥卖方直接或间接从买方对该货物进口后转售、处置或使用所得中获得的收益。

进口货物的价款中单独列明的下列税收、费用不得计入完税价格，具体包括以下几类。

①厂房、机械、设备等货物进口后的建设、安装、装配、维修或者技术援助费用，但是保修费用除外；

②进口货物运抵中华人民共和国境内输入地点起卸后的运输及其他相关费用、保险费；

③进口关税、进口环节海关代征税及其他国内税收；

④为在境内复制进口货物而支付的费用；

⑤境内外技术培训及境外考察费用；

⑥同时符合下列条件的利息费用：利息费用是买方为购买进口货物而融资所产生的；有书面的融资协议的；利息费用单独列明的；纳税义务人可以证明有关利率不高于在融资当时当地此类交易通常应当具有的利率水平，且没有融资安排的相同或者类似进口货物的价格与进口货物的实付、应付价格非常接近的。

采用进口货物海关估价方法，海关应当依次以相同货物成交价格估价方法、类似货物成交价格估价方法、倒扣价格估价方法、计算价格估价方法及其他合理方法确定的价格为基础，估定完税价格。如果进口货物的收货人提出要求，并提供相关资料，经海关同意，可以选择倒扣价格估价方法和计算价格估价方法的适用次序。

（3）出口货物的完税价格

出口货物的完税价格，由海关以该货物向境外销售的成交价格为基础审查确定，并应包括货物运至我国境内输出地点装载前的运输及其相关费用、保险费，但其中包含的出口关税税额，应当扣除。

出口货物的成交价格，是指该货物出口销售时，卖方为出口该货物应当向买方直接收取和间接收取的价款总额。下列税收、费用不计入出口货物的完税价格。

①出口关税。

②在货物价款中单独列明的货物运至我国境内输出地点装载后的运输及其相关费用、保险费。

在税率确定的情况下,完税价格的高低决定了关税的轻重。完税价格的确定是关税弹性较大的一环,在同一税率下,完税价格如果高,从价计征的税负则重;如果低,税负则轻。而且在许多情况下,完税价格还会影响关税的税率。所以,关税筹划的切入点就是合理地控制完税价格。

7.1.1.2 纳税筹划案例分析

案例 7-1

某钢铁公司与某外国船舶制造公司签订了一份价值 500 万美元的购销合同,合同要求钢铁公司于 7 个月后交货,由于购货方对钢材质量有特殊要求,因而钢厂急需进口一批优质铁矿石 10 万吨。其可选择的进货渠道有两个,一个是澳大利亚,另一个是加拿大。从澳大利亚进口优质、高品位铁矿石,其价格为每吨 20 美元,运费为 10 万美元,若从加拿大进口同等品质的铁矿石,价格为每吨 21 美元,同时,卖方给我方 30 万美元的回扣。请对上述业务进行纳税筹划。

【筹划方案】

由于从加拿大进口的航程为从澳大利亚进口的 2 倍,又经巴拿马运河,故运费及杂项费用高达 25 万美元,其他费用二者大体相同。根据以上情况,该公司计算完税价格如下。

澳大利亚铁矿石完税价格 $=20 \times 10+10=210$(万美元)

加拿大铁矿石完税价格 $=21 \times 10+25=235$(万美元)

因为澳大利亚和加拿大同为 WTO 成员,进口货物的关税是以进口货物的完税价格作为计税依据,在实际操作中,进口商应向海关申报进口货物价格,如经海关审定为符合"成本价格"的要求和有关规定,就可以作为完税价格的依据。所谓"成交价格",其核心内容是货物本身的价格,该价格除包括货物的生产、销售等成本费用外,还包括买方向卖方另外支付的佣金。

因此,要想达到节税目的,就要选择同类产品中成交价格比较低、运输杂项费用相对较少的货物进口。但是,需要特别注意的是,我国税法还规定,对于卖方给我方的正常回扣应从完税价格中扣除。如忽视了这点,就可能做出错误的决策。

本例中,钢厂如果从加拿大进口铁矿石,所获得的 30 万美元的回扣应从完税价格中扣除。因此,从加拿大进口铁矿石的实际完税价格应为:$21 \times 10+25-30=205$(万美元)。

该完税价格少于从澳大利亚进口铁矿石的完税价格。从节税的角度考虑,该厂应从加拿大而不是从澳大利亚进口铁矿石。由于不了解"回扣可以扣除"这条规定,该公司做出了错误决策。如关税税率为 20%,则公司多缴关税 1 万美元。

另外,即使采用海关审定的以成交价格为基础的完税价格法,对于跨国公司来讲,也可以通过对进口商品在国内外公司之间进行转让定价来达到节税目的。

【筹划总结】

在进行纳税筹划时,不能把完税价格的筹划方法片面地理解为降低申报价格,如果为了少缴税而降低申报价格,就会构成偷税。同时,还应综合考虑货物质量、售后服务等多种因素。

7.1.2 充分利用原产地标准进行纳税筹划

7.1.2.1 税法相关规定

在我国加入世界贸易组织之前，我国进口税则设有两栏税率，即普通税率和优惠税率。对原产于与我国未订有关税互惠协议的国家或者地区的进口货物，按照普通税率征税；对原产于与我国订有关税互惠协议的国家或者地区的进口货物，按照优惠税率征税。在我国加入世界贸易组织之后，为履行我国在加入世界贸易组织关税减让谈判中承诺的有关义务，享有世界贸易组织成员应有的权利，自 2002 年 1 月 1 日起，我国进口税则设有最惠国税率、协定税率、特惠税率、普通税率、关税配额税率等税率形式，对进口货物在一定期限内可以实行暂定税率。

适用最惠国税率、协定税率、特惠税率的国家或者地区名单，由国务院关税税则委员会决定，报国务院批准后执行。

(1) 最惠国税率

最惠国税率适用原产于与我国共同适用最惠国待遇条款的世界贸易组织成员的进口货物，或原产于与我国签订有相互给予最惠国待遇条款的双边贸易协定的国家或地区进口的货物，以及原产于我国境内的进口货物。根据《中华人民共和国加入世界贸易组织关税减让表修正案》附表所列信息，自 2020 年 7 月 1 日起，我国对信息技术产品最惠国税率实施第五步降税。

(2) 协定税率

协定税率适用原产于与我国签订含有关税优惠条款的区域性贸易协定的国家或地区的进口货物。根据我国与有关国家或地区签署的贸易协定或关税优惠安排，除此前已经国务院批准实施的协定税率外，自 2020 年 1 月 1 日起，我国与新西兰、秘鲁、哥斯达黎加、瑞士、冰岛、新加坡、澳大利亚、韩国、智利、格鲁吉亚、巴基斯坦的双边贸易协定以及亚太贸易协定的协定税率进一步降低。自 2020 年 7 月 1 日起，按照我国与瑞士的双边贸易协定和亚太贸易协定规定，进一步降低了有关协定税率。

(3) 特惠税率

特惠税率适用原产于与我国签订有特殊关税优惠条款的贸易协定的国家或地区的进口货物。除赤道几内亚外，对于我国建交并完成换文手续的其他最不发达国家继续实施特惠税率。自 2020 年 1 月 1 日起，赤道几内亚停止享受零关税特惠待遇。

目前许多跨国公司在全球不同国家设立了分支机构，这些机构在某种商品的生产过程中扮演了一定的角色。可以说，成品是由不同国家生产的零部件组装起来的。那么最后组装成最终产品的地点（即原产国）就非常重要，一般应选择同进口国签订优惠税率的国家或地区，避开同进口国征收特别关税的国家和地区。

7.1.2.2 纳税筹划案例分析

案例 7-2

KM 汽车股份有限公司是一家跨国经营的汽车产商，由多个设在不同国家和地区的子公司提供零配件，并且其销售业务已遍布全球。该公司在东南亚等地设有较多子公司，新加坡的子公司生产仪表，中国的子公司生产汽车轴承和发动机，菲律宾生产阀门，马来西亚生产轮胎，越南供应玻璃，等等。中国日益扩大的汽车需求使得这家汽车生产商准备开拓中国市场，但要进入中国市场，就不得不面对高额的汽车进口关税，高额的关税会使KM的汽车在质优价廉的丰田、大众汽车面前毫无竞争优势。针对现实状况，该公司经详细分析后定出如下方案：在新加坡组建一总装配厂，由各子公司提供原配件，组装后的成品从新加坡销往中国。理由是中国和新加坡签有关税互惠协议，产品在新加坡经过实质性加工后可以在进口时享受优惠关税。

【筹划方案】

在本例中，KM作为一个跨国公司，企业将总装配厂设在新加坡，其产品经加工后变为成品，显然能符合实质性加工标准的第一个条件，表现为适用税目税率的改变，在进出口税则中不再按原有税目税率征税，这时无论增值额是否达到30%，都能节约关税。

【案例总结】

税收优惠政策是税收政策的重要组成部分，是对某些特定的课税对象、纳税人或业务给予的税收鼓励和照顾措施。一般地说，税收优惠政策有减税、免税、出口退税、先征后退等，企业经营者通过合理筹划可以最大限度地利用税收优惠政策节税。

7.1.3 保税制度的纳税筹划

7.1.3.1 税法相关规定

保税制度是对保税货物加以监管的一种制度，是关税制度的重要组成部分。保税制度可以简化手续，便利通关，有利于促进对外加工、装配贸易等外向型经济的发展。

保税货物是指经过海关批准，未办理纳税手续，在境内储存、加工、装配后复运出境的货物。保税货物属于海关监管货物，未经海关许可并补缴税款，不能擅自出售；未经海关许可，也不能擅自开拆、提取、支付、发运、改装、转让或者变更标记。目前，我国的保税制度包括保税仓库、保税工厂和保税区等制度。

保税制度的运行包含众多环节。假设进口货物最终将复运出境，那么基本环节就是进口和出口。在这两个环节中，公司都必须向海关报关，在该公司填写的报关表中有单耗计量单位一栏，所谓单耗计量单位，即生产一个单位成品耗费几个单位原料，通常有以下几种形式：一种是度量衡单位/自然单位，如吨/块、米/套等；一种是自然单位/自然单位，如件/套、匹/件等；还有一种是度量衡单位/度量衡单位，如吨/立方米等。

7.1.3.2 纳税筹划案例分析

■ 案例 7-3

某生产出口产品的家具生产公司，20×1年5月从加拿大进口一批木材，并向当地海关申请保税，该公司报关表上填写的单耗计量单位为：380块/套，即做成一套家具需耗用380块木材。在加工过程中，该公司引进先进设备，做成一套家具只需耗用180块木材。家具生产出来以后，公司将成品复运出口，完成一个保税过程。

【筹划方案】

假设公司进口木材10万块，每块价格120元，海关关税税率为50%，则其节税成果为：$(100\,000-100\,000\div380\times180)\times120\times50\%=3\,157\,894.74$（元）。

【案例总结】

在公司填写的报关表中有单耗计量单位一栏，所谓单耗计量单位，即生产一个单位成品耗费几个单位原料。可以根据不同的计量单位对关税进行纳税筹划。

7.2 资源税的纳税筹划

资源税法是指国家制定的用以调整资源征收与缴纳相关权利及义务关系的法律规范。资源税是对在我国领域和管辖的其他海域开发应税资源的单位和个人征收的一种税，属于对自然资源开发课税的范畴。资源税的纳税义务人是指在中华人民共和国领域及管辖海域开采应税资源的单位和个人。

7.2.1 分别核算的纳税筹划

7.2.1.1 税法相关规定

《中华人民共和国资源税法》（以下简称《资源税法》）第四条规定，纳税人开采或者生产不同税目应税产品的，应当分别核算不同税目应税产品的销售额或者销售数量；未分别核算或者不能准确提供不同税目应税产品的销售额或者销售数量的，从高适用税率。

根据上述规定，企业在进行核算时，需要准确区分不同应税产品和减免税项目，避免从高适用税率。

7.2.1.2 纳税筹划案例分析

♕ 案例 7-4

辽宁省本溪市大野矿场20×1年正式开业，主要生产销售铁矿石。假设该矿场20×3年10月销售铁矿石原矿20 000吨，每吨价格为700元。在开采铁矿石的过程中还开采销售伴生矿锰矿石100吨，每吨价格为6 000元。本地规定的铁矿石原矿适用的税率为5%，锰矿石原矿适用的税率为8%。由于该矿场为个体老板承包经营，经营初期的会计核算还不规范，未对各种矿石的销售额进行准确的记录，因此征税时按照8%的税率从高缴税。请为该矿场提供合理的纳税建议。

【筹划方案】

筹划前，铁矿石和锰矿石一起纳税，则应纳资源税=（2×700+0.01×6 000）×8%=116.8（万元）。

筹划后，铁矿石和锰矿石分别纳税，则应纳资源税=2×700×5%+0.01×6 000×8%=74.8（万元）。

筹划后节约税款=116.8-74.8=42（万元）。

【案例总结】

伴生矿是指在同一矿床内，除了主要矿产品以外，其余可供工业利用的成分。建议该矿场根据《资源税法》第四条的规定，分别核算铁矿石和锰矿石的销售金额，进而可以分别计算各自应纳资源税税款，避免从高适用税率，减轻税负。

案例 7-5

甲公司为一家矿业开采企业，本年7月份共开采销售原油100万元，开采销售钍50万元。原油适用的资源税税率为6%，钍适用的资源税税率为4%。请对上述业务进行纳税筹划。

【筹划方案】

纳税人一方面应当分清应税项目与减免税项目，单独核算销售额或销售数量；另一方面应当分别核算不同税目、不同税率应税产品的销售额或销售数量，以适用各自的税率，避免从高适用税率计税，达到降低税负的目的。

方案一：未将原油、钍分别核算。

应纳资源税=（100+50）×6%=9（万元）

方案二：将原油、钍分别核算。

应纳资源税=100×6%+50×4%=8（万元）

【筹划总结】

方案二比方案一少缴纳资源税1（9-8）万元，若以实现税负最小化为纳税筹划目标，则应当选择方案二。分别核算在一定程度上会加大核算成本，但与节税额相比，一般情况下是非常合算的。

7.2.2 利用税收优惠政策的纳税筹划

7.2.2.1 税法相关规定

企业可以利用资源税的免征、减征优惠政策，达到减轻税负的目的。

(1)《资源税法》规定的资源税免征政策

有下列情形之一的，免征资源税。

①开采原油以及在油田范围内运输原油过程中用于加热的原油、天然气；

②煤炭开采企业因安全生产需要抽采的煤成（层）气。

(2)《资源税法》规定的资源税减征政策

有下列情形之一的，减征资源税。

①从低丰度油气田开采的原油、天然气，减征百分之二十资源税；

②高含硫天然气、三次采油和从深水油气田开采的原油、天然气，减征百分之三十资源税；

③稠油、高凝油减征百分之四十资源税；

④从衰竭期矿山开采的矿产品，减征百分之三十资源税。

(3) 其他可免征或者减征资源税的情形

除以上优惠政策之外，有下列情形之一的，省、自治区、直辖市可以决定免征或者减征资源税。

①纳税人开采或者生产应税产品过程中，因意外事故或者自然灾害等原因遭受重大损失；

②纳税人开采共伴生矿、低品位矿、尾矿。

免征或者减征资源税的具体办法，由省、自治区、直辖市人民政府提出，报同级人民代表大会常务委员会决定,并报全国人民代表大会常务委员会和国务院备案。

7.2.2.2 纳税筹划案例分析

案例 7-6

假设某煤矿 2020 年 9 月销售原煤 5 万吨,每吨的销售价格为 500 元。在开采原煤的过程中,煤矿因安全生产需要,抽采并销售煤层气 5 万立方米,另外出售煤层气 5 万立方米,每立方米的销售价格为 2 元。当地原煤的资源税税率为 5%,煤层气的资源税税率为 1%。请计算并缴纳资源税。

【筹划方案】
2020 年 9 月应纳资源税 = 5×500×5% + 5×2×1% = 125.1(万元)

【案例总结】
《资源税法》第八条规定,纳税人的免税、减税项目,应当单独核算销售额或者销售数量;未单独核算或者不能准确提供销售额或者销售数量的,不予免税或者减税。该煤矿对销售的煤层气已单独进行核算,因此,因安全生产需要抽采并销售的 5 万立方米煤层气,可以享受免税的优惠。

7.3 房产税的纳税筹划

房产税是以房屋为征税对象,按照房屋的计税余值或租金收入,向产权所有人征收的一种财产税。房产税以在征税范围内的房屋产权所有人为纳税人。

7.3.1 利用税基进行纳税筹划

7.3.1.1 税法相关规定

房产税以房产为征税对象。所谓房产,是指有屋面和围护结构(有墙或两边有柱),能够遮风避雨,可供人们在其中生产、学习、工作、娱乐、居住或储藏物资的场所。房地产开发企业建造的商品房,在出售前,不征收房产税;但对出售前房地产开发企业已使用或出租、出借的商品房应按规定征收房产税。

房产税的征税范围为城市、县城、建制镇和工矿区,不包括农村。房产税依照房产原值一次减除 10%~30% 后的余值计算缴纳。各地扣除比例由当地省、自治区、直辖市人民政府确定。房产原值是指纳税人按照会计制度规定,在会计核算账簿"固定资产"科目中记载的房屋原价。房产原值应包括与房屋不可分割的各种附属设备或一般不单独计算价值的配套设施,主要包括:暖气、卫生、通风、照明、煤气等设备;各种管线,如蒸汽、压缩空气、石油、给水排水等管道及电力、电信、电缆导线;电梯、升降机、过道、晒台等。属于房屋附属设备的水管、下水道、暖气管、煤气管等应从最近的探视井或三通管起,计算原值;电灯网、照明线从进线盒连接管起,计算原值。

凡在房产税征收范围内的具备房屋功能的地下建筑,包括与地上房屋相连的地下建筑以及完全建在地面以下的建筑、地下人防设施等,均应当依照有关规定征收房产税。上述具备房屋功能的地下建筑是指有屋面和维护结构,能够遮风避雨,可供人们在其中生产、经营、工作、学习、娱乐、居住或储藏物资的场所。自用的地下建筑，按以下方式计税。

①工业用途房产，以房屋原价的50%~60%作为应税房产原值。

$$应纳房产税的税额=应税房产原值×[1-（10\%~30\%）]×1.2\%$$

②商业和其他用途房产，以房屋原价的70%~80%作为应税房产原值。

$$应纳房产税的税额=应税房产原值×[1-（10\%~30\%）]×1.2\%$$

房屋原价折算为应税房产原值的具体比例，由省、自治区、直辖市和计划单列市财政和地方税务部门在上述幅度内自行确定。

③对于与地上房屋相连的地下建筑，如房屋的地下室、地下停车场、商场的地下部分等，应将地下部分与地上房屋视为一个整体，按照地上房屋建筑的有关规定计算征收房产税。

7.3.1.2 纳税筹划案例分析

案例 7-7

甲公司拟在某市市区兴建工业园，工业园区计划除建造厂房、办公用房外，还包括厂区围墙、烟囱、水塔、变电站、停车场、游泳池等建筑物，预计工程造价40 000万元，其中，厂房、办公用房工程造价30 000万元，其他建筑设施造价10 000万元。当地政府规定的费用扣除比例为30%。

请对该甲公司上述业务进行税务筹划。

【筹划方案】

我国房产税在城市、县城、建制镇和工矿区征收，不包括农村，房产是以房屋形态出现的财产。房屋则是指有屋面和围护结构（有墙或两边有柱），能够遮风避雨，可供人们在其中生产、工作、学习、娱乐、居住或储藏物资的场所。独立于房屋之外的建筑物，如围墙、烟囱、水塔、变电塔、油池油柜、酒窖菜窖、室外游泳池、玻璃暖房、砖瓦石灰窑以及各种油气罐等，则不属于房产。与房屋不可分割的附属设施，属于房产。

如果将除厂房、办公用房以外的建筑物，如停车场、游泳池等建成露天的，并且将其造价与厂房、办公用房造价分开，并在会计账簿中单独核算，则这部分就可以不计入房产原值，不缴纳房产税。

方案一：将所有的建筑物造价都作为房产计入房产原值。

应纳房产税=40 000×（1-30%）×1.2%=336（万元）

方案二：将停车场、游泳池等建成露天的，并单独在会计账簿中反映其造价。

应纳房产税=30 000×（1-30%）×1.2%=252（万元）

方案二比方案一少缴纳房产税84（336-252）万元，因此应当选择方案二。

【案例总结】

此种筹划方法可以将作为房产税的计税依据的房产减少，从而降低公司房产税税负，但是也要从公司实际使用需要出发。

7.3.2 利用房产税计税依据的纳税筹划

7.3.2.1 税法相关规定

我国现行房产税采用的是比例税率。由于房产税的计税依据分为从价计征和从租计征两种形式，所以房产税的税率也有两种：一种是按房产原值一次减除10%~30%后的余值计征的,税率为1.2%;另一种是按房产出租的租金收入计征的,税率为12%。自2008年3月1日起,对个人出租住房,不区分用途,按4%的税率征收房产税。

7.3.2.2 纳税筹划案例分析

案例7-8

甲公司在A市拥有一处闲置库房,原值为2 000万元,净值为1 600万元,现在乙公司拟承租甲公司的闲置库房,当地规定从价计征房产税的减除比例为30%。现有两种方案可供选择,一是与乙公司签订租赁合同,初步商定年租金为150万元;二是与乙公司签订仓储合同,替乙公司保管货物,年仓储收入为150万元。

请对甲公司上述业务进行纳税筹划。

【筹划方案】

方案一:甲公司与乙公司签订租赁合同。

$$应纳房产税=150×12\%=18(万元)$$

方案二:甲公司与乙公司签订仓储合同。

$$应纳房产税=2\,000×(1-30\%)×1.2\%=16.8(万元)$$

方案二比方案一少缴纳房产税为1.2(18-16.8)万元,因此应当选择方案二。

【筹划总结】

房产出租的,房产税采用从租计征方式,以租金收入作为计税依据,按照12%税率征收。如果甲公司与乙公司协商,将房屋的租赁行为改为仓储业务,即由甲公司代为保管乙公司原准备承租房屋后拟存放的货物,则甲公司就可以选择从价计征房产税。

7.3.3 利用房产对外投资联营的纳税筹划

7.3.3.1 税法相关规定

税法规定针对房产余值还做出了两个特别规定。

第一,对投资联营的房产,在计征房产税时应予以区别对待。对于以房产投资联营,投资者参与投资利润分红,并共担风险的,按房产余值作为计税依据计征房产税;对通过房产投资获得固定收入,不承担联营风险的,实际是以联营名义取得房产租金的,应根据《房产税暂行条例》的有关规定,由出租方按租金收入计缴房产税。

第二,对融资租赁房屋的情况,由于租赁费包括购进房屋的价款、手续费、借款利息等,与一般房屋出租的"租金"内涵不同,且租赁期满后,当承租方偿还最后一笔租赁费时,房屋产权要转移到承租方。这实际是一种变相的分期付款购买固定资产的形式,所以在计征房产税时应以房产余值计算征收。根据财税〔2009〕128号文件的规定,融资租赁的房产,由承租人自融资租赁合同约定开始日的次月起依照房产余值缴纳房产税;合同未约定开始日期的,由承租人自合同签订的次月起依照房产余值缴纳房产税。

7.3.3.2 纳税筹划案例分析

案例7-9

20×1年1月1日,甲公司将其自有的房屋用于投资联营,该房产原账面价值是200万元。现有两套对外投资方案可供选择：方案一，收取固定收入，不承担风险，当年取得的固定收入共计 15 万元；方案二，投资者参与投资利润分红，共担风险，当年取得分红 15 万元。当地房产原值减除比例为 30%。城市维护建设税税率为 7%，教育费附加征收率为 3%。请对其进行纳税筹划。

【筹划方案】

方案一：收取固定收入，不承担风险。20×1 年 1 月计征的房产税 =200× (1−30%) ×1÷12×1.2% =0.14（万元），20×1 年 2—12 月计征的房产税 =15×12% =1.8（万元），应纳营业税、城市维护建设税、教育费附加 =15×5%× (1+7%+3%) =0.825（万元），20×1 年全年应纳税额合计 =0.14+1.8+0.825 =2.765（万元）。

方案二：投资者参与投资利润分红，共担风险。20×1 年计征的房产税 =200× (1−30%) ×1.2% =1.68（万元），应纳营业税、城市维护建设税、教育费附加 =0（万元）。

【筹划结论】

由此可见，方案二比方案一少缴税款合计 1.085（2.765−1.68）万元，因此，应当选择方案二。对于以房产投资联营，投资者参与投资利润分红，共担风险的，被投资方要求以房产余值作为计税依据计征房产税；对于以房产投资，获取固定收入，不承担联营风险的，实际是以联营名义取得房产租金，应由投资方按照租金收入计征房产税。不同的房产投资方案，其投资风险和收益是不同的，投资者不仅仅要考虑税负因素，还可以进行成本效益分析，以决定投资偏好。

7.3.4 利用税收优惠的税务筹划

7.3.4.1 税法相关规定

目前，房产税的税收优惠政策如下。

①国家机关、人民团体、军队自用的房产免征房产税。但上述免税单位的出租房产以及非自身业务使用的生产、营业用房，不属于免税范围。

②由国家财政部门拨付事业经费的单位，如学校、医疗卫生单位、托儿所、幼儿园、敬老院、文化、体育、艺术这些实行全额或差额预算管理的事业单位所有的，其本身业务范围内使用的房产免征房产税。

③宗教寺庙、公园、名胜古迹自用的房产免征房产税。

④个人所有非营业用的房产免征房产税。

⑤经财政部批准免税的其他房产。

此外，税法规定房产大修半年以上的，经税务机关审核，在大修期间可以免税。

房产税的征税范围不包括农村，这主要是为了减轻农民负担。如果企业在设立时，将生产实体建在农村，可以免交房产税等税种。当然，企业可以在市区设立经营管理机构，弥补农村信息不畅、交通不便的不足。

7.3.4.2 纳税筹划案例分析

案例 7-10

甲公司有一栋厂房，计税账面价值为 2 500 万元，使用年限为 20 年，已使用 15 年，须进行大修理方可继续使用。20×1 年 1 月，甲公司拟对该厂房进行大修理，修理后可使该厂房延长使用年限至 10 年。现有两个方案可供选择：一是对厂房进行修理，自 20×1 年 1 月 1 日开始，所耗用时间为 5 个月，领用生产用原材料 100 万元，进项税额为 17 万元，人工费为 15 万元；二是耗用相同的成本，自 20×1 年 1 月 1 日开始，所耗用的时间为 7 个月。假设当地房产原值扣除比例为 30%。

请对甲公司上述业务进行纳税筹划。

【筹划方案】

纳税人因房屋大修导致连续停用半年以上的，在房屋大修理期间免征房产税，免征税额由纳税人在申报缴纳房产税时自行计算扣除，并在申报表附表或者备注栏中作相应说明。纳税人对原有房屋进行改建、扩建的，要相应增加房屋的原值。

纳税人对房屋进行修理，应尽量使房屋停用半年以上，进而可以获取大修理期间免征房产税的税收优惠。

方案一：对厂房进行修理，所耗用时间为 5 个月。

1—5 月应纳房产税合计 = 2 500×（1-30%）×（5/12）×1.2% = 8.75（万元）

6—12 月应纳房产税合计 =（2 500+100+17+15）×（1-30%）×（7/12）×1.2% = 12.9（万元）

全年应缴纳房产税合计 = 8.75+12.9 = 21.65（万元）

方案二：对厂房进行修理，所耗用时间为 7 个月。

1—7 月免征房产税。

8—12 月应纳房产税合计 =（2 500+100+17+15）×（1-30%）×（5/12）×1.2% = 9.21（万元）

方案二比方案一少缴纳房产税 11.44（21.65-9.21）万元，因此应当选择方案二。

【筹划总结】

公司在修理房产时，应创造条件，充分利用相关的税收优惠政策，以获得最大限度的节税利益。

7.4 土地增值税的纳税筹划

土地增值税是国家对有偿转让国有土地使用权、地上建筑物、其他附着物产权并取得增值性收入的单位和个人所征收的一种税。如何把握政策的要点，充分利用政策，是土地增值税纳税筹划的关键。

7.4.1 房地产转让收入环节的纳税筹划

7.4.1.1 税法相关规定

计算土地增值税是以增值额与扣除项目金额的比率（即增值率）的大小按照相适用的税率累进计算征收的，增值率越大，适用的税率越高，缴纳的税款就越多。合理地增加扣除项目金额可以降低增值率，使其适用较低的税率，从而达到降低税收负担的目的。

税法准予纳税人从转让收入额减除的扣除项目包括五个部分：取得土地使用权所支付的金额；房地产开发成本费用；旧房及建筑物的评估价格与转让房地产有关的税金；财政

部规定的其他扣除项目,主要是指从事房地产开发的纳税人允许扣除取得土地使用权所支付金额和开发成本之和的20%。

7.4.1.2 纳税筹划案例分析

(1) 分立不动产销售合同,分散不动产销售收入

案例7-11

新月房地产企业建造的精装修住宅10幢,总售价定为8 000万元(其中毛坯房售价4 800万元,精装修售价3 200万元),建造安装成本合计3 800万元(其中商品房开发成本等3 000万元,精装修成本800万元)。请计算该企业应缴纳的各项税金,并写出纳税筹划方案。

该企业应缴纳的各项税金计算如下。

应缴纳增值税=(8 000-3 800)÷(1+5%)×5%=200(万元)

应缴纳城市维护建设税及教育费附加=200×(7%+3%)=20(万元)

扣除项目金额合计=3 800×(1+10%)+20=4 200(万元)

土地增值额=8 000-4 200=3 800(万元)

土地增值率=3 800÷4 200=90.48%

应缴纳土地增值税=3 800×40%-4 200×5%=1 310(万元)

应缴纳企业所得税=(8 000-4 200-1 310)×25%=622.5(万元)

企业税后利润=2 490-622.5=1 867.5(万元)

【筹划方案】

企业改变销售合同签订方式,将毛坯房销售和精装修装饰分别签订合同,毛坯房销售合同定为售价收入4 800万元,精装修装饰合同定为装饰收入3 200万元。总合收入不变,经分立合同后,企业应缴纳的各项税金计算如下。

①毛坯房销售合同应缴纳的各项税金计算如下。

应缴纳增值税=(4 800-3 000)÷(1+5%)×5%=85.71(万元)

应缴纳城市维护建设税及教育费附加=85.71×(7%+3%)=8.57(万元)

扣除项目金额合计=3 000×(1+10%)+8.57=3 308.57(万元)

土地增值额=4 800-3 308.57=1 491.43(万元)

土地增值率=1 491.43÷3 308.57=45.08%

应缴纳土地增值税=1 491.43×30%=447.43(万元)

②精装修装饰合同应缴纳的各项税金计算如下。

应缴纳增值税=(3 200-800)÷(1+5%)×5%=114.29(万元)

应缴纳城市维护建设税及教育费附加=114.29×(7%+3%)=11.43(万元)

应缴纳企业所得税=[(4 800-3 308.57-447.43)+(3 200-800-11.43)]×25%=858.14(万元)

企业税后利润=3 432.57-858.14=2 574.43(万元)

【筹划总结】

通过筹划,企业税后利润增加了706.93(2 574.43-1 867.5)万元。

(2) 增加中间销售环节，分散不动产销售收入，降低土地增值额

案例 7-12

甲集团公司有一块土地准备出售给乙公司，原土地购入成本为 1 000 万元，现准备以 6 000 万元出售，请计算该企业应缴纳的各项税金并写出纳税筹划方案。

该企业应缴纳的各项税金计算如下。

应缴纳增值税 =（6 000-1 000）÷（1+5%）×5% = 238.09（万元）

应缴纳城市维护建设税及教育费附加 = 238.09×（7%+3%）= 23.81（万元）

扣除项目金额合计 = 1 000+23.81 = 1 023.81（万元）

土地增值额 = 6 000-1 023.81 = 4 976.19（万元）

土地增值率 = 4 976.19÷1 023.81 = 486.05%

应缴纳土地增值税 = 4 976.19×60%-1 023.81×35% = 2 627.38（万元）

应缴纳企业所得税 =（6 000-1 023.81-2 627.38）×25% = 587.20（万元）

企业税后利润 = 2 348.81-587.20 = 1 761.61（万元）

【筹划方案】

企业可考虑增加销售环节，利用二次销售的方法降低土地增值额，具体方法为甲集团公司将土地作价 3 000 万元出售给下属全资子公司丙公司，再由丙公司将土地作价 6 000 万元出售给乙公司。

① 经筹划，甲集团公司应缴纳的各项税金计算如下。

应缴纳增值税 =（3 000-1 000）÷（1+5%）×5% = 95.24（万元）

应缴纳城市维护建设税及教育费附加 = 95.24×（7%+3%）= 9.52（万元）

扣除项目金额合计 = 1 000+9.52 = 1 009.52（万元）

土地增值额 = 3 000-1 009.52 = 1 990.48（万元）

土地增值率 = 1 990.48÷1 009.52 = 197.17%

应缴纳土地增值税 = 1 990.48×50%-1 009.52×15% = 843.81（万元）

应缴纳企业所得税 =（3 000-1 009.52-843.81）×25% = 286.67（万元）

甲集团公司税后利润 = 1 146.67-286.67 = 860.00（万元）

② 丙公司应缴纳的各项税金计算如下。

应缴纳增值税 =（6 000-3 000）÷（1+5%）×5% = 142.86（万元）

应缴纳城市维护建设税及教育费附加 = 142.86×（7%+3%）= 14.29（万元）

扣除项目金额合计 = 3 000+14.29 = 3 014.29（万元）

土地增值额 = 6 000-3 014.29 = 2 985.71（万元）

土地增值率 = 2 985.71÷3 014.29 = 99.05%

应缴纳土地增值税 = 2 985.71×40%-3 014.29×5% = 1 043.57（万元）

应缴纳企业所得税 =（6 000-3 014.29-1 043.57）×25% = 485.54（万元）

丙公司税后利润 = 1 942.14-485.54 = 1 456.60（万元）

【筹划总结】

通过上述筹划，甲集团公司合并丙公司税后利润合计为 2 316.60（860.00+1 456.60）万元，比筹划前的税后利润增加 554.99（2 316.61-1 761.61）万元。

7.4.2 转让房地产扣除项目的纳税筹划

7.4.2.1 税法相关规定

土地增值税的计税依据是转让房地产所取得的增值额。根据《土地增值税暂行条例》和《土地增值税暂行条例实施细则》的规定,转让房地产的增值额,是指转让房地产的收入减除税法规定的扣除项目金额后的余额。税法准予纳税人从房地产转让收入额减除的项目包括五个部分:取得土地使用权所支付的金额;房地产开发成本;房地产开发费用;与转让房地产有关的税金;财政部规定的其他扣除项目,主要是指从事房地产开发的纳税人允许扣除取得土地使用权所支付金额和开发成本之和的20%;旧房及建筑物的评估价格。房地产开发费用不能按照实际发生额扣除,而是要根据《土地增值税暂行条例实施细则》的规定,分以下两种情况处理。

①财务费用中的利息支出,纳税人能够按转让房地产项目计算分摊利息支出并提供金融机构的贷款证明的,允许据实扣除,但最高不能超过按商业银行同类同期贷款利率计算的金额。其他房地产开发费用,按照取得土地使用权所支付的金额和房地产开发成本之和,在5%以内计算扣除。

②凡不能按转让房地产项目计算分摊利息支出或不能提供金融机构贷款证明的,其房地产开发费用,按照取得土地使用权所支付的金额和房地产开发的成本之和,在10%以内计算扣除。

7.4.2.2 纳税筹划案例分析

◆ 案例 7-13

某房地产开发公司9月开发一处房地产,为取得土地使用权支付的金额为1 200万元,房地产开发成本为1 500万元,财务费用按转让房地产项目计算分摊利息支出为250万元,没有超过商业银行的同类同期贷款利率。假设该项目所在地省政府规定计征土地增值税时,房地产开发费用扣除比例按国家规定允许的最高比例执行。请对房地产公司上述业务进行纳税筹划。

【筹划思路】

在累进税制下,纳税人若想降低增值额,可以分解筹划,即将可以分开单独处理的部分(如房屋配套的各种设施)从整个房地产中分离出来,从而减少转让收入,降低应纳土地增值税。

对于期间费用,国家规定房地产开发企业是不能据实扣除的,必须按照税法规定进行扣除。税法规定了两种不同情况,这就为纳税人进行纳税筹划提供了可能性,主要思路是确定两种房地产开发费用扣除方法的平衡点,然后根据平衡点确定扣除方法。

假设利息支出为 P,取得土地使用权所支付的金额为 F,房地产开发成本为 C,则有:

$$P + (F + C) \times 5\% = (F + C) \times 10\%$$
$$P = (F + C) \times 5\%$$

如果 $P > (F + C) \times 5\%$,则使用第一种方法的期间费用扣除额较多;反之,则使用第二种方法的期间费用扣除额较多。

纳税人能否按转让房地产项目计算分摊利息支出，并能提供金融机构的贷款证明，在很大程度上取决于纳税人的主观行为。事前按上述方法进行预算，可以使土地增值税的增值额在一定程度上有所降低，从而达到节税的目的。

【筹划方案】

根据《土地增值税暂行条例》和《土地增值税暂行条例实施细则》的相关规定，房地产开发费用是指与房地产开发项目有关的销售费用、管理费用和财务费用。当纳税人能够按转让房地产项目计算分摊利息支出，并能提供金融机构的贷款证明的，其最多允许扣除的房地产开发费用为利息+（取得土地使用权所支付的金额+房地产开发成本）×5%；纳税人不能按转让房地产项目计算分摊利息支出或不能提供金融机构贷款证明的，其最多允许扣除的房地产开发费用为（取得土地使用权所支付的金额+房地产开发成本）×10%。

通过比较两种计税方法下房地产开发费用的大小，选择使房地产开发费用扣除最多的方法，从而降低增值额，进而降低土地增值税税负。

方案一：不按转让房地产项目计算分摊利息支出或不能提供金融机构证明的情况。

允许扣除的房地产开发费用=（1 200+1 500）×10%=270（万元）

方案二：按转让房地产项目计算分摊利息支出，并提供金融机构证明的情况。

允许扣除的房地产开发费用=250+（1 200+1 500）×5%=385（万元）

【筹划结论】

房地产开发公司使用方案二比方案一多扣除开发费用为115（385-270）万元。因此，房地产开发公司应选择方案二。

如果房地产开发公司主要依靠负债筹资，利息支出较高，可考虑分摊利息并提供金融机构证明，据实扣除并加扣其他开发费用；如果房地产开发公司进行房地产开发主要依靠权益资本，利息支出较少，则可考虑不计算分摊利息，进而多扣除房地产开发费用。

案例7-14

某房地产开发企业转让一幢住宅，取得土地使用权支付金额和房地产开发成本1 000万元。采用第一种方式可扣除比率为5%，第二种方式可扣除比率为10%，则利息支出平衡点=（10%-5%）×1 000=50万元。请问：采取哪种方式扣除的房地产开发费用少？

【筹划方案】

如预计利息支出为80万元，按第一种方式计算允许扣除的房地产开发费用为130（80+1 000×5%）万元，按第二种方式计算可扣除房地产开发费用100（1 000×10%）万元，故应采取第一种方式；如预计利息支出为40万元，按第一种方式计算允许扣除的房地产开发费用为90（40+1 000×5%）万元，按第二种方式计算可扣除房地产开发费用为100（1 000×10%）万元，故应采取第二种方式；当预计利息支出等于50万元时，两种方式计算的可扣除房地产开发费用相等。

【筹划总结】

通常情况下，企业判断是否提供金融机构证明，关键看所发生的能够扣除的利息支出占税法规定的开发成本的比例，如果超过5%，则提供金融机构证明比较有利；如未超过5%，则不提供金融机构证明比较有利。

生地变熟地后进行交易转让，增加可扣除项目金额。根据国税函发〔1995〕第110号国家税务总局关于印发《土地增值税宣传提纲》的通知规定，对取得土地使用权后投入资金,将生地变为熟地转让的,计算其增值额时,允许扣除取得土地使用权时支付的地价款、缴纳的有关费用,和开发土地所需成本再加计开发成本的20%以及在转让环节缴纳的税金。

案例 7-15

A房地产开发公司有一块土地,原土地购入价款5 000万元,现该地块市价9 000万元,A公司欲以9 000万元价格转让该地块。计算A公司应缴纳税金,并进行纳税筹划。

A公司应缴纳税金计算如下。

应缴纳转让土地使用权增值税=(9 000-5 000)÷(1+5%)×5%=190.48(万元)

应缴纳城市维护建设税及教育费附加=190.48×(7%+3%)=19.05(万元)

扣除项目金额合计=5 000+19.05=5 019.05(万元)

土地增值额=9 000-5 019.05=3 980.95(万元)

土地增值率=3 980.95÷5 019.05=79.32%

应缴纳土地增值税=3 980.95×40%-5 019.05×5%=1 341.43(万元)

应缴纳企业所得税=(9 000-5 019.05-1 341.43)×25%=659.88(万元)

企业税后利润=2 639.52-659.88=1 979.64(万元)

【筹划方案】

如A公司投入建设费用20万元进行土地平整,将生地变为熟地后转让,可以得到开发成本加计20%扣除的优惠。进行此项筹划后A公司应缴纳税金计算如下。

应缴纳转让土地使用权增值税=(9 000-5 000)÷(1+5%)×5%=190.48(万元)

应缴纳城市维护建设税及教育费附加=190.48×(7%+3%)=19.05(万元)

扣除项目金额合计=(5 000+19.05)×(1+20%)+19.05=6 041.91(万元)

土地增值额=9 000-6 041.91=2 958.09(万元)

土地增值率=2 958.09÷6 041.91=48.96%

应缴纳土地增值税=2 958.09×30%=887.43(万元)

应缴纳企业所得税=(9 000-5 019.05-887.43)×25%=773.38(万元)

企业税后利润=3 093.52-773.38=2 320.14(万元)

【筹划总结】

通过纳税筹划,企业税后利润增加340.50(2 320.14-1 979.64)万元。

7.4.3 利用普通标准住宅税收优惠政策

7.4.3.1 税法相关规定

纳税人建造普通标准住宅出售,增值额未超过扣除项目金额20%的,免征土地增值税;增值额超过扣除项目金额20%的,应就其全部增值额按规定计税。普通标准住宅,是指按所在地一般民用住宅标准建造的居住用住宅。高级公寓、别墅、度假村等不属于普通标准住宅。2005年6月1日起,普通标准住宅应同时满足:住宅小区建筑容积率在1.0以上;单套建筑面积在120平方米以下;实际成交价格低于同级别土地上住房平均交易价格1.2倍以下。各省、自治区、直辖市要根据实际情况,制定本地区享受优惠政策普通住房的具体标准。允许单套建筑面积和价格标准适当浮动,但向上浮动的比例不得超过上述标准的20%。

对于纳税人既建造普通标准住宅,又建造其他房地产开发的,应分别核算增值额。不分别核算增值额或不能准确核算增值额的,其建造的普通标准住宅不能适用这一免税规定。

对企事业单位、社会团体以及其他组织转让旧房作为公租房房源,且增值额未超过扣除项目金额20%的,免征土地增值税。

7.4.3.2 纳税筹划案例分析

案例 7-16

甲房地产开发企业开发的一批商品房计划销售价格总额为5 000万元(不含增值税),按税法规定计算的可扣除项目金额为4 000万元。请对上述业务进行纳税筹划。

【筹划方案】

纳税人建造住宅出售的,应考虑增值额增加带来的效益与放弃起征点的优惠而增加的税收负担间的关系,避免增值率稍高于起征点而多纳税款。也就是说,在普通住宅增值率略高于20%时,可适当减少销售收入或加大扣除项目金额,使增值率控制在20%以内。

方案一:销售价格总额为5 000万元,可扣除项目金额为4 000万元。

增值额=5 000-4 000=1 000(万元)

增值率=1 000/4 000=25%

由于增值率为25%,超过20%,因此不能享受免征土地增值税的优惠政策。经查表,适用30%的税率,则应纳土地增值税=1 000×30%=300(万元)。

方案二:销售价格总额降为4 800万元,可扣除项目金额仍保持为4 000万元。

增值额=4 800-4 000=800(万元)

增值率=800/4 000=20%

此时,免缴土地增值税。

【筹划总结】

方案二比方案一少缴纳土地增值税300万元,若以实现税负最小化为纳税筹划目标,则应当选择方案二。一方面,虽然减少了销售收入200(5 000-4 800)万元,但由于少缴土地增值税300万元,因此总体上仍然减少支出100(300-200)万元;另一方面,通过降低销售价格扩大了销售,提升了业绩。

案例 7-17

某房地产企业出售商品房取得销售收入5 000万元,其中普通标准住宅销售额为3 000万元,豪华住宅的销售额为2 000万元。扣除项目金额为3 200万元,其中普通标准住宅的扣除项目金额为2 200万元,豪华住宅的扣除项目金额为1 000万元。求该房地产企业应缴纳的土地增值税,并进行纳税筹划。

该房地产企业应缴纳的土地增值税计算如下。

①销售普通标准住宅该企业应纳土地增值税计算如下。

销售税金及附加=3 000×5%×(1+7%+3%)=165(万元)

扣除项目金额合计=2 200+165=2 365(万元)

增值额=3 000-2 365=635(万元)

增值率 = 635÷2 365×100% = 27%

适用30%的税率，因此，缴纳的土地增值税 = 635×30% = 190.5（万元）。

②销售豪华住宅该企业应纳土地增值税计算如下。

销售税金及附加 = 2 000×5%×（1+7%+3%）= 110（万元）

扣除项目金额合计 = 1 000+110 = 1 110（万元）

增值额 = 2 000-1 110 = 890（万元）

增值率 = 890÷1 110×100% = 80%

适用40%的税率，因此缴纳的土地增值税为：

890×40%-1 110×5% = 300.5（万元）

③该企业共缴纳土地增值税 = 190.5+300.5 = 491（万元）。

【筹划方案】

《土地增值税暂行条例》规定，纳税人建造普通标准住宅出售，增值额未超过扣除项目金额20%的，免征土地增值税；增值额超过扣除项目金额20%的，应就其全部增值额按规定计税。同时税法还规定，对于纳税人既建造普通标准住宅又进行其他房地产开发的，应分别核算增值额。不分别核算增值额或不能准确核算增值额的，其建造的普通标准住宅不能适用这一免税规定。房地产开发企业如果既建造普通标准住宅，又进行其他房地产开发的话，在分开核算的情况下，筹划的关键是将普通标准住宅的增值率控制在20%以内，以获得免税待遇。而要降低增值率，关键是降低增值额。

从基本情况中提供的结果可以看出，普通标准住宅的增值率为27%，超过了20%，还要缴纳土地增值税。要使普通标准住宅获得免税待遇，可将其增值率控制在20%以内，筹划的方法有两种：一是增加普通标准住宅的扣除项目金额；二是降低普通标准住宅的销售价格。

方案一：增加扣除项目金额。

假定上例中其他条件不变，只是普通标准住宅的扣除项目发生变化，假设其为 X，那么应纳土地增值税为：

扣除项目金额合计 = $X + 165$

增值额 = $3\,000 - (X + 165) = 2\,835 - X$

增值率 = $(2\,835 - X) \div (X + 165) \times 100\%$

由等式 $(2\,835 - X) \div (X + 165) \times 100\% = 20\%$

解得：$X = 2\,335$（万元）

方案二：降低销售价格。

降低销售价格虽然会使增值率降低，但也会导致销售收入减少，影响企业的利润。这种方法是否合理要通过比较减少的收入和少缴纳的税金来评价。仍假定其他条件不变，改变普通标准住宅的销售价格，假设其为 Y。那么应纳土地增值税为：

销售税金及附加 = $Y \times 5\% \times (1 + 7\% + 3\%) = 5.5\% \times Y$

扣除项目金额合计 = $2\,200 + 5.5\% \times Y$

增值额 = $Y - (2\,200 + 5.5\% \times Y) = Y - 5.5\% \times Y - 2\,200$

增值率 = $(Y - 5.5\% \times Y - 2\,200) \div (2\,200 + 5.5\% \times Y) \times 100\%$

由等式 $(Y - 5.5\% \times Y - 2\,200) \div (2\,200 + 5.5\% \times Y) \times 100\% = 20\%$

解得：$Y = 2\,827$（万元）

通过增加房地产开发成本，房地产开发费用等方法使普通标准住宅的扣除项目增加到 2 335 万元时，普通标准住宅可以免税，缴纳的土地增值税仅为销售豪华住宅的部分，即 300.5 万元。

通过降低普通标准住宅销售价格，使其销售收入降为 2 827 万元时，普通标准住宅仍可以免税，此时缴纳的土地增值税仍为销售豪华住宅的部分，即 300.5 万元。销售收入比原来的 3 000 万元减少了 173 万元，少纳税 190.5 万元，与减少的收入相比节省了 17.5 万元。

【筹划总结】

筹划的关键就是将普通标准住宅的增值率控制在 20% 以内，以获得免税待遇。要降低增值率，关键是降低增值额。

7.4.4 利用国家征用、收回的房地产的税收优惠

①因国家建设需要依法征用、收回的房地产，免征土地增值税。

②因城市实施规划、国家建设的需要而搬迁，由纳税人自行转让原房地产的，免征土地增值税。

③对企事业单位、社会团体以及其他组织转让旧房作为改造安置住房或公共租赁住房房源且增值额未超过扣除项目金额 20% 的，免征土地增值税。

④自 2008 年 11 月 1 日，对个人销售住房暂免征收土地增值税。

7.5 城镇土地使用税的纳税筹划

城镇土地使用税是以国有土地或集体土地为征税对象，对拥有土地使用权的单位和个人征收的一种税。在城市、县城、建制镇、工矿区范围内使用土地的单位和个人，为城镇土地使用税的纳税人。

7.5.1 企业选址的纳税筹划

7.5.1.1 税法相关规定

我国城镇土地使用税采用定额税率，即采用有幅度的差别税额，按大、中、小城市和县城、建制镇、工矿区分别规定每平方米土地使用税的年应纳税额。具体标准为：大城市 1.5 ~ 30 元；中等城市 1.2 ~ 24 元；小城市 0.9 ~ 18 元；县城、建制镇、工矿区 0.6 ~ 12 元。大、中、小城市以公安部门登记在册的非农业正式户口人数为依据，按照国务院颁布的《城市规划条例》中规定的标准划分。人口在 50 万人以上者为大城市；人口在 20 万 ~ 50 万人之间者为中等城市；人口在 20 万人以下者为小城市。

各省、自治区、直辖市人民政府可根据市政建设情况和经济繁荣程度在规定税额幅度内，确定所辖地区的适用税额幅度。经济落后地区，土地使用税的适用税额标准可适当降低，但降低额不得超过上述规定最低税额的 30%。经济发达地区的适用税额标准可以适当提高，但须报财政部批准。

城镇土地使用税规定幅度税额主要考虑到我国各地区存在着悬殊的土地级差收益，同

一地区内不同地段的市政建设情况和经济繁荣程度也有较大的差别。把土地使用税税额定为幅度税额，拉开档次，将每个幅度税额的差距规定为20倍，而且最高税额（30元）是最低税额（0.6元）的50倍。各地政府在划分本辖区不同地段的等级，确定适用税额时，有选择余地，便于具体操作。幅度税额还可以调节不同地区、不同地段之间的土地级差收益，尽可能平衡税负。

7.5.1.2 纳税筹划案例分析

案例 7-18

甲、乙二人拟投资新设一个公司，现有两个地址可供选择：一是将公司设立在某中等城市的市区，当地城镇土地使用税的税率为22元/平方米；二是将公司设在某小城市的城区，当地城镇土地使用税的税率为10元/平方米，公司需要占地20 000平方米。假设不考虑其他因素。请对上述业务进行税务筹划。

【筹划方案】

方案一：将公司设立在某中等城市的市区。

应纳城镇土地使用税=2×22=44（万元）

方案二：将公司设立在某小城市的城区。

应纳城镇土地使用税=2×10=20（万元）。

【筹划总结】

方案二比方案一每年少缴纳城镇土地使用税24（44-20）万元，因此应当选择方案二。

将公司设立在小城市或县城，有可能会影响公司的生产经营业绩，因此公司不能只单纯地考虑城镇土地使用税税率因素对公司进行选址。

纳税人可以结合自身生产经营的需要，从以下几方面进行考虑：一是将公司设置在城市、县城、建制镇、工矿区以外的农村；二是由于税法允许经济落后地区土地使用税的适用税额标准适当降低，经济发达地区的土地使用税的适用税额标准适当提高，因此可以将公司设立在经济落后地区；三是在同一省份内的大、中、小城市以及县城和工矿区之中选择税率低的地区设立公司；四是在同一城市、县城和工矿区之内的不同等级的土地之中，选择在税率最低的土地上设立公司。

7.5.2 分别核算的纳税筹划

7.5.2.1 税法相关规定

城镇土地使用税以纳税人实际占用的土地面积为计税依据，土地面积计量标准为每平方米。税务机关根据纳税人实际占用的土地面积，按照规定的税额计算应纳税额，向纳税人征收土地使用税。

目前，我国税法规定的法定免缴土地使用税的主要有：国家机关、人民团体、军队自用的土地；由国家财政部门拨付事业经费的单位自用的土地；宗教寺庙、公园、名胜古迹自用的土地；市政街道、广场、绿化地带等公共用地；直接用于农、林、牧、渔业的生产用地；经批准开山填海整治的土地和改造的废弃土地，从使用的月份起免缴土地使用税5～10年；对非营利性医疗机构、疾病控制机构和妇幼保健机构等卫生机构自用的土地，免征城镇土地使用税；企业办的学校、医院、托儿所、幼儿园，其用地能与企业其他用地明确区分的，免征城镇土地使用税。

如果纳税人能准确核算用地，就可以充分享受土地使用税设定的优惠条款。如将农、林、牧、渔的生产用地与农副产品加工场地和生活办公用地相分离，就可以享受生产用地的免税条款。

7.5.2.2 纳税筹划案例分析

♛ **案例7-19**

某公司全年实际占地共计24 460平方米。其中厂房占地17 600平方米，公司仓库占地6 300平方米，公司自办幼儿园占地360平方米，厂区内道路及绿化占地200平方米。当地城镇土地使用税税率为12元/平方米。

请对上述业务进行税务筹划。

【筹划方案】

公司办的学校、医院、幼儿园、托儿所，其用地能与公司其他用地明确区分的，可以比照由国家财政部门拨付经费的单位自用的土地，免征土地使用税。对公司厂区（包括生产、办公及生活区）以内的绿化用地，应当照章征收土地使用税；厂区以外的公共绿化用地和向社会开放的公园用地，暂免征收土地使用税。

公司办的学校、医院、托儿所、幼儿园，其用地如果能准确核算，就能使纳税人充分享受土地使用税设定的优惠条款。

方案一：各种用地未做明确区分，未分别核算面积。

应纳城镇土地使用税=24 460×12=293 520（元）

方案二：各种土地进行明确区分，分别核算各自面积，幼儿园占地不需要缴纳城镇土地使用税。

应纳城镇土地使用税=（24 460-360）×12=289 200（元）。

【筹划总结】

方案二比方案一每年少缴纳城镇土地使用税4 320（293 520-289 200）元，因此应当选择方案二。

♛ **案例7-20**

甲公司本年全年实际占地合计100 000平方米。其中厂房占地80 000平方米，办公楼占地8 000平方米，医务室占地2 000平方米，幼儿园占地3 000平方米，厂区内道路及绿化占地7 000平方米。当地城镇土地使用税税额为4元/平方米。请对上述业务进行纳税筹划。

【筹划方案】

企业办的学校、医院、托儿所、幼儿园，其用地应尽量与企业其他用地明确区分，以享受免征城镇土地使用税的优惠。

方案一：各种用地未明确区分，未分别核算面积。

应纳城镇土地使用税=100 000×4=400 000（元）=40（万元）

方案二：各种用地明确区分，分别核算各自面积，则医务室、幼儿园占地免缴城镇土地使用税。

应纳城镇土地使用税=（100 000-2 000-3 000）×4=380 000（元）=38（万元）

【筹划总结】

方案二比方案一少缴纳城镇土地使用税2（40-38）万元，若以实现税负最小化为纳税筹划目标，则应当选择方案二。分别核算在一定程度上会加大核算成本，但与节税额相比，一般是非常合算的。

7.6 契税的纳税筹划

契税是以在中华人民共和国境内转移土地、房屋权属为征税对象，向产权承受人征收的一种财产税。

7.6.1 计税依据的纳税筹划

7.6.1.1 税法相关规定

契税的计税依据不含增值税。由于土地、房屋权属转移方式不同，定价方法不同，因而具体计税依据视不同情况而决定。企业可以通过不同计税依据进行纳税筹划，具体如下。

①土地使用权出售、房屋买卖，其计税依据为土地、房屋权属转移合同确定的价格，包括应交付的货币、实物、其他经济利益对应的价款。

②土地使用权赠与、房屋赠与，以及其他没有价格的转移土地、房屋权属行为，其计税依据为税务机关参照土地使用权出售、房屋买卖的市场价格依法核定的价格。

③土地使用权互换、房屋互换，其计税依据为所换取的土地使用权、房屋的价格差额。也就是说，互换价格相等时，免征契税；互换价格不等时，由多交付的货币、实物、无形资产或者其他经济利益的一方缴纳契税。尽可能通过缩小互换土地使用权、房屋的价格差额进行筹划。

④国有土地使用权出让，其计税依据为承受人为取得该土地使用权而支付的全部经济利益。具体内容如下。

A. 以协议方式出让的，其计税依据为土地出让合同确定的成交价格，具体包括土地出让金、土地补偿费、安置补助费、地上附着物和青苗补偿费、拆迁补偿费、市政建设配套费等承受者应支付的货币、实物、无形资产及其他经济利益。没有成交价格或者成交价格明显偏低的，征收机关可依次按下列两种方式确定计税依据。

评估价格：由政府批准设立的房地产评估机构根据相同地段、同类房地产进行综合评定，并经当地税务机关确认的价格。

土地基准地价：由县以上人民政府公示的土地基准地价。

B. 先以划拨方式取得土地使用权，后经批准改为出让方式取得该土地使用权的，土地受让方应依法补缴契税，其计税依据为应补缴的土地出让金和其他出让费用。

⑤房屋附属设施征收契税的依据。

A. 不涉及土地使用权和房屋所有权转移变动的，不征收契税。

B. 采取分期付款方式购买房屋附属设施土地使用权、房屋所有权的，应按合同规定的总价款计征契税。

C. 承受的房屋附属设施权属如为单独计价的，按照当地确定的适用税率征收契税，如与房屋统一计价的，适用与房屋相同的契税税率。

企业应充分利用这些规定进行筹划，可以节省契税。

7.6.1.2 纳税筹划案例分析

案例 7-21

为了改善现有住房条件，小王想出售现住的 60 平方米一套住房，市场价格 40 万元。再购买 130 平方米的住房，市场价格 100 万元。契税税率为 3%。请为小王进行纳税筹划。

【筹划方案】

若小王出售现有住房，再去重新购买新的住房，小王应缴纳的契税=1 000 000×3%=30 000（元）。若小王通过房屋中介进行房屋置换，缴纳契税的计税依据为所换取的土地使用权、房屋的价格差额。即小王应缴纳的契税=（1 000 000-400 000）×3%=18 000 元。

【筹划总结】

通过纳税筹划，可节省契税 12 000（30 000-18 000）元。

7.6.2 利用税收优惠的纳税筹划

7.6.2.1 税法相关规定

企业还可以充分利用国家税收优惠政策，进行节省契税。

（1）免征契税的情形

有下列情形之一的，免征契税。

①国家机关、事业单位、社会团体、军事单位承受土地、房屋用于办公、教学、医疗、科研和军事设施的。

②非营利性的学校、医疗机构、社会福利机构承受土地、房屋权属用于办公、教学、医疗、科研、养老、救助。

③承受荒山、荒地、荒滩土地使用权，并用于农、林、牧、渔业生产。

④婚姻关系存续期间夫妻之间变更土地、房屋权属。

⑤法定继承人通过继承承受土地、房屋权属。

⑥依照法律规定应当予以免税的外国驻华使馆、领事馆和国际组织驻华代表机构承受土地、房屋权属。

根据国民经济和社会发展的需要，国务院对居民住房需求保障、企业改制重组、灾后重建等情形可以规定免征或者减征契税，报全国人民代表大会常务委员会备案。

（2）省、自治区、直辖市可以决定免征或者减征契税的情形

省、自治区、直辖市可以决定对下列情形免征或者减征契税。

①因土地、房屋被县级以上人民政府征收、征用，重新承受土地、房屋权属。

②因不可抗力灭失住房，重新承受住房权属。

免征或者减征契税的具体办法，由省、自治区、直辖市人民政府提出，报同级人民代表大会常务委员会决定，并报全国人民代表大会常务委员会和国务院备案。

契税对个人取得房屋产权有如下优惠政策。

①自 2010 年 10 月 1 日起，对个人购买 90 平方米及以下且属家庭唯一住房的普通住

房，减按1%的税率征收契税；

②城镇职工按规定第一次购买公有住房，免征契税；

③离婚后夫妻共同财产进行分割而改变房屋权属的，免征契税；

④房屋赠给法定继承人不征契税，但是非法定继承人根据遗嘱承受死者生前的土地、房屋权属的，属于赠与行为，应征收契税。

7.6.2.2 纳税筹划案例分析

案例7-22

A公司欠B公司货款2 000万元，准备以原值2 000万元的商品房抵偿债务。B公司接受A公司商品房抵债后，又以2 000万元的价格将其转售给C公司以偿还所欠的债务2 000万元。本地契税税率为4%。

【筹划方案】

B公司接受A公司抵债商品房应纳契税80（2 000×4%）万元，B公司最终将抵债商品销售给C公司用以抵债，A公司抵债商品房在B公司账面上只是过渡性质，却需要多缴纳契税80（2 000×4%）万元。在三方欠款相同的情况下，进行纳税筹划后这80万元多缴纳的中间环节契税可免征。因此，可以通过A、B、C公司签订债务偿还协议，由A公司将抵债商品房直接销售给C公司，C公司将款项汇给A公司，A公司收到款项后再将其汇给B公司偿还债务。

【筹划总结】

经过上述筹划后，三方欠款清偿完毕，B公司享受免征契税，节省契税80万元。

7.6.3 减少涉税环节的纳税筹划

7.6.3.1 税法相关规定

契税是指不动产（土地、房屋）产权发生转移变动时，就当事人所订契约按产价的一定比例向新业主（产权承受人）征收的一次性税收。

7.6.3.2 纳税筹划案例分析

案例7-23

甲、乙、丙为三方当事人，甲和丙均拥有一套市价100万元（不含增值税）的房屋，乙欲购买甲的房屋，甲打算购买丙的房屋后出售其原有房屋。假设甲、乙、丙三方都知道各自的购房或售房供求信息，且本地契税税率为5%。请对上述业务进行纳税筹划。

【筹划方案】

由于每发生一次土地、房屋权属转移，权属承受方就要发生一次契税的纳税行为，因此，为了避免或者减少重复纳税，在条件允许的情况下，通过减少权属转移环节可降低契税税负。

方案一：先由甲购买丙的房屋，再由甲将其原有房屋出售给乙。

甲购买丙的房屋时：

$$甲应纳契税 = 100 \times 5\% = 5（万元）$$

乙购买甲的房屋时：
$$乙应纳契税=100×5\%=5（万元）$$
方案二：先由甲和丙交换房屋，再由丙将房屋出售给乙。
甲和丙交换房屋所有权为等价交换，免纳契税。丙将房屋出售给乙时：
$$乙应纳契税=100×5\%=5（万元）$$

【筹划总结】
方案二比方案一整体少缴纳契税5（10-5）万元，若以实现税负最小化为纳税筹划目标，则应当选择方案二。虽然现实中甲、乙、丙为三方当事人的上述行为出现的可能性较小，但这种纳税筹划方案至少提供了一种思路。

7.6.4 利用隐性赠与的纳税筹划

7.6.4.1 税法相关规定

契税的征税对象是境内转移土地、房屋权属，具体包括土地使用权的出让、转让及房屋的买卖、赠与、交换。

7.6.4.2 纳税筹划案例分析

案例7-24

张某向其表弟李某赠送一套住房，该套住房的市价为100万元（不含增值税）。本地契税税率是3%。请对上述业务进行纳税筹划。

【筹划方案】
在赠与房屋的行为中，可通过隐性赠与等方式（例如通过不办理产权转移手续的方式）来达到避免缴纳契税的目的。
方案一：张某与其表弟李某办理产权转移手续。
$$李某应纳契税=100×3\%=3（万元）$$
方案二：张某与其表弟李某不办理产权转移手续。
李某不缴纳契税。

【筹划总结】
方案二比方案一少缴纳契税3万元，若以实现税负最小化为纳税筹划目标，则应当选择方案。但应注意，由于方案二下双方未办理产权转移手续，因此该住房在法律上仍属于张某。

7.6.5 房屋不等价交换的纳税筹划

7.6.5.1 税法相关规定

土地使用权互换、房屋互换，契税的计税依据为所换取的土地使用权、房屋的价格差额。交换价格不相等的，由多交付货币的一方缴纳契税；交换价格相等的，免征契税。

7.6.5.2 纳税筹划案例分析

案例7-25

甲公司以市价1 000万元的办公楼与乙公司市价1 200万元的厂房进行交换，甲公司向乙公司支付差价200万元。假设乙公司打算出资200万元对换入的办公楼进行装修,并且甲公司获悉了乙公司未来的装修打算。以上价格均不含增值税。本地契税税率为5%。请对上述业务进行纳税筹划。

【筹划方案】

当双方交换不等价的房屋时,如果能通过一定的手段来降低双方交换房屋的差价,那么以差价作为计税依据计算出的契税税额就会降低。若能进一步变为等价交换,则可享受免征契税的优惠。

方案一:甲公司与乙公司进行房屋产权交换,且甲公司向乙公司支付差价200万元。

甲公司应纳契税=200×5%=10(万元)

方案二:甲公司在与乙公司进行房屋产权交换之前,先对自己的办公楼按乙公司的要求进行装修,装修费用为200万元。

装修后办公楼的价值变为1 200万元,双方交换属于等价交换,因此免纳契税。

【筹划总结】

方案二比方案一甲公司少缴纳契税10万元,若以实现税负最小化为纳税筹划目标,则应当选择方案二。甲公司先对办公楼按乙公司的要求进行装修,未必能得到乙公司的同意,这会限制此种纳税筹划方案的实施。

7.7 车船税的纳税筹划

车船税法,是指国家制定的用以调整车船税征收与缴纳权利及义务关系的法律规范。现行车船税法的基本规范,是2011年2月25日,由中华人民共和国第十一届全国人民代表大会常务委员会第十九次会议通过的《中华人民共和国车船税法》(以下简称《车船税法》),自2012年1月1日起施行。

车船税是以车船为征税对象,向拥有车船的单位和个人征收的一种税。征收车船税有利于为地方政府筹集财政资金,有利于车船的管理和合理配置,也有利于调节财富差异。

7.7.1 利用税率临界点进行纳税筹划

7.7.1.1 税法相关规定

机动船舶具体适用税额为:净吨位小于或者等于200吨的,每吨3元;净吨位在201~2 000吨的,每吨4元;净吨位在2 001~10 000吨的,每吨5元;净吨位在10 001吨及以上的,每吨6元。

由于对乘用车按发动机汽缸容量(排气量)分档规定税率,因而产生了应纳车船税税额相对排气量变化的临界点。在临界点上下,虽然排气量相差不大,但临界点两边的税额却有很大的变化。另外,对于载货汽车、三轮汽车、低速汽车、专项作业车和轮式专用机械车以自重吨数为单位,对船舶以净吨位为单位分级规定税率,从而产生了应纳车船税税额相对吨位数变化的临界点。在临界点上,吨位数虽然相差1吨,但临界点两边的税额却相差很大。

7.7.1.2 纳税筹划案例分析

案例 7-26

甲公司欲购买一艘机动船舶,现有两艘机动船舶可供选择:一艘机动船舶的净吨位为2 010吨,另一艘机动船舶的净吨位为2 000吨。请对上述业务进行纳税筹划。

【筹划方案】

我国机动船舶车船税的税率实质上是一种全额累进性质的定额税率,机动船舶的单位税额达到哪一个等级,即全部按相应的单位税额征税,净吨位等级越高,适用的单位税额越大。对于这种形式的税率,纳税人应当充分利用临界点,避免在稍高于各级的临界点处购买机动船舶,否则会出现税额大幅增加的现象。

方案一:购买净吨位为2 010吨的机动船舶,适用税额为5元/吨。

应纳车船税=2 010×5=10 050(元)

方案二:购买净吨位为2 000吨的机动船舶,适用税额为4元/吨。

应纳车船税=2 000×4=8 000(元)

【筹划总结】

方案二比方案一少缴纳车船税2 050(10 050-8 000)元,若以实现税负最小化为纳税筹划目标,则应当选择方案二。本例中,虽然净吨位只相差10吨,但每年产生了2 050元的纳税差异。在机动船舶的净吨位少10吨的情况下,若不影响企业的经营,选择购买净吨位为2 000吨的机动船舶是大有益处的。企业应当考虑吨位发生变化所带来的收益变化和所引起的税负变化之间的关系,选择最佳吨位的机动船舶。

7.7.2 清楚划分课税对象的纳税筹划

7.7.2.1 税法相关规定

根据《车船税暂行条例》,不同的税目、不同的子税目,税率有所不同。因此,纳税人应将适用不同的税目的课税对象清楚地区分,以最大限度地节省税款。

7.7.2.2 纳税筹划案例分析

案例 7-27

甲企业共有12辆载客汽车,其中,20座载客汽车4辆,18座载客基础3辆,核定载客人数小于或者等于9人的小型客车5辆。当地规定载客汽车各子税目的车船税年度单位税额为:大型客车(核定载客人数大于或等于20人的载客汽车)每辆580元,中型客车(核定载客人数大于9人且小于20人的载客汽车)每辆420元,小型客车(核定载客汽车小于或等于9人的载客汽车)每辆360元。

【筹划方案】

若不划分课税对象,甲企业缴纳的车船税=12×580=6 960(元)

若能够准确划分,甲企业缴纳的车船税=4×580+3×420+5×360=5 380(元)

准确划分节省的车船税=6 960-5 380=1 580(元)。

【筹划总结】

通过清楚划分课税对象,甲企业可以节省车船税1 580元。

7.7.3 利用税收优惠的纳税筹划

7.7.3.1 税法相关规定

根据税法规定,对于节能乘用车和节能商用车,国家减半征收车船税。

①减半征收车船税的节能乘用车,应同时符合以下标准。

A. 获得许可在中国境内销售的排量为1.6升以下(含1.6升)的燃用汽油、柴油的乘用车(含非插电式混合动力、双燃料和两用燃料乘用车);

B. 综合工况燃料消耗量应符合标准。

②减半征收车船税的节能商用车,应同时符合以下标准。

A. 获得许可在中国境内销售的燃用天然气、汽油、柴油的轻型和重型商用车(含非插电式混合动力、双燃料和两用燃料轻型和重型商用车);

B. 燃用汽油、柴油的轻型和重型商用车综合工况燃料消耗量应符合标准。

7.7.3.2 纳税筹划案例分析

案例7-28

甲公司本年需要购置20辆柴油乘用汽车,该公司所在地的汽车市场上有两种柴油乘用汽车可供选择:一是排气量为2.0升的乘用汽车;二是排气量为1.6升的乘用汽车。该地区乘用汽车的车船税税额为:排气量1.0~1.6升(含)的,每辆500元;排气量1.6~2.0升(含)的,每辆600元。请对上述业务进行纳税筹划。

【筹划方案】

企业购买车辆时,应尽量购买排气量小的乘用车,以降低车船税适用税额,从而降低车船税税负。

方案一:购买20辆排气量为2.5升的乘用汽车。

应纳车船税=20×600=12 000(元)

方案二:购买20辆排气量为1.6升的乘用汽车。

应纳车船税=20×500÷2=5 000(元)

【筹划总结】

方案一比方案二少缴纳车船税7 000(12 000-5 000)元,若以实现税负最小化为纳税筹划目标,则应当选择方案二。企业在不影响正常生产经营的情况下,购置排气量比较小的乘用汽车,不仅可以降低车船税税负,而且有利于环境保护。

7.8 印花税的纳税筹划

印花税是以经济活动和经济交往中,书立、领受应税凭证的行为为征税对象征收的一种税。印花税因其采用在应税凭证上粘贴印花税票的方法缴纳税款而得名。征收印花税有利于增加财政收入,有利于配合和加强经济合同的监督管理,有利于培养纳税意识,也有利于配合对其他应纳税种的监督管理。

7.8.1 利用分别核算税目的纳税筹划

7.8.1.1 税法相关规定

如果一份合同涉及若干经济业务,应当分别核算各项业务的金额,业务类型不同,适用的印花税率也不相同。税法规定,在同一个凭证记载有两个或两个以上经济事项而适用不同税目、税率,分别记载金额的,应分别计算应纳税额,相加后按合计税额贴花;未分别记载金额的,按税率较高的计税贴花。纳税人可以通过具体了解印花税的不同税目进行纳税筹划,通过使用合同上不同税目的金额适用不同的税率,来达到节税的目的。

例如,对由受托方提供原材料加工、订做的合同,合同中如分别记载加工费金额和原材料金额,应分别按照加工承揽合同、购销合同计税,合计数为应纳税额;未分别记载的,应全部按加工承揽合同贴花纳税。

7.8.1.2 纳税筹划案例分析

案例 7-29

以某建筑公司与项目方签订总金额为 3 000 万元的租赁合同,其中含设备代保管费 42 万元。该建筑公司有以下两种方案,请进行纳税筹划。

方案一:假若合同中标明设备代保管金额,那么 42 万元中需按 1‰ 缴纳税款;假若没有标明,则需按总合同额的 1‰ 缴纳印花税款。再以某建筑单位与设备租赁公司签订的年租金为 1 000 万元的租赁合同,合同中明确出租方运至施工现场。合同在实际执行过程中产生运费 100 万元,实际租金为 900 万元。

方案二:假若合同中将运费和租金分开记录,分别签订运输合同和租赁合同,则运费根据 0.3‰ 缴纳税款,租金根据 1‰ 缴纳税款。假如合同中没有将运费和租金区分开来,则合同金额根据租金总额 1‰ 缴纳税款。

【筹划方案】

按照相关印花税法规规定,针对具有超过两个以上经济事项而出现税目税率不同的现象,假若金额分开记录,则其相应的纳税金额也需分开计算,两者相加后根据总税额进行纳税;假若金额没有分开记录的,则需按照税率高的进行计税纳税。

【案例总结】

从上可知合同中针对不同事项金额是否分开记录,需参考不同的合同进行分析,纳税额不能一律按照相同的方法进行计算。

7.8.2 减少合同参与方的纳税筹划

7.8.2.1 税法相关规定

对于同一凭证,由两方或两方以上当事人签订并各执一份的,各方均为纳税人,应当由各方就所持凭证的各自金额贴花。所谓当事人,是指对凭证有直接权利义务关系的单位和个人,不包括合同的担保人、证人、鉴定人。

7.8.2.2 纳税筹划案例分析

🏆 **案例 7-30**

甲、乙、丙、丁四方签订融资租赁合同，乙、丙、丁三方基本利益一致，合同总金额为 1 000 万元，适用印花税税率为 0.5‰。

请对上述业务进行纳税筹划。

【筹划方案】

应当在不影响合同效力的前提下，尽量减少书立使用各种凭证的参与人数，使更少的人缴纳印花税，使当事人的总体税负下降，从而达到少缴税款的目的。

方案一：甲、乙、丙、丁四方签订合同

各方应纳印花税合计＝1 000×0.5‰×4＝2（万元）

方案二：由于乙、丙、丁三方基本利益一致，可以选派乙作为代表和甲签订合同。

各方应纳印花税合计＝1 000×0.5‰×2＝1（万元）

【筹划总结】

方案二相比于方案一，双方少缴纳印花税 1（2-1）万元，若以实现税负最小化为纳税筹划目标，则应当选择方案二。本例的前提是乙、丙、丁三方基本利益一致，以至于减少合同签订的参与方后不影响合同的效力和各方利益。但如果乙、丙、丁三方基本利益不一致，或作为代表的乙方以后出现违约情况，则不适合这种纳税筹划思路。

7.8.3 利用合同角色转化的纳税筹划

7.8.3.1 税法相关规定

企业在其生产经营过程中所发生的各种经济行为总是要签订不同的合同，就一项经济行为而言，如何签订合同以减少税金，是有筹划余地的。比如，施工企业将自己承包的合同分包或转包出去，需要在第一次贴花的同时，为转包或分包合同再贴一次花。为此，这种纳税筹划的核心就是尽量减少签订承包合同的环节，以减少可能书立的应税凭证，以达到节税的目的。

7.8.3.2 纳税筹划案例分析

🏆 **案例 7-31**

甲有一项工程需要别人进行设计，乙承接了该工作，并取得了 20 万元的设计费用。乙本身不具备设计的能力，将该设计工作转给自己的所属单位丙完成。乙将 20 万元给丙作为设计费用。甲与乙签订了 20 万元的设计合同，乙与丙也签订了同样的设计合同。印花税率为 0.3‰。

【筹划方案】

甲、乙分别应纳印花税＝200 000×0.3‰＝60（元），乙、丙分别应纳印花税＝200 000×0.3‰＝60（元），如果甲与乙签订的是代理合同，且明确乙将设计费用转给丙，则缴纳税收的情况就大不相同了。甲与乙之间的代销合同根据《国家税务总局关于印花税若干具体问题的解释和规定的通知》中"在代理业务中，代理单位与委托单位之间签订的委托代理合同，凡仅明确代理事项、权限和责任的，不属于应税凭证，不贴印花"的规定,所以,甲、丙分别应纳印花税=200 000×0.3‰=60（元）。

【筹划总结】

通过对签订合同的环节进行合法纳税筹划,进而减少乙书立的应税凭证,可以使乙免于缴纳印花税120元,有效降低企业的税收负担。

7.8.4 利用借款方式的纳税筹划

7.8.4.1 税法相关规定

银行及其他金融机构与借款人（不包括同业拆借）所签订的合同,以及只填开借据并且作为合同使用而取得银行借款的借据,应按照"借款合同"税目,按借款金额0.05‰的税率贴花,而企业之间的借款合同不属于印花税的征税范围,不用贴花。

7.8.4.2 纳税筹划案例分析

案例 7-32

甲公司欲借款20 000万元,现有两个借款方可供选择:一是从乙商业银行借款,二是从关系较好的丙公司借款。假设借款年利率都为5%,其他借款条件都一样。请对上述业务进行纳税筹划。

【筹划方案】

对企业来说,在贷款利率相同或差异较小时,与从金融机构借款相比,从其他企业借款可以降低印花税税负。

方案一：从乙商业银行借款。

甲公司应纳印花税=20 000×0.05‰=1（万元）

方案二：从丙公司借款。甲公司不需要缴纳印花税。

【筹划总结】

方案二比方案一少缴纳印花税1万元,若以实现税负最小化为纳税筹划目标,则应当选择方案二。由于从其他企业借款的利率一般高于从商业银行借款的利率,因此不能单纯考虑印花税税负因素。

7.8.5 分别记载经济事项的纳税筹划

7.8.5.1 税法相关规定

对于由受托方提供原材料的加工、定做合同,凡在合同中分别记载加工费金额和原材料金额的,应分别按加工承揽合同、购销合同计税,即加工费金额按加工承揽合同适用0.5‰税率计税,原材料金额按购销合同适用0.3‰税率计税,两项税额相加数,即为合同应贴印花；若合同中未分别记载,则从高适用税率,即全部金额依照加工承揽合同适用0.5‰税率计税贴花。

7.8.5.2 纳税筹划案例分析

案例 7-33

甲厂受乙建筑安装公司委托,负责加工一批铝合金门窗,加工所需原材料由甲厂提供。甲厂收取加工费及原材料费合计 300 万元，其中提供的原材料价值 200 万元，收取的加工费为 100 万元。请对上述业务进行纳税筹划。

【筹划方案】

在由受托方提供原材料的加工、订做合同中，将受托方提供的加工费金额与原材料金额分别记载，便可分别适用各自税率，从而达到节税的目的。

方案一：合同记载甲铝合金门窗厂收取加工费及原材料费合计 300 万元。

甲铝合金门窗厂和乙建筑安装公司各自应纳印花税 = 300×0.5‰ = 0.15（万元）

方案二：合同记载甲铝合金门窗厂收取原材料价款 200 万元，收取加工费 100 万元。

甲铝合金门窗厂和乙建筑安装公司各自应纳印花税 = 200×0.3‰+100×0.5‰ = 0.11（万元）

【筹划总结】

方案二比方案一甲铝合金门窗厂和乙建筑安装公司各自少缴纳印花税 400（1 500-1 100）元，若以实现税负最小化为纳税筹划目标，则应当选择方案二。

7.8.6 利用分期租赁的纳税筹划

7.8.6.1 税法相关规定

应纳税凭证应当于书立或者领受时贴花。也就是说，在经济当事人书立合同时，其纳税义务已经发生，应当按照规定贴花。

7.8.6.2 纳税筹划案例分析

案例 7-34

甲公司从乙租赁公司租入生产用设备一台，双方于本年 1 月 1 日签订了租赁合同。合同规定，该设备的租期为 10 年，每年租金 100 万元，10 年共 1 000 万元。请对上述业务进行纳税筹划。

【筹划方案】

若租赁的设备不具有稀缺性，即随时可以在市场上租赁到，企业可以与出租方分期签订租赁合同，这样既可以规避设备在短期内被淘汰的风险，又可以使得印花税分期缴纳，充分利用资金的时间价值。

方案一：甲公司和乙租赁公司于本年 1 月 1 日签订租期为 10 年的租赁合同。

甲公司和乙租赁公司各自应纳印花税 = 1 000×1‰ = 1（万元）

方案二：甲公司和乙租赁公司于本年 1 月 1 日签订租期为 1 年的租赁合同，以后连续 9 年，每年的 1 月 1 日都签订租期为 1 年的租赁合同。

本年 1 月 1 日，甲公司和乙租赁公司各自应纳印花税 = 100×1‰ = 0.1（万元）。

以后连续 9 年每年的 1 月 1 日，甲公司和乙租赁公司各自应纳印花税 = 100×1‰ = 0.1（万元）。

【筹划总结】

方案二与方案一相比，甲公司和乙租赁公司本年各自少缴纳印花税 0.9（1-0.1）万元，以实现税负最小化以及涉税资金时间价值最大化为纳税筹划目标，则应当选择方案二。分期签订合同，使得双方分 10 年缴纳印花税，虽然缴纳的印花税总额不变，但延缓了纳税时间，利用了资金的时间价值。

7.8.7 利用保守金额的纳税筹划

7.8.7.1 税法相关规定

已贴花的凭证，修改后所载金额增加的，其增加部分应当补贴印花税票；减少部分不退印花税。

7.8.7.2 纳税筹划案例分析

案例 7-35

甲公司和乙公司在订立租赁合同之初认为履行合同金额为 2 000 万元，且在合同中记载了履行金额 2 000 万元，但实际最终结算时发现只履行了 1 000 万元。适用印花税税率为 1‰。请对上述业务进行纳税筹划。

【筹划方案】

在合同设计时，双方当事人应充分考虑以后经济交往中可能遇到的各种情况，根据这些可能的情况，确定合理、保守的金额。

方案一：将合同金额确定为 2 000 万元。

甲公司和乙公司各自应纳印花税 = 2 000×1‰ = 2（万元）

方案二：将合同金额确定为 1 000 万元，若实际履行过程中履行金额增加，就为增加部分补贴印花税票。

甲公司和乙公司各自应纳印花税 = 1 000×1‰ = 1（万元）

【筹划总结】

方案二比方案一甲公司和乙公司各自少缴纳印花税 1（2-1）万元，若以实现税负最小化为纳税筹划目标，则应当选择方案二。保守记载合同金额，可降低印花税计税依据，从而降低印花税税负。但过低记载合同金额，有可能导致在最终结算时因金额升高而出现不必要的经济纠纷。

7.9 车辆购置税的纳税筹划

车辆购置税法，是指国家制定的用以调整车辆购置税征收与缴纳权利及义务关系的法律规范。

7.9.1 通过缩小计税价格的纳税筹划

7.9.1.1 税法相关规定

《车辆购置税法》规定，纳税人购买的自用应税车辆的计税价格为纳税人购买应税车辆而支付给销售者的全部价款和价外费用。

价外费用主要包括销售方向购买方收取的基金、集资费、返还利润、优质费、运输费、违约金和手续费等，不包括增值税税款。纳税人尽量不将价外费用并入计税价格，购买者再随车购买的工具件、零件以及车辆装饰费等，若作为购车款的部分需要计税缴纳车辆购置税，可以通过购置时间的不同，不并入计税价格计征车辆购置税，以达到降低税负的目的。

7.9.1.2　纳税筹划案例分析

案例 7-36

小刘从4S店（增值税一般纳税人）购买了一辆小汽车。支付价款18万元（含增值税），临时牌照费0.03万元，保险费0.5万元，车辆导航仪、玻璃膜等装饰用品2万元。4S店开具了机动车销售发票总金额20.53（18+0.03+0.5+2）万元，小刘应缴纳的车辆购置税=20.53÷（1+13%）×10%=1.82（万元）。

【筹划方案】

若小刘将各项费用分开，要求各有关单位单独开具票据，小刘在购车时只支付购车款，计税价格为20万元，只需要缴纳车辆购置税1.77［20÷（1+13%）×10%］万元。

【筹划总结】

筹划后，小刘少交0.05（1.82-1.77）万元的车辆购置税。

7.9.2　选择汽车经销商身份的纳税筹划

7.9.2.1　税法相关规定

纳税人从增值税一般纳税人和小规模纳税人手中购买机动车，增值税一般纳税人增值税税率为13%，小规模纳税人增值税征收率为3%，计算缴纳的车辆购置税是不同的，纳税人可以通过合理选择汽车经销商的身份进行纳税筹划。

7.9.2.2　纳税筹划案例分析

案例 7-37

A经销商为增值税一般纳税人，B经销商为小规模纳税人。小张从A经销商和B经销商购进同款车型的汽车价格都为128 000元。

【筹划方案】

若从A经销商处购车，需要缴纳的车辆购置税=128 000÷（1+13%）×10%=11 327.43（元）；若从B经销商处购车，需要缴纳的车辆购置税=128 000÷（1+3%）×10%=12 427.18（元）。

【筹划总结】

从增值税一般纳税人A经销商处购买，可以节省车辆购置税1 099.75（12 427.18-11 327.43）元。

7.10　其他税种的疑难解答

【实务释疑1】本公司为增值税一般纳税人，只缴纳增值税，不缴纳消费税。本年8

月，本公司的应交增值税为 8 000 元，但本年 7 月还有 10 000 元的进项税额未抵扣，也就是说，本年 8 月应交增值税为 0，请问本年 8 月本公司还要计算缴纳城市维护建设税吗？

答：城市维护建设税的申报缴纳是以当月实际申报缴纳的增值税、消费税数额为计税依据的，由于你公司这个月应交增值税为 0，因此城市维护建设税也是零申报的。

【实务释疑 2】本公司为一家房地产开发企业，本年 8 月销售地下车位使用权，与业主签订合同约定使用年限为 20 年，使用费一次性收取，请问该业务是否应当缴纳土地增值税？

答：根据《土地增值税暂行条例》及其实施细则有关规定，土地增值税是对出售或者以其他方式有偿转让国有土地使用权、地上的建筑物及其附着物的行为所征收的税。出售或转让应当以办理相应产权为标志，产权未发生转移就不构成出售或转让，转让地下车位使用权相当于只发生出租地下车位的行为，因此不缴纳土地增值税，只需按照"不动产租赁"服务以 9% 的税率缴纳增值税。而且地下车位的成本在计算土地增值税时不得作为房地产开发成本扣除。

【实务释疑 3】本公司向村委会租用村集体用地，请问是否由本公司缴纳城镇土地使用税？

答：根据财政部国家税务总局关于集体土地城镇土地使用税有关政策的通知（财税〔2006〕56 号）的规定，自 2006 年 5 月 1 日起，在城镇土地使用税征税范围内实际使用应税集体所有建设用地、但未办理土地使用权流转手续的，由实际使用集体土地的单位和个人按规定缴纳城镇土地使用税。因此，对你公司租用的未办理土地使用权流转手续的村集体用地，应由你公司缴纳城镇土地使用税。

【实务释疑 4】本公司有一批地下建筑用地，请问其城镇土地使用税如何征收？

答：《财政部国家税务总局关于房产税城镇土地使用税有关问题的通知》（财税〔2009〕128 号）规定，对在城镇土地使用税征税范围内单独建造的地下建筑用地，按规定征收城镇土地使用税。其中，已取得地下土地使用权证的，按土地使用权证确认的土地面积计算应征税款；未取得地下土地使用权证或地下土地使用权证上未标明土地面积的，按地下建筑垂直投影面积计算应征税款。同时，为了鼓励利用地下土地，对地下建筑用地暂按应征税款的 50% 征收城镇土地使用税。

【实务释疑 5】本公司（甲公司）与乙公司合作建房，在建工程的成本仅在甲公司账上反映，工程尚未竣工，产权证也没有办理。现甲、乙两公司已将房产投入使用，请问房产税由哪方缴纳？

答：根据《房产税暂行条例》的规定，房产税由产权所有人缴纳。产权所有人、承典人不在房产所在地的，或者产权未确定及租典纠纷未解决的，由房产代管人或者使用人缴纳。因此，甲、乙两公司应当分别就自己使用部分的房产缴纳房产税。

【实务释疑 6】本公司购买车辆，取得了机动车销售发票，其中一联次为报税联，请问该联发票应该由哪方留存？有什么用途？

答：《国家税务总局关于使用新版机动车销售统一发票有关问题的通知》（国税函〔2006〕479 号）规定，机动车发票为电脑六联式发票，即第一联发票联（购货单位付款凭证）、第二联抵扣联（购货单位扣税凭证）、第三联报税联（车辆购置税征收单位留存）、第四联注册登记联（车辆登记单位留存）、第五联记账联（销货单位记账凭证）、第六联存根联（销货单位留存）。因此，第三联报税联由车辆购置税征收单位留存，用于办理车辆购置税。

【实务释疑7】 本公司作为代理方与委托方签订的代理合同是否需要缴纳印花税？

答：根据《国家税务总局关于印花税若干具体问题的解释和规定的通知》（国税发〔1991〕155号）第十四条规定，在代理业务中，代理单位与委托单位之间签订的委托代理合同，凡仅明确代理事项、权限和责任的，不属于应税凭证，不贴印花。

【实务释疑8】 本人与本人投资成立的个人独资企业之间签订的土地权属转移，是否应征收契税？

答：根据《财政部国家税务总局关于进一步支持企业事业单位改制重组有关的通知》（财税〔2015〕37号）的规定，同一投资主体内部所属企业之间土地、房屋权属的划转，包括母公司与其全资子公司之间，同一公司所属全资子公司之间，同一自然人与其设立的个人独资企业、一人有限公司之间土地、房屋权属的划转，免征契税。因此，你与你投资成立的个人独资企业之间的土地权属转移免征契税。

引例解析

【筹划方案】

根据已知条件，该钢铁企业从澳大利亚和加拿大进口铁矿石的完税价格如下：

澳大利亚铁矿石完税价格＝50×20+30＝1 030（万美元）

加拿大铁矿石完税价格＝50×21+40＝1 090（万美元）

从加拿大进口优质铁矿石的完税价格大于从澳大利亚进口铁矿石的完税价格。从节税角度考虑，该厂会选择从澳大利亚而不是从加拿大进口优质铁矿石。这是由于不了解"回扣可以扣除"这条规定，该公司作出了错误决策。

考虑到"回扣可以扣除"这条规定，加拿大铁矿石完税价格＝50×21+40-70＝1 020（万美元），如关税税率为20%，若钢铁企业选择从澳大利亚进口铁矿石，多缴关税4万美元。另外，即使采用海关审定的以成交价格为基础的完税价格法，对于跨国公司来讲，也可以通过对进口商品在国内外公司之间进行转让定价达到节税目的。

【筹划总结】

在进行纳税筹划时，还应综合考虑货物质量、售后服务、税法政策等多种因素，从而进行合法纳税筹划。

本章小结

本章是其他税种的纳税筹划介绍。这些税种是我国现行税制体系的重要组成部分，也是影响纳税人税收负担不可忽略的因素。作为我国税制体系中的辅助税和地方税种，关税、财产税、资源税和行为税收制度具有更多的灵活性和地方差异性，其税收优惠政策也相当丰富。因此，根据关税及其他各个税种的特点及其不同的税收优惠政策进行筹划，使读者对关税和其他税种的纳税筹划产生感性认识。针对不同的小税种，从不同的角度进行税收筹划，可以以小见大，使纳税人的利益最大化。

知识链接

机关事业单位、军事单位、社团、非营利性的教育机构、社会福利单位以及医疗单位承受土地以及房屋用于办学办公、养老救助、科研和国防设施建设等公益项目,免征契税。该项税收优惠表明国家对教育教学事业、医疗卫生事业、科学研究事业以及国防安全建设的高度重视以及对老人、困难群体的人文关怀。"学有所教、病有所医、老有所养、弱有所扶",从国家的惠民政策中,我们深刻体会到了党和国家的关心与爱护。

章节小测试

一、单项选择题

1. 出口货物的完税价格不应该包括(   )。
   A. 向境外销售的价格
   B. 货物运至我国输出地点装载前的运输及相关费用
   C. 委托加工环节
   D. 生产环节

2. 某钢铁公司享有进出口经营权,从国外购进钢材 10 000 吨用于生产,经海关审定的关税完税价格是 8 000 万元,使用关税税率为 20%。根据《进口关税条例》相关规定,进口应纳关税为(   )万元。
   A. 1 320   B. 1 600   C. 2 000   D. 3 200

3. 在进口货物正常成交价格中,以下(   )费用可以从中扣除。
   A. 包装费   B. 卖方付的回扣   C. 保险费   D. 运输费

4. 按照房产税暂行条例的有关规定,下列地区中,不属于房产税征收范围的是(   )。
   A. 城市   B. 工矿区   C. 农村   D. 县城、建制镇

5. 下列行为中,属于印花税列举应税合同范围的是(   )。
   A. 某银行向另一银行签订的拆借 50 000 万元人民币的合同
   B. 企业与主管部门签订的租赁承包合同
   C. 科技公司签订的技术服务合同
   D. 某公司和会计师事务所签订的管理咨询合同

6. 市区某商业企业拥有一个大型的地下商场,该地下房产原值为 400 万元,20×1 年 6 月 31 日将商场出租,每月不含增值税租金 10 万元,商场所在省确定的减除比例是 30%,折算比例是 80%。则商场 20×1 年应缴纳的房产税是(   )元。
   A. 85 440   B. 56 880   C. 86 400   D. 77 760

7. 车船税的扣缴义务人是(   )。
   A. 国家税务总局
   B. 主管税务机关

C. 从事机动车第三者责任强制保险业务的保险机构

D. 购买车船的消费者

8. 下列选项中，不属于城镇土地使用税纳税人的是（　　）。

A. 县城的个人独资企业　　　　　　B. 农村的股份制企业

C. 城市、县城、工矿区内的工矿企业　D. 市区的集体企业

9. 契税实行幅度比例税率，税率幅度为（　　）。

A. 1%～2%　　B. 2%～3%　　C. 3%～5%　　D. 4%～6%

10. 下列各项中，属于船舶吨税计税依据的是（　　）。

A. 船舶净吨位　B. 船舶数量　C. 整备质量　D. 船舶长度

11. 下列选项中，免征耕地占用税的是（　　）。

A. 农村居民在规定用地标准以内占用耕地新建自用住宅

B. 医疗机构占用的耕地

C. 铁路线路占用的耕地

D. 农田水利占用的耕地

12. 20×1年3月，某贸易公司进口一批货物，合同中约定成交价格为人民币600万元，支付境内特许销售权费用人民币10万元，卖方佣金为人民币5万元。该批货物运抵境内输入地点起卸前发生的运费和保险费共计人民币8万元。该货物关税完税价格为（　　）万元。

A. 615　　　　B. 613　　　　C. 623　　　　D. 610

13. 甲房地产开发企业于20×1年8月份把其市场价值1 000万元的商品房通过省政府无偿赠送给贫困小学，该商品房开发成本为800万元，甲企业应缴纳的土地增值税为（　　）万元。

A. 0　　　　　B. 200　　　　C. 50　　　　D. 100

14. 某企业2020年7月购进三辆小轿车自用，其中两辆是未上牌照的新车，每辆支付的不含税价款为130 000元；另一辆是从某商业企业购入已使用3年的轿车（该企业提供了车辆购置税完税证明），不含税成交价格50 000元。该企业应纳车辆购置税（　　）元。

A. 26 000　　B. 36 000　　C. 34 000　　D. 35 000

二、多项选择题

1. 我国现行资源税征税范围只限于（　　）资源。

A. 盐　　　　B. 森林　　　　C. 矿井　　　　D. 水

2. 下列选项中，属于土地增值税纳税人的有（　　）。

A. 房产管理的物业公司　　　　B. 转让国有土地使用权的事业单位

C. 出售房产的中外合资房地产公司　D. 建造房屋的施工单位

3. 包括优惠政策在内的房产税税率包括（　　）。

A. 7%　　　　B. 1.2%　　　　C. 12%　　　　D. 4%

4. 下列合同或凭证中，应缴纳印花税的有（　　）。

A. 商品房销售合同　　　　　　B. 人寿保险合同

C. 军事物资运输凭证　　　　　　　D. 专利申请转让合同

5. 下列车船中，应以"辆"作为车船税计税单位的有（　　）。
A. 电车　　　　B. 摩托车　　　　C. 微型客车　　　　D. 半挂牵引车

6. 下列船舶中，免征船舶吨税的有（　　）。
A. 捕捞渔船　　　　　　　　　　B. 非机动驳船
C. 武装警察部队专用的船舶　　　D. 应纳税额为人民币 100 元的船舶

7. 关于我国关税的分类，下列说法中正确的有（　　）。
A. 按征税对象分类，可将关税分为从量税、从价税
B. 按征税标准分类，可将关税分为进口关税、出口关税
C. 按征税性质分类，可将关税分为普通关税、优惠关税和差别关税
D. 按保护形式和程度分类，可将关税分为关税壁垒和非关税壁垒

8. 下列各项中，属于土地增值税征税范围，应缴纳土地增值税的有（　　）。
A. 企业之间等价互换自有的办公楼
B. 房产所有人将房屋产权赠与直系亲属
C. 个人销售商铺
D. 县城居民个人之间互换自有居住用住房

三、判断题

1. 关税是海关依法对进出关境的货物和物品征收的一种流转税。（　　）
2. 资源税是对在中国境内开采、生产以及进口的矿产品的单位和个人征收。（　　）
3. 房产税是按房产租金征收的一种税。（　　）
4. 城镇土地使用税是以城镇国有土地为征税对象，对拥有土地经营权的单位和个人征收的一种税。（　　）

四、简答题

1. 如何从出口货物的完税价格层面对关税进行纳税筹划？
2. 怎样从企业选择层面对城镇土地增值税进行纳税筹划？
3. 企业如何利用税收优惠进行资源税的纳税筹划？
4. 简述进口货物关税完税价格的确定。
5. 简述房产税的计税依据及其税率。
6. 简述资源税纳税筹划基本思路。
7. 简述土地增值税纳税筹划基本思路。

五、案例分析题

1. H 公司位于 C 市市区，企业出厂房、办公用房外，还包括厂区围墙、烟囱、水塔、变电塔、游泳池、停车场等建筑物，总计工程造价 10 亿元，出厂房、办公用房的建筑施工程造价 2 亿元。假定当地政府的扣除比例为 30%，企业采用哪种核算方式更有利？

2. 洪兴地产企业现有 10 000 平方米同档次的普通住宅商品房出手，销售部门初定两个销售方案。
方案一：售价为 11 000 元/平方米，税法准允扣除项目金额是 8 700 万元；
方案二：售价为 10 000 元/平方米，税法准允扣除项目金额是 8 400 万元。

计算两种方案下应缴纳的土地增值税税额是多少？该房地产公司应选择哪个方案？

3. 甲公司本年 7 月 1 日至本年 12 月 31 日将其自有房屋用于投资联营，该房产原有账面价值是 400 万元。现有两套对外投资方案可供选择。

方案一：收取固定收入，不承担联营风险，本年 7 月 1 日至本年 12 月 31 日取得的固定收入合计 20 万元（含增值税）。

方案二：投资者参与投资利润分红，共担风险。当地房产税原值扣除比例为 30%。

请对上述业务进行纳税筹划。

4. 某钢铁公司 20×1 年发生的业务如下。

（1）与 A 建筑公司签订一项建筑承包合同，金额 3 000 万元，又将该工程的一部分分包给 B 建筑公司签订合同，分包金额 500 万元。

（2）3 月 31 日，与 C 企业签订一份协议，公司承租 C 企业设备 1 台，每月租赁费 5 万元，暂不确定租赁期限；与 D 公司发生融资租赁业务，租赁 D 公司的一个大型机械，合同注明租赁费总金额 220 万元。

（3）20×0 年资金账簿记载实收资本 500 万元；20×1 年资金账簿记载实收资本为 700 万元、资本公积为 30 万元，20×1 年新启用其他账簿 15 本。

（4）5 月份，与保险公司签订财产保险合同，保险标的物价值总额 5 000 万元，按 12‰的比例支付保险费用，当月为本企业建筑队的 30 名建设人员签订人寿保险合同，支付保费 50 万元（上述合同所载金额均为不含增值税的金额）。

根据上述资料，计算并回答下列问题：

①业务（1）应缴纳多少印花税？

②业务（2）应缴纳多少印花税？

③业务（3）应缴纳多少印花税？

④保险合同应缴纳多少印花税？

参 考 文 献

[1] 梁文涛. 纳税筹划 [M] 5版. 北京：中国人民大学出版社，2020.
[2] 梁文涛. 纳税筹划实务 [M] 4版. 大连：东北财经大学出版社，2019.
[3] 邹芳. 纳税筹划理论与实务 [M]. 大连：大连理工大学出版社，2020.
[4] 中国注册会计师协会. 税法 [M]. 北京：经济科学出版社，2020.
[5] 龙敏. 税收筹划理论与实务 [M] 2版. 成都：西南财经大学出版社，2021.
[6] 中华会计网校. 纳税筹划技巧与案例精讲 [M]. 北京：经济科学出版社，2020.
[7] 全国税务师职业资格考试教材编写组. 税法（Ⅰ）[M]. 北京：中国税务出版社，2020.
[8] 全国税务师职业资格考试教材编写组. 税法（Ⅱ）[M]. 北京：中国税务出版社，2020.
[9] 程明娥. 企业纳税筹划 [M]. 成都：西南财经大学出版社，2020.
[10] 朱沙. 税收筹划实务与案例 [M]. 重庆：重庆大学出版社，2018.